Abbé Jules DESIL

HISTOIRE

DE

QUAROUBLE

SAINT-AMAND
E. GOUY-DRUON
imprimeur-éditeur
5. — Rue Thiers — 5.

VALENCIENNES
GIARD, libraire
Place d'Armes, 49.

—

LEMAITRE, libraire
Rue du Quesnoy, 14-16.

HISTOIRE

DE

QUAROUBLE

HISTOIRE

DE

QUAROUBLE

PAR

L'Abbé Jules DESILVE

ANCIEN CURÉ AUXILIAIRE

DE CETTE PAROISSE.

SUR LE RAPPORT DE M. ANDRÉ DOUTRIAUX, AVOCAT,
LA SOCIÉTÉ D'AGRICULTURE, SCIENCES ET ARTS DE VALENCIENNES,
A DÉCERNÉ UNE MÉDAILLE D'OR A L'AUTEUR DE CE TRAVAIL.

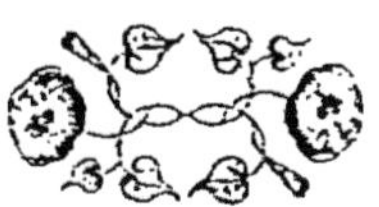

Imprimerie E. GOUY-DRUON
5, Rue Thiers, Saint-Amand-les-Eaux.

—

1909

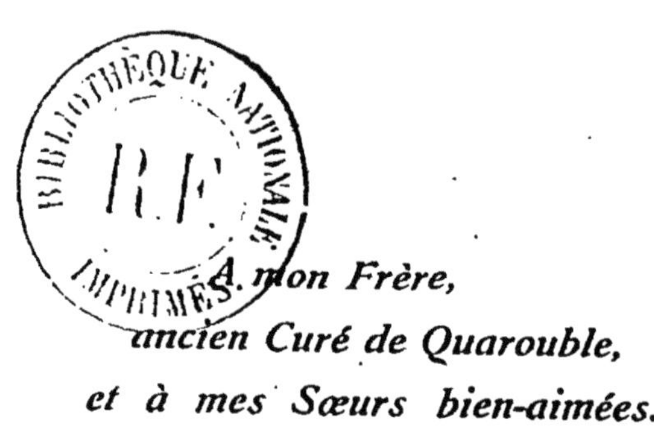

A mon Frère,

ancien Curé de Quarouble,

et à mes Sœurs bien-aimées.

ARCHEVÊCHÉ
de
CAMBRAI.
—

Cambrai, le 11 Mars 1909.

BIEN CHER MONSIEUR DESILVE,

Je vous félicite à l'avance du nouvel écrit, dont vous m'annoncez la prochaine publication. Connaissant le soin scrupuleux avec lequel vous tenez à l'exactitude la plus sévère dans vos travaux historiques, je suis sûr que votre HISTOIRE DE QUAROUBLE sera digne de vos précédents ouvrages.

Après avoir exercé le ministère pastoral, pendant plusieurs années, dans cette importante paroisse, vous voulez lui laisser un très utile souvenir. Au moment où, jaloux des gloires et des bienfaits du passé, de misérables écrivains cherchent à déshonorer notre histoire, il est bon de faire revivre nos grandes traditions; il est bon de rappeler à la génération présente ce qu'ont été ses ancêtres, et à chaque localité de quelque importance ce qu'elle fut autrefois.

Recevez, bien cher Monsieur, l'expression de mes sentiments les plus affectueux.

† Henri MONNIER,
Évêque de Lydda.

PROLOGUE

Lorsqu'on suit, pour entrer en France, la route nationale qui mène de Quiévrain à Valenciennes, on rencontre à peu de distance de la Belgique une importante
agglomération de maisons, d'où l'on voit sortir à
certaines heures de forts essaims d'ouvriers qui peu-
plent ce coin de l'extrême frontière. Plus loin la
campagne reparaît et l'on chemine dans une allée
d'arbres où le silence n'est interrompu que par le bruit
des instruments aratoires et par les avertissements
sonores d'un tramway à vapeur. Après une demi-
heure de marche, des habitations apparaissent, éparses
d'abord, puis rangées en lignes continues, révélant par
leur forme l'existence d'une population moitié indus-
trielle et moitié agricole. Vers la gauche, un clocher
profile sa flèche au-dessus des maisons, qui, se partageant en plusieurs rues, semblent pressées d'atteindre
la route nationale. A droite, la campagne est plus nue;
c'est un ancien marais communal, aujourd'hui peuplé
de maisons assez luxueuses. De ce côté, la plaine
s'incline afin de diriger ses eaux vers l'Escaut. Aucune
colline, aucun accident de terrain ne relève ce paysage
d'aspect monotone. C'est dans un cadre à peu près
semblable, que s'est développé le village d'Onnaing
dont vous apercevez en face de vous le clocher avec sa
base et ses tourelles imposantes du seizième siècle.

Situé à huit kilomètres nord-est de Valenciennes,
percé de l'ouest à l'est par la route nationale n° 29,

Quarouble est traversé du nord au sud par le chemin vicinal de grande communication n° 5o, qui mène de Fresnes à Jenlain. A ces deux artères principales se rattachent des rameaux secondaires se dirigeant vers Quiévrechain, Marchipont et Onnaing, auxquels confine le village de Quarouble. Une ancienne voie romaine, connue aujourd'hui sous le nom de Chemin des Postes, *la relie à Estreux et à Famars. La superficie de notre commune, un peu inférieure à celle d'Onnaing* (1), *est de 1220 hectares 65 ares ; son altitude moyenne de 3o à 31 mètres. Le sol y est généralement d'une extrême fertilité. Argileux et mélé de calcaire au sud et de sable à l'est, il est spongieux, légèrement tourbeux au nord, dans les prairies connues sous le nom de* Vaucelles.*

Onnaing et Quarouble formaient, avant la Révolution, une seigneurie sous la dépendance du chapitre de l'église de Cambrai, relevant du même pouvoir, soumises à la même loi, vivant presque de la même vie, ces deux localités étaient unies par les liens les plus étroits. De telle sorte qu'on ne peut écrire l'histoire de l'une sans faire souvent mention de l'autre.*

La première partie de ce travail intéresse Onnaing au même degré que Quarouble. Nous y étudions les origines de la seigneurie, les luttes qu'elle eut à soutenir contre les comtes du Hainaut, les lois ou paix édictées par le chapitre de Cambrai, les droits dont les chanoines jouissaient, les prétentions que lui opposèrent, pendant plusieurs siècles, des maires devenus héréditaires.

La deuxième et troisième partie, plus spéciales à Quarouble, retracent l'histoire de ce village au point de vue civil et religieux. Elles vérifient plus exactement le titre de ce modeste livre.

Dans une quatrième et dernière partie, nous men-

---

(1) La superficie d'Onnaing est de 1260 hectares.

tionnons les seigneuries particulières juxtaposées à celle du chapitre et comprises comme elle dans les limites du territoire de Quarouble. Le lecteur en feuilletant ces pages, se rendra facilement compte de l'étendue des recherches que l'auteur s'est imposées pour lui présenter un travail de quelque valeur.

Quarouble, 2 juillet, Fête de la Visitation de la sainte Vierge, 1904.

J. DESILVE.

PREMIÈRE PARTIE

Seigneurie d'Onnaing et de Quarouble.

CHAPITRE I

I. Aperçu historique sur le Hainaut. — II. Seigneurie d'Onnaing et de Quarouble.— III. La Suzeraineté du Chapitre de Cambrai contestée par les Comtes de Hainaut.

I. Le Hainaut, dans lequel était située la Seigneurie d'Onnaing et de Quarouble, doit son nom à la petite rivière de Haine, qui perd ses eaux dans l'Escaut, à peu de distance de Condé.

Deux siècles avant Jésus-Christ, il était habité par les Nerviens, tribu belge aux mœurs farouches, contre laquelle faillit échouer le génie militaire de Jules César. Il passa, avec le reste de la Gaule, sous la domination des Franks lors de l'invasion germanique. Dagobert et ses successeurs contribuèrent, par de nombreuses concessions de terrains, à le peupler d'abbayes qui assainirent et fécondèrent son sol marécageux. Attribué à la Lotharingie par le traité de Verdun en 843, le Hainaut fit retour aux rois de France en vertu du traité de Mersen, en 870. Ceux-ci y établirent des comtes bénéficiaires qui, au dixième siècle, se rendirent indépendants sous la suzeraineté de l'Empire.

Le comté héréditaire du Hainaut était situé entre l'Artois, la Flandre, le Cambraisis, la Picardie, le comté de Namur et celui de Brabant. Il comprenait vingt-cinq villes, et, assure-t-on, jusqu'à neuf cent cinquante villages, après que les comtés de Valenciennes et d'Ostrevant y eurent été réunis.

Le comté eut une existence assez mouvementée. Plusieurs fois uni à la Flandre par des alliances matrimoniales, il passa dans la maison de Bourgogne, le 12 avril 1433, par l'abandon de Jacqueline de Bavière, qui le céda à Philippe-le-Bon ; dans la maison d'Autriche, en 1477, par le mariage de Marie de Bourgogne avec Maximilien d'Autriche ; dans la maison d'Espagne, en 1496, par celui de Philippe-le-Beau, fils de Maximilien d'Autriche, avec Jeanne d'Aragon, fille de Ferdinand d'Aragon et d'Isabelle de Castille. C'est ainsi qu'à la mort de Philippe, son père (25 septembre 1506), Charles-Quint, souverain des Pays-Bas et roi d'Espagne, se trouva maître du Hainaut. En 1678, lors de la paix de Nimègue, Trélon, Etrœungt, Maubeuge, Cambrai, Valenciennes et la contrée qui l'environne, furent attribués à la France.

La France possède aujourd'hui la moitié du Hainaut. Deux siècles seulement nous séparent de l'époque où le pays que nous habitons, appartenait à l'Espagne.

II. Bien qu'enclavés dans le Hainaut, Onnaing et Quarouble formaient une seigneurie indépendante sous la suzeraineté du Chapitre de Cambrai. Celui-ci déclarait qu'il la tenait de la libéralité royale, qu'elle ne pouvait, par conséquent, relever d'un prince subalterne, spécialement du comte de Hainaut, qui était lui-même, pour certaines de ses terres, vassal de l'évêque de Liège et de l'évêque de Cambrai. Cette prétention s'appuyait sur un diplôme de Dagobert, dont la *Chronique des évêques de Cambrai*, dite de Balderic, et la *Vie de Saint Aubert*, attribuée par erreur à Fulbert de Chartres, avaient accepté l'autorité. Malheureusement il a été, depuis, démontré que cette charte est apocryphe. Les formules de chancellerie employées par le prétendu notaire royal n'étaient pas encore en usage sous la première race de nos rois : détails qui échappaient aux érudits du moyen-âge. Et ce qui est plus grave, le chiffre de l'indiction (1)

---

(1) Indiction, période de quinze années qui servait à déterminer les dates.

est erroné ; car il correspond à l'année 640, date ultérieure de deux ans à la mort de Dagobert (1).

De ce que cette charte porte des traces peu équivoques de falsification, faut-il conclure que la donation n'émane pas de Dagobert ou de l'un de ses successeurs ? Ce serait dépasser les bornes d'une sage critique. Il est possible, en effet, que la falsification ait eu simplement pour but de remplacer un diplôme authentique, dont l'original était perdu. Au milieu des perturbations causées par l'invasion normande, bon nombre de documents précieux disparurent, soit dans les flammes, soit pendant la fuite désordonnée des populations menacées. Les établissements religieux, comprenant l'importance des titres dont dépendaient leurs privilèges, durent naturellement être amenés à essayer de les reconstituer. C'était, il est vrai, une supercherie, mais que les circonstances exceptionnelles paraissaient justifier. Le chapitre de Cambrai eut peut-être recours à ce moyen. Cette hypothèse est confirmée par l'existence d'une mairie héréditaire dans la seigneurie d'Onnaing et de Quarouble, Les maires héréditaires, dit M. Théodore Leuridan, existaient au moment de la concession des domaines et bénéfices détachés du domaine des rois. On n'a pas créé de maires sous la féodalité ; on les a subis, non sans une grande impatience. Partout où se trouvait une mairie héréditaire, elle remontait aux deux premières races et indiquait par elle-même la provenance originaire du domaine auquel elle était attachée. (2) Cette observation permettrait de conclure que, si la donation n'est pas de Dagobert, elle émane au moins de l'un de ses successeurs.

Quoiqu'il en soit, le chapitre de Cambrai se trouvait, dès le dixième siècle, en possession de cette seigneurie. Charles-le-Chauve la lui confirma en 911 ; les papes Eugène III et Alexandre III firent de même en 1148, 1153 et 1179. Le chapitre fit, de plus, déclarer en 1181 par le

(1) Le Glay, Recue des Opera diplomatica de Miracus, p. 132.
(2) La châtellenie de Lille, dans le Bulletin de la Commission historique du Nord t. XXI, p. 69.

pape Lucien III que ses *villes* d'Onnaing et de Quarouble n'étaient sous la garde d'aucun avoué laïque (1). Cette sorte de protection était généralement trop onéreuse, pour qu'on ne se prévalût pas d'en être exempt.

III. Ces garanties ne suffirent pas cependant pour mettre le chapitre à l'abri des usurpations des comtes de Hainaut.

Au commencement du treizième siècle, Baudouin VI éleva des prétentions sur les *mortemains* des serfs de la seigneurie. Ce droit odieux, mais lucratif, autorisait le seigneur à s'approprier la presque totalité des biens du serf mort sans postérité et le plus beau meuble du serf qui laissait une famille. En 1202, sur le point de partir pour la croisade, Baudouin termina ce différend par un accord qui lui assura le tiers des *mortemains* (2). Dès la même époque ou à peu près, le comte de Hainaut était en possession du privilège de conduire, le cas échéant, les habitants d'Onnaing et de Quarouble en *host* et en *chevauchée* (3) : fonction habituellement dévolue à l'avoué. Ce double droit fut le point de départ d'empiètements plus sérieux.

Pourquoi les successeurs de Philippe-le-Noble, marquis de Namur, par la libéralité de son frère Baudouin IV, se crurent-t-ils autorisés à revendiquer la suzeraineté sur la seigneurie des deux *villes* ? La question est assez complexe; essayons de l'étudier.

Dès l'année 1209, Yolande de Hainaut, qui avait recueilli l'héritage de Philippe-le-Noble, était en possession d'une grande partie de la terre d'Amblise. Au mois de juillet de ladite année, elle termina par un accord un différend qui existait entre elle et Gautier de Quiévrain. Il fut alors stipulé qu'elle aurait les trois quarts, et

---

(1) Pertz, *Monumenta Germanicae historicae*, t. VIII, p. 424. — Duvivier, *Recherches sur le Hainaut ancien*, part. IV, p. 565, 573, 623, 639.

(2) Archives du Nord, fonds du chapitre, carton 7. — Bibliothèque nationale, ms. lat. 10968, cartulaire B de l'église de Cambrai, f° 15.

(3) La *chevauchée* était un service féodal dû par le vassal à son seigneur, dans les guerres privées ; elle se distinguait ainsi de l'*host*, qui était le service militaire dû au roi pour les guerres générales. Mais cette distinction est souvent très effacée.

Gautier, un quart de cette terre, mais qu'elle exercerait la juridiction sur le toūt (1).

Vingt ans plus tard, Marguerite de Courtenai, fille de Yolande et épouse d'Henri, comte de Vianden, revendiquait la succession de son frère Henri, marquis de Namur, au détriment de Baudouin, son autre frère, Mais Ferrand et Jeanne, comte et comtesse de Flandre et de Hainaut, embitionnaient aussi cet héritage. La guerre éclata entre Marguerite et le comte de Flandre ; et après une lutte assez acharnée un traité de paix fut signé à Cambrai le 1er novembre 1232. Jeanne, à qui Marguerite de Courtenai, abandonnait quelques places dans le comté de Namur, renonçait à toutes prétentions sur les terres que Philippe de Courtenai, son frère, avait autrefois possédées dans la Flandre et *dans le Hainaut* (2).

C'est en vertu de cette clause assez vague, qu'Henri de Vianden, marquis de Namur, et Marguerite de Courtenai, son épouse, prirent possession des *villes* d'Onnaing et de Quarouble. On trouve la preuve de cette usurpation dans un acte du mois de janvier 1245, par lequel Robert de Saint-Venant, abbé de Vaucelles, rappelant qu'il s'est obligé à payer annuellement pour toutes redevances et services, à raison de vingt-quatre huittelées de terre que son abbaye possède à Onnaing, une obole d'or valant 5 sous blancs au marquis de Namur, « seigneur d'Onnaing », déclare qu'il paiera désormais la taille ordinaire au chapitre de Cambrai rentré en possession de sa seignenrie (3).

Le traité de 1232, ainsi interprété, mécontenta, non sans raison, le chapitre de Cambrai. Ferrand et Jeanne, comte et comtesse de Flandre et de Hainaut, furent invités, sous peine des censures ecclésiastiques, à retirer des mains du marquis de Namur, les avoueries d'Onnaing

---

(1) Archives du Nord, 1er cartulaire du Hainaut, piéce 92. — Yolande de Hainaut, épouse de Philippe de Courtenai, était née à Valenciennes, comme ses frères Baudouin et Henri, successivement empereurs de Constantinople.

(2) Edouard Le Glay, *Histoire de Jeanne de Constantinople*, p. 189, pièces justificatives.

(3) Archives du Nord, fonds du chapitre, carton 13. — Bibliothèque nationale, collection Moreau, vol. 164, f° 176.

et de Quarouble ; et comme ils tardaient à obéir, les chanoines, usant d'un privilège qui leur avait été accordé par Roger, évêque de Cambrai, et confirmé par Godefroi, son successeur, privilège qui leur permettait d'excommunier quiconque leur ferait tort ou injure, lancèrent contre eux l'excommunication. Mais Godefroi, requis de faire publier cette excommunication dans son diocèse, s'y refusa sous prétexte qu'il était absent lors des monitions adressées aux comtes, et que les trois jours qu'on lui avait accordés après son retour étaient insuffisants pour prendre connaissance de la cause. En conséquence de ce refus, le chapitre fit cesser à la cathédrale l'office divin. Le prélat s'émut de cette décision ; et l'affaire fut soumise à des arbitres, qui se prononcèrent en faveur des chanoines.

L'attitude de l'évêque avait encouragé Jeanne et Ferrand dans leur résistance. Après six mois d'attente, le chapitre se détermina le 18 juin 1233 à jeter l'interdit sur les terres et villes des comtes, situées dans le diocèse de Cambrai. Une lettre envoyée à tous les ecclésiastiques leur enjoignit de cesser tout exercice du culte, le baptême et le viatique exceptés, jusqu'à réception d'une autre lettre, soit de l'évêque, soit des chanoines, les avertissant que l'injustice était réparée (1).

Cette mesure de rigueur, bien qu'elle eût soulevé de vives protestations dans le clergé flamand, ne laissa pas de porter ses fruits. Au mois de juillet 1233, Ferrand et Jeanne s'engagèrent devant le chapitre à reprendre les avoueries d'Onnaing et de Quarouble avant l'expiration d'un délai de deux ans à commencer du Noël de 1233, et à rétablir l'état de choses existant avant le traité de Cambrai. Ils promettaient de ne plus revendiquer que par voie de justice ce qu'ils se croyaient en droit d'obtenir; et, tout en sollicitant la levée de l'excommunication, ils faisaient leurs réserves sur la valeur du privilège dont

---

(1) Archives du Nord, fonds du chapitre, carton 12. — Dupont, *Histoire ecclésiastique de Cambrai*, t. III, p. 31. — L'abbé H. Dubrulle, *Cambrai à la fin du moyen-âge*, p. 243.

s'autorisait le chapitre. De son côté, le chapitre protesta qu'il n'avait jamais reconnu la légitimité des prétentions du comte de Namur sur la terre d'Onnaing et de Quarouble (1).

La mort empêcha Ferrand d'exécuter ses engagements. Au mois d'août 1233, Jeanne de Flandre, sa veuve, renouvela solennellement la promesse qu'elle avait faite le mois précédent (2) ; mais le délai accordé dut sans doute être prolongé, car c'est seulement au mois de mars 1236, que Baudouin de Courtenai, héritier de l'empire de Constantinople et marquis légitime de Namur, alors sous la tutelle de Jean de Brienne, céda à la comtesse Jeanne, à la prière de celle-ci, tout ce qu'il possédait en deniers et autrement dans les *villes* d'Onnaing et de Quarouble et leurs dépendances (3). De leur côté, Jeanne et Thomas de Savoie, son nouvel époux, aidèrent Baudouin à se mettre en possession de son marquisat.

En restituant les deux *villes* au chapitre, Jeanne et Thomas n'avaient pas abdiqué toute prétention. Un accord intervint en 1240 pour terminer le différend qui existait entre eux et le chapitre au sujet de la justice haute et basse, de l'avouerie et des pâturages y appartenant. Voici l'analyse de cet important document :

Le comte et la comtesse de Hainaut renoncent à la possession des *villes* d'Onnaing et de Quarouble, à la condition qu'il sera payé tous les ans à eux et à leurs successeurs une taille de 60 livres blancs (4). Cette taille lui sera remise par le receveur du chapitre à la saint Remi.

Ils conduiront, comme les comtes de Hainaut l'ont fait antérieurement, les habitants des deux *villes* en *host* et en *chevauchée*. Le ban d'appel sera fait par le sergent du chapitre ; tout contrevenant paiera 20 sous par 20 livres de biens meubles et immeubles. L'amende sera perçue par le sergent ; la moitié appartiendra au comte.

---

(1) Archives du Nord. fonds du chapitre. carton 12.
(2) Ibid.
(3) De Reiffenberg, *Monuments*, t. 1, p. 141.
(4) Le sou blanc équivaut à 0 fr. 0633 ; la livre de blanc, à 1 fr. 07. 60 livres de blancs égalent donc 64 fr. 20 cent.

et l'autre moitié au chapitre. Si le sergent néglige de la percevoir, ou si, l'amende encourue et réclamée, le coupable sort de la seigneurie avec l'agrément du chapitre, celui-ci répond de l'amende devant le comte. Mais si le délinquant part avec ses meubles à l'insu du chapitre, celui-ci n'est tenu à rien. Toutefois le comte ne perd pas ses droits, si le fugitif laisse des immeubles.

Pour les pâturages, le comte en a la moitié, et 3o livrées (1) à prendre dans l'autre moitié, en dédommagement de la haute justice à laquelle il renonce.

Au chapitre appartiennent la nomination des curés et la dîme sur toute la terre et sur les maison et *villes* qu'on y construira à l'avenir.

A lui aussi la moitié des pâturages et 20 bonniers de pâturages secs, qui lui seront assignés avant le partage. Si ces portions de biens viennent à se peupler, les habitants seront tenus, comme les autres, à aller en *host* et *chevauchée*.

Le partage des pâturages sera fait par des hommes d'une probité reconnue et d'après la valeur des terres ; il ne sera pas uniquement basé sur la quantité.

La justice haute et basse sur les pâturages, appartient au chapitre et au comte pour leur part respective.

Le comte de Hainaut promet, pour lui et pour ses successeurs, de garantir au chapitre ses possessions d'Onnaing et de Quarouble, et de les défendre contre toute déprédation en temps de guerre.

Si les serfs du comte viennent à passer dans l'une ou l'autre des deux *villes*, le comte aura sur eux, à l'encontre du chapitre, le même droit que dans les *villes* de ses vassaux encore sans charte communale, et le chapitre, de son côté, le même droit que les vassaux du comte (2).

Cette charte qui semblait devoir mettre fin à de longs débats, n'eut cependant pas l'effet qu'on pouvait en

---

(1) La livrée, mesure agraire, était une partie de terre d'un revenu annuel d'une livre.

(2) Manuscrit 1152 (1029) de la Bibliothèque de Cambrai, t⁻ 48-62. — Archives du Nord, 1ᵉʳ registre du Hainaut, pièce 67. Charte éditée par Miraeus-Foppens, t. III, p. 403 : par de Reiffenberg, *Monuments*, t. III, p. 488. Il en existe un texte roman à la Bibliothèque de Valenciennes, manuscrit 584 (784), n° 67.

attendre. Quand le comté de Hainaut fut entré dans la maison d'Avesnes, puis dans celle de Bavière, les premiers représentants de ces dynasties mirent de nouveau en question ce que leurs prédécesseurs croyaient avoir définitivement réglé.

Vers le mois de mars 1294 (nouveau style, 1295), Jean II d'Avesnes prétendit avoir droit de suzeraineté sur les biens et *villes* que le chapitre de Cambrai possédait dans toute l'étendue du Hainaut. Irrités de l'opposition du Chapitre, ses officiers envahirent à main armée les *villes* d'Onnaing et de Quarouble, y brûlèrent plusieurs maisons, détruisirent le moulin d'Onnaïng, dont ils emportèrent les ferrures, enlevèrent bon nombre de bestiaux, se saisirent du bailli et de quelques autres habitants, pendirent un homme et coupèrent le nez à une femme. Ils firent ensuite comparaître leurs prisonniers devant la cour féodale de Mons au mépris de la juridiction du chapitre ; et plusieurs n'obtinrent leur élargissement qu'au prix d'une grosse rançon. Pour ne point laisser ces attentats, impunis, le chapitre excommunia les principaux coupables, jeta l'interdit sur les lieux où ils résidaient, et menaça Jean II de porter l'affaire devant le saint-siège. Il n'en fallut pas moins pour mettre un terme à ces violences (1). Le 24 juin 1297, Nicolas d'Escaussines, antérieurement grand bailli du Hainaut, fit demander par Jean de Rœux, son fondé de pouvoirs, l'absolution des censures qu'il avait encourues. Elle lui fut promise à la condition qu'il se présenterait en personne devant le chapitre, demanderait pardon de ses fautes et s'engagerait à remplir toutes les conditions qu'on jugerait bon de lui imposer (2)

D'autres tentatives d'usurpation restreintes à l'exercice de la justice, se produisirent sous la régence du duc Aubert de Bavière. En 1367, les sergents du grand bailli de Hainaut vinrent, pour des raisons aujourd'hui incon-

---

(1) Archives du Nord, Chambre des comptes, B. 378. Trois feuilles de parchemin cousues ensemble.— Saint-Genois. *Monuments anciens*, t. I, pp. 835 et 849.

(2) Archives du Nord. fonds du chapitre de Cambrai, carton 59. — Dupont, *Histoire ecclésiastique de Cambrai*, t. III, p. 62.

nues, ajourner devant la cour féodale de Mons, Jean de Maresch et Gilles, son frère, censiers de la ferme du chapitre à Quarouble, et les frères Lotard et Liégeard Malekarré, et placèrent des gardes dans leur maison. Un cheval que Jean de Maresch avait conduit, pour le mettre en sûreté chez Lotard Godin, lieutenant-bailli du chapitre, fut saisi et dirigé vers Mons. Peu de jours après, les sergents arrêtèrent Sandrart de Quarouble, lui arrachèrent un bâton des mains et le firent condamner, pour port d'arme illicite, à une amende de 60 sous.

Dès qu'il fut instruit de ces faits, le chapitre rappela au duc Aubert et à son bailli, qu'il jouissait du droit d'excommunier ceux qui le dépouillaient de ses prérogatives. Le bailli, reconnaissant partiellement ses torts, consentit à indemniser Jean de Maresch et les frères Malekarré des pertes qu'ils avaient subies ; elles s'élevaient, d'après l'évaluation du chapitre, à la somme de 9 livres 17 sous 6 deniers. Quant au port d'armes, il déclara que l'interdiction, existant alors dans le Hainaut, devait s'étendre aux enclaves du comté, et qu'il désarmerait le bailli même du chapitre, s'il le trouvait avec un bâton en main. Il était prêt à se démettre de ses fonctions, du moment où l'exception faite en faveur d'une seigneurie locale rendrait illusoire l'exercice de la police (1).

Ce différend, qui touchait à la question de juridiction, paraît s'être prolongé jusqu'en 1369. Le 1er octobre de cette année, Aubert de Bavière, alors au Quesnoy, remit sa cause à la décision de quatre arbitres, dont deux nommés par lui et deux autres par le chapitre (2). Nous n'avons pas trouvé le jugement rendu par les arbitres.

Guillaume de Bavière poussa la témérité aussi loin que son père Aubert. Du vivant de celui-ci et alors qu'il n'était encore que comte d'Ostrevant (3), il fit saisir « pour

(1) Archives du Nord, fonds du chapitre, carton 97. Copie de pièces.

(2) Bibliothèque nationale, collection Colbert-Flandre, vol. 75, f. 55. — Edité par Saint-Genois, *Monuments anciens*, p. 205.

(3) La terre d'Ostrevant était, d'après un usage constant, l'apanage des fils aînés des comtes de Hainaut.

certaines raisons » par le prévôt du Quesnoy, les terres, rentes et revenus du chapitre, et destitua le bailli et les autres officiers des deux *villes*. Mais le 6 mars 1402, il déclara solennellement que ce précédent ne devait en aucune manière, préjudicier aux franchises et droits du chapitre, dont il reconnaissait la légitimité (1). C'est peut-être la dernière fois que la suzeraineté de l'église de Cambrai fut sérieusement contestée. La maison de Bourgogne, dans laquelle allait entrer le Hainaut, était trop puissante et trop fière pour ambitionner l'annexion d'une assez mince seigneurie.

---

(1) Archives du Nord, fonds du chapitre de Cambrai, carton 61.

CHAPITRE II.

Au mois de mai 1236, Bauduin de Courtenai l'avait remis nous l'avons vu. à la comtesse Jeanne de Flandre tout ce qu'il possédait en deniers ou autrement dans les *villes* d'Onnaing et de Quarouble. Heureux de rentrer en possession de sa seigneurie, le chapitre s'empressa de donner une *loi* à ses sujets ; c'était affirmer solennellement des droits qu'on venait à peine de recouvrer.

L'octroi d'une *loi*, substituant des statuts précis à des coutumes plus ou moins incertaines, constituait, en principe, un avantage appréciable pour les habitants des deux *villes*. Cette charte répondit-elle néanmoins à leurs espérances ? Peut-être, en se replaçant sous la juridiction du chapitre, ils s'attendaient à des concessions plus larges.

Bien qu'elle réduisit la mainmorte au meilleur meuble, la *loi* (1) ne laissait pa de la maintenir : sous une forme atténuée, le servage se perpétuait. Pour réprimer efficacement les rixes trop fréquentes au moyen-âge, elle prononçait l'abattis de maison contre celui qui frappait, faisait tomber, piétinait ou traînait à terre un adversaire dans sa propre demeure, ou qui, seulement, continuait à frapper lorsque le bailli, ses échevins ou des prud'hommes mandés par le bailli mettaient la main sur lui pour

(1) Voir aux Documents la *loi* de 1236.

faire cesser la lutte. Elle laissait, à la vérité, au coupable
la faculté de racheter sa maison moyennant 5o sous (1)
si elle était couverte en chaume, et 100 sous si elle était
couverte en tuiles ; mais l'amende elle-même était, pour
le second cas, de 19 livres et demie, somme déjà bien
forte à une époque où l'argent était rare. Pour celui qui
frappait avec un couteau ou un instrument pointu, ou
qui pénétrait la nuit dans une maison, soit par trou sous
terre, soit par bris de toiture ou de cloison, la peine était
arbitraire ; la *loi* la laissait à la discrétion du chapitre.
C'est également au chapitre, qu'elle abandonnait corps et
biens, celui qui brisait une *trève*.

Au fond, lorsqu'on tient compte de la rudesse des
mœurs du moyen-âge, ces sévérités paraissent justifiées.
Pour le bris de *trève* en particulier, peut-on blâmer le
législateur de se montrer implacable ? Quand un homme
avait tué ou privé quelqu'un d'un membre, il se formait
des unions de famille, connues sous le nom de *faides*,
pour venger contre les parents du coupable la mort ou la
mutilation de la victime. Grâce à l'influence de l'Eglise,
l'usage s'était établi que la famille du coupable pût temporairement se mettre à l'abri de la vengeance en demandant une *trève* par l'intervention du pouvoir local. Souvent
pendant la durée de la trève, les haines s'apaisaient, une
composition pécuniaire intervenait, et l'on arrivait à
l'assurement ou promesse de paix, que les partis juraient
sur l'Evangile. On conçoit, que, dans ces conditions, le
bris de *trève* fût considéré comme une faute d'une gravité
exceptionnelle. A Valenciennes il était assimilé à l'assassinat.

Mais si les sévérités de la loi de 1236 étaient justifiées,
le chapitre ,en se réservant le jugement de plusieurs
crimes, dérogeait à un principe de jurisprudence en
faveur au moyen-âge, principe d'après lequel chacun
devait être jugé par ses pairs.

---

(1) La livre de Hainaut, type monétaire adopté par la charte, équivaut à
80 centimes et demi ; le sou, à un peu plus de 3 centimes.

Est-ce pour ces motifs que la charte de 1236 n'eut qu'une existence éphémère ? On pourrait peut-être en signaler un autre. Hâtivement rédigée, elle était sur certains points trop peu explicite, sur d'autres assez incomplète. Elle ne faisait mention ni de la taille, ni des droits seigneuriaux, ni des droits d'usage que le chapitre accordait sur ses prairies aux habitants des deux *villes* ; elle ignorait même le faux témoignage. Quoi qu'il en soit, le chapitre résolut de lui en substituer une autre au mois de février 1248, et de fixer à Onnaing un bailli permanent.

Nous allons analyser cette *loi* dans sa partie judiciaire ; nous consacrerons un chapitre spécial aux droits seigneuriaux qu'elle mentionne.

La majorité devant la charte est, de quinze ans pour le garçon, et de douze ans pour la fille. L'un et l'autre peuvent alors être requis de jurer la *loi*. Il en est de même de l'étranger après un an et un jour de résidence dans la seigneurie.

Le garçon avant quinze ans, et la fille avant douze ans, ne peuvent être déclarés coupables d'une infraction à la *loi* ; mais on les fait châtier s'il y a lieu, et les parents, au besoin, réparent le dommage causé par leurs enfants.

A partir de quinze et de douze ans, l'homme et la femme sont susceptibles d'être témoins. Deux témoins, hommes ou femmes, suffisent et sont requis pour faire la preuve ; mais en cas de flagrant délit toute personne peut arrêter un voleur de nuit dans une maison.

La *loi* est sévère pour le faux témoin. Elle le prive du droit de témoigner, et le rend pécuniairement responsable des dommages qu'il a occasionnés en induisant les juges en erreur. S'il est impuissant à les réparer, on le tient en prison aussi longtemps qu'il plaît au chapitre ; s'il se soustrait par la fuite à la justice, on le bannit jusqu'à ce qu'il rapporte 100 sous.

A la différence de la *loi* de 1236, celle de 1248, cédant à la poussée charitable du siècle de Saint Louis, prononce la suppression de la mainmorte : c'est un acheminement sensible vers l'abolition du servage. Elle fait, de plus, disparaître l'abattis de maison pour coups .et blessures, et ne laisse à la merci du chapitre que l'homme qui porte la main sur le bailli, ou qui s'insurge contre les sergents jurés du chapitre chargés de le mettre en arrestation. Par une fiction très compréhensible, la *loi* envisage l'autorité seigneuriale dans la personne de ses représentants outragés ; c'est le cas de lèse-majesté humaine admis par la plupart des chartes du moyen-âge.

A part cette exception, la *loi* remet à la « justice laïque » du chapitre le jugement de tous les crimes ; nous parlerons plus loin de la composition de ce tribunal. C'est en particulier à cette justice que ressortissent les crimes réservés au chapitre par la *loi* de 1236 : briser une *trève* ou un *assurement*, pénétrer la nuit dans une maison pour y commettre un larcin, frapper quelqu'un avec une arme pointue. C'est, avec la suppression de la mainmorte, ce qui caractérise surtout la *loi* de 1248.

D'après la *loi* de 1236, la peine de l'homicide ne peut être prononcée s'il n'est prouvé que le coup porté a déterminé la mort ; l'intention disparaît ici devant le fait. C'est une survivance des idées germaniques. Dès que le bailli est informé du crime, il se rend près du blessé et le conjure, sur le salut de son âme, de désigner celui qui l'a frappé. Celui qu'il désigne est dès lors présumé coupable; mais si on a vu le blessé « aller ou venir » avant d'expirer, l'auteur de la blessure n'est pas tenu pour homicide. Cette disposition intéressante est moins clairement exprimée dans la *loi* de 1248. Celle-ci déclare seulement que si l'inculpé prétend se justifier, il a recours au bailli qui convoque la population pour une « loyale enquête » en présence de deux échevins.

Quant aux pénalités pour crimes la *loi* se réfère aux coutumes du Hainaut ; car partout où elle est muette, ces coutumes suppléent. Par exception, elle prononce le bannissement et la confiscation des meubles contre celui qui, ayant tué ou privé quelqu'un d'un membre, se dérobe par la fuite à l'action de la justice. Tous les meubles du meurtrier sont confisqués, et ceux dont il peut hériter à l'avenir dans les limites de la juridiction du chapitre. Pour celui qui a privé quelqu'un d'un membre, on lui confisque la moitié de ses meubles. — La *loi* condamne aussi à la prison celui qui refuse à quelqu'un la paix pour doute de crime ; elle autorise le bailli à l'y maintenir jusqu'à ce qu'il promette de rester calme.

Les pénalités pour délits sont, au contraire, mention nées avec un grand luxe de détails. Il est visible que le législateur a voulu tracer aux échevins, seuls juges dans ces questions, une ligne de conduite facile à suivre. L'amende est d'une application exclusive : le chapitre s'en réserve tantôt les deux tiers, tantôt la totalité. Elle est payée en monnaie coursable à Valenciennes. Celui qui ne peut payer l'amende qu'il a encourue, est mis en prison, et le bailli l'y garde aussi longtemps qu'il plaît au chapitre.

Nous indiquerons les délits spécialement visés par la charte.

1° DÉMENTI. — La *loi*, en frappant le démenti, atteint une des causes ordinaires des rixes. L'amende du démenti est de 3 sous pour l'homme, et de 2 sous pour la femme (1). Mais on dément impunément un insulteur, si celui-ci ne peut prouver la vérité de ses allégations (1).

Le démenti acquiert une gravité particulière, lorsqu'il s'adresse au bailli. L'amende est alors de 6 sous au lieu de 3 : et elle s'élève à 100 sous, quand le bailli assiste aux plaids ou qu'il s'y rend pour exercer la justice.

2° INJURES. — L'injure est naturellement passible d'une amende plus forte que le démenti. Qui traite quelqu'un de larron, voleur, meurtrier, ou lui impute une action vile, est condamné à 15 sous d'amende. Pour injure à un témoin à raison de son témoignage, 14 sous ; au bailli,

---

(1) Il est assez d'usage à Quarouble de dire aux personnes avec qui l'on converse : « Vous n'mintez pas ». Cette façon peu courtoise de rendre hommage à la sincérité d'un interlocuteur doit peut-être son origine à la crainte de l'amende du démenti. On sait la ténacité des habitudes dans les familles villageoises.

lorsqu'il est ou se rend aux plaids, 100 sous ; aux échevins, sergents jurés ou prud'hommes qui s'y rendent avec lui, 60 sous pour chaque personne insultée. Quand l'injure atteint un membre du chapitre, l'amende est à la discrétion du chapitre ; elle est de 30 sous au lieu de 15, lorsqu'elle s'adresse à un sergent de chanoine. La *loi* frappe dans ces deux cas l'irrévérence à l'égard de l'autorité seigneuriale.

3° Coups et Blessures. — Les détails abondent à ce sujet ; ce qui paraît indiquer que les rixes n'étaient pas rares.

Pour coup donné par la femme, l'amende est de 6 sous; elle s'élève à 15 sous, quand le sang coule ou que la délinquante fait usage d'un bâton.

Pour coup de poing ou soufflet donné par l'homme, 15 sous ; mais si on rudoie un adversaire avant de le frapper, 30 sous. Frapper avec un bâton, 20 sous ; 60, si le sang coule ; et 100, lorsque le patient tombe du coup. Frapper avec le poing armé d'une pierre ou d'un corps dur, 30 sous ; 60, quand le sang coule ; 100, si le blessé tombe du coup ; 30 livres, lorsqu'on traîne à terre, piétine ou saisit à la gorge un adversaire tombé. Continuer à frapper, lorsqu'en présence de deux échevins ou de deux prud'hommes le bailli ordonne de cesser la lutte, 60 sous; et 6 livres, si le bailli, les sergents jurés ou ceux qu'il appelle à l'aide mettent la main sur les combattants pour les séparer.

L'usage d'armes et de couteaux pointus est réservé à la justice laïque du chapitre ; le port même de pareilles armes, de flèche, d'arc et trait d'arbalète est puni d'une amende de 30 sous, lorsqu'il est interdit par ban ou qu'une *trève* est sur le point d'être conclue (1). Quant à l'usage d'armes simplement tranchantes, la charte le punit seulement d'une amende de 30 sous, sans effusion de sang, et de 100 sous, avec effusion de sang, à moins qu'il n'y ait mort ou privation de membre.

---

(1) La traduction de ce passage nous paraît douteuse. « S'aucuns hom, dit le texte », porte coutiel à pointe, s'il n'est de faide morteil em point que truiwes sont. »

Lorsqu'une blessure, fracture de membre ou plaie ouverte nécessite l'intervention du médecin, les visites de celui-ci et le dommage causé à la victime sont à la charge de l'auteur de la blessure. Les honoraires du médecin sont discutés par des prud'hommes envoyés vers lui par le bailli.

Pour démentis, injures, coups et blessures, le tiers de l'amende appartient au plaignant, et les deux tiers au chapitre. Si le patient refuse de porter plainte, le bailli peut le faire à sa place, et, dans ce cas, la totalité de l'amende revient au chapitre.

4° INFRACTIONS CONTRAIRES A LA POLICE DES CHAMPS ET DOMMAGES CAUSÉS. — Dans une seigneurie qui n'a d'autre industrie que la culture des champs, il est naturel que la *loi* se préoccupe de protéger les produits du sol. Certains articles ont pour but de favoriser l'écoulement des eaux, de prévenir les larcins nocturnes ; d'autres, de réprimer les délits commis.

Négliger de relever le talus d'un fossé à la limite d'un champ avant le commencement de mai, 2 sous ; se rendre aux champs après la cloche du soleil couchant pour rentrer des récoltes, 5 sous ; glaner après la même heure, perte de la glanure, et, le cas échéant, du sac qui la contient. Pareilles dispositions existent dans plusieurs chartes du moyen-âge ; à Saint-Amand, la *paix* de 1164 interdit la rentrée des récoltes avant le lever du soleil.

Pour dommages commis, amende de 2 sous à celui qui, après le ban de mai, pénètre le jour dans un champ clôturé (1) ; de 14 sous, à celui qui traverse la nuit les céréales, les coupe ou y fait quelque dégât ; amende aussi de 2 sous à qui pénètre dans un jardin pendant le jour, et de 5 sous pendant la nuit : le tout, sans préjudice des indemnités à payer. Quant au glaneur qui s'approprie injustement des épis, on le condamne à 12 deniers ou 1 sou d'amende, et à la perte de la glanure.

---

(1) Le texte porte : « Qui est trouvès en autrui biens à warde faite ». La « warde faite », c'est la barrière placée horizontalement ou la rigole creusée autour du champ.

Chacun peut mettre ses bestiaux, excepté les porcs, dans les prés du chapitre après la première récolte du foin, et, l'hiver terminé, jusqu'à la mi-mars. Amende de 3 deniers pour chaque porc, quand les prés ne sont pas clôturés, et de 6 deniers, quand les prés sont clôturés.

La parole des sergents-jurés fait foi pour les bestiaux pris en contravention, et le serment du garde-messier pour les dommages aux récoltes.

Si le législateur protège les produits du sol, il veille également aux intérêts de ceux qui en prélèvent une part en vertu des droits seigneuriaux. C'est ainsi qu'il condamne à une amende de 3o sous et à la réparation du dommage celui qui enlève le terrage d'autrui ; mais l'amende n'est pas appliquée, quand l'amende est le résultat d'une erreur.

5° INFRACTIONS CONTRAIRES A LA POLICE DU COMMERCE. — La loi de 1248 révèle l'existence dans la seigneurie de débits de vin et de denrées alimentaires. Dans l'intérêt des consommateurs, le bailli et les échevins dégustent le vin et fixent, d'après la qualité, le prix de vente ; ils interdisent, par mesure d'hygiène, la vente de vins et de produits reconnus mauvais. Celui qui vend le vin plus cher que le prix d'estimation, paie 4o sous d'amende et perd le droit d'en vendre durant un an et un jour. Quant aux vins et denrées de mauvaise qualité, qui les fait venir les perd et paie 5 sous d'amende.

6° REFUS DE L'AIDE ET DU CONSEIL ET DE LA MAIN-FORTE. — L'aide du conseil est de rigueur sous la féodalité. Mais l'aide de la main-forte a, dans certaines circonstances, une tout autre importance que celle du conseil. Aussi l'amende est de 4o sous pour celui qui, mandé par le bailli ou par les sergents à l'occasion d'une rixe, d'une arrestation ou autrement, refuse de leur prêter main-forte, tandis qu'elle est seulement de 12 deniers pour refus de conseils ou renseignements au bailli et aux échevins.

7° RETARD DU PAIEMENT DE LA TAILLE. — La taille annuelle de 100 livres blancs doit être payée dans la première quinzaine du mois d'octobre. Passé ce temps, le retardataire paie 3 deniers par mencaudée de terre, autant par maison, et 1 denier par meuble de 20 sous. S'il y a dépens ou dommage pour le chapitre, dépens et dommage sont à la charge du retardataire.

Tel est, dans ses grandes lignes, le code judiciaire qui régit Onnaing et Quarouble pendant le moyen-âge. Etudions maintenant le fonctionnement de la justice à l'aide des rares documents que nous possédons à ce sujet.

CHAPITRE III.

Droits Seigneuriaux. — La Justice.

I. L'assignation et l'arrestation. — II. La cour échevinale. — III. Le cas de lèse-majesté. — IV. La cour suprême de Mons. — V. La rémission.

Le droit de justice était au moyen-âge l'attribut essentiel de la souveraineté. Il comportait plusieurs degrés qui variaient avec les seigneuries ; on le distinguait, au douzième et au treizième siècle, en haute et basse justice. Celle-ci se subdivisa plus tard en moyenne et basse justice. La compétence de la basse justice était limitée presque partout à l'amende de 60 sous. La haute justice se reconnaissait aux fourches patibulaires qu'elle avait le privilège d'ériger. C'étaient trois fortes colonnes « et non plus », dressées verticalement et supportant des traverses en bois, où l'on pendait les criminels. Le chapitre de Cambrai, possédant la haute justice, avait ses fourches patibulaires à Onnaing. Elles étaient situées sur la partie haute de ce village, dans la direction de Rombies et d'Etreux.

Le chapitre abandonnait la partie la plus notable du droit de justice entre les mains du bailli, du maïeur, des échevins et des hommes de fief. Ce droit, d'apparence si formidable, consistait à peu près exclusivement dans la nomination des juges.

I. L'assignation et l'arrestation. — L'assignation est faite par le maïeur en matière de propriété, et par le bailli en matière de police et de criminalité. Mais il n'appartient qu'au bailli, délégué permanent de l'autorité seigneuriale, ou à son lieutenant, quand la lieutenance est autorisée par le chapitre, d'ordonner les arrestations. Il y procède par le ministère de deux sergents, que le chapitre s'engage à procurer «bons et loyaux »

Nul autre seigneur ne peut, du reste, prescrire des arrestations dans la seigneurie du chapitre ; ce droit exclusif, conséquence du droit même de justice, donne naissance à de fréquents conflits. En 1400, les sergents du prévôt le Comte, de Valenciennes, arrêtent près du moulin d'Onnaing deux individus inculpés d'avoir assassiné un potier de Valenciennes. Sur la plainte du chapitre, les sergents du prévôt se résignent à ramener leurs prisonniers près du moulin et à les remettre entre les mains de ceux du bailli. Des faits analogues se produisent en 1427, en 1445, en 1505 et en 1536.

Le bailli, qui défend à l'occasion le droit du chapitre, ne peut davantage empiéter sur celui des seigneuries voisines. Au mois d'octobre 1311, deux détenus pour dettes s'étant évadés de la prison d'Onnaing, Ansiau de Bellaing, alors bailli, alla les saisir, avec Bridou, son frère, Burdan d'Hurtebise et Jehan Crétin, d'Onnaing, dans la banlieue de Valenciennes. Mais cette ville, jalouse de ses *franchises communales*, obligea les coupables à lui ramener les prisonniers, à payer une forte amende, et à entreprendre, l'un le pèlerinage de Saint-Nicolas de Bari, dans le royaume de Naples, et les trois autres celui de Saint-Jacques, en Galice (1).

Le grand inconvénient des justices locales était de favoriser l'impunité des délinquants. Il leur suffisait parfois de passer d'une seigneurie dans une autre

---

(1) Bibliothèque de Valenciennes, Livre noir, manuscrit 535; f° 123. — Pièce éditée par M. Baschoud, la Justice criminelle de Valenciennes au moyen-age, p. 290

pour échapper au châtiment. Aussi en 1446 la cour
féodale de Mons, tout en reconnaissant le droit du
chapitre, mit pour condition à son exercice que les
sergents rempliraient leur devoir avec plus de vigilance
(1). En 1720, le lieutenant prévôt le Comte de Valenciennes fit encore preuve de moins de déférence : il déclara
que jamais il n'hésiterait à faire des arrestations *par
prévention* sur la seigneurie du chapitre.

L'arrestation était naturellement suivie de l'emprison-
nement. Au dix-huitième siècle, la prison du bailli, construite en pierres blanches, était située au rez-de-chaussée
dans l'enceinte du bailliage, à droite de la grand'porte
qui donne actuellement accès dans la cour de l'ancienne
sucrerie de Madame Drion-Deslinselle. Elle se composait
d'une chambre parfaitement salubre. On y descendait
le condamné par une ouverture pratiquée au haut de la
voûte. Au même siècle, comme le bailli entretenait
des pigeons dans la tourelle qui surmontait la prison,
les sergents menaçaient parfois les gens à mine suspecte
de les faire « coucher sous les coulons de Monsieur le
bailli ». L'édicule existait encore vers 1860.

II. La cour échevinale. — Les échevins, dont l'existence est certaine dès 1170, sont nommés par le chapitre
et révocables à volonté ; mais leur révocation n'ayant
lieu que pour faute notoire, ils gardent dans leurs fonctions une assez large part d'indépendance. Les échevins
jugent, en matière de propriété, pour les terres roturières,
avant 1228, et, en matière de police et de criminalité,
dès 1236. La loi de 1236 est expresse à cet égard, et celle
de 1248 ne fait que la confirmer.

En matière de propriété, ils assistent aux plaids sur la
convocation du maïeur ; le bailli ou son lieutenant peut
suppléer le maïeur si celui-ci est absent ou refuse de les
convoquer. C'est aussi au maïeur qu'il appartient de les
présider.

---

(1) Archives du Nord. fonds du chapitre, carton 69, 75 et 91. — L. Devillers,
Inventaire des Archives des états de Hainaut, t, 1, 47,

Lorsqu'une cause est épineuse, les échevins déclarent qu'ils ne se trouvent pas suffisamment éclairés et requièrent le maïeur de les conduire vers les échevins ou petits maires de Valenciennes ; c'est ce qu'on appelle aller à *chef-lieu* ou à *chef de sens*. Ils en reviennent avec la sentence toute faite, qu'ils prononcent en leur propre nom. D'après la loi de 1236, le plaideur malheureux leur doit 4 sous pour consultation à *chef de sens* ; mais ce droit devient plus tard incertain. C'est encore le plaideur, qu'une coutume générale condamne à indemniser les échevins pour leur participation aux plaids ; la rémunération est d'ailleurs assez légère. Quand l'inculpé est de mauvaise foi, il est écroué dans la prison du maïeur, à qui il doit dès lors 14 sous.

Pour la rédaction des actes, les échevins sont aidés par un greffier nommé par le chapitre. Le plus souvent c'est un praticien de Valenciennes, qui remplit à la fois la même fonction dans quelques seigneuries voisines de cette ville.

Nous ne connaissons qu'un jugement proprement dit, rendu par les échevins en matière de propriété ; encore se réfère-t-il à une date fort tardive.

Les jésuites de Valenciennes possédaient à Onnaing la cense dite du *Landas*, qui leur avait été léguée en 1614 et 1627 par Philippe et Pierre d'Oultreman, leurs collègues. Mais la validité du legs fut contestée en 1629 par Marguerite Colbau, tutrice de Jean d'Oultreman, son fils. Il s'agissait de décider si « le fidéi-commis graduel et perpétuel » fait en faveur de ceux du nom d'Oultreman par Henri d'Oultreman, père des deux religieux, devait avoir pour effet l'annulation du legs. Le 12 mai 1635 les échevins d'Onnaing et de Quarouble déclarèrent Marguerite Colbau non recevable en sa demande : et leur jugement fut confirmé le 8 août 1707 par le parlement de Tournai, auquel ressortissait depuis 1679 la ville de Valenciennes (1).

---

(1) Archives du Nord, série 7. — Factum pour le Père Recteur du collège de la Compagnie de Jésus a Valenciennes... par Monsieur le Conseiller de la

Pour les terres nobles ou seigneuriales, le chapitre
institue une cour féodale dont le bailli a la présidence,
car il est de règle, au moyen-âge, que chacun est jugé par
ses pairs. Les fiefs étaient assez nombreux à Onnaing et
à Quarouble ; mais, comme ils étaient presque tous de
la mouvance du comte de Hainaut, le chapitre se trouvait
dans la nécessité, pour se créer une cour féodale,
d'élever au rang de fieffés quelques-uns des plus notables
habitants de la seigneurie, en leur attribuant, sur le
domaine seigneurial, une rente viagère de deux chapons.
C'est ainsi qu'il institua hommes de fief le 1er mars 1449,
Thomas Haloghet, Laurent de Megnes, Pierre Doye,
Jehan Gosset, Jehan Valin et Lotard Carpentier ; le
3 juillet 1504, Jacques Doye et Martin Thérin ; et le
10 février 1506, Jehan Cocquet (1).

En matière de police et de criminalité, le bailli
remplit près des échevins le rôle de président, de ministère public et de juge d'instruction. Les informations
préalables, l'accusation, la direction des débats, le prononcé du jugement, sont de son ressort. Aussi, dans les
derniers temps, la royauté exigea que les baillis des
seigneuries locales fussent versés dans les questions judiciaires. Le bailli d'Onnaing fut dès lors un licencié ès lois
et avocat au parlement. C'est toutefois aux échevins qu'il
appartient de décider tant sur la culpabilité que sur
l'application de la loi. Le bailli assure l'exécution de la
sentence.

III. Le cas de lèse-majesté. — Au-dessus de la cour
échevinale jugeant au criminel, il y a le chapitre se
réservant le jugement de certaines causes. La loi
de 1236 lui attribue quelques crimes de droit commun,
par exemple, celui de s'introduire la nuit dans une maison
soit par un trou creusé sous terre, soit par bris de toiture
ou de muraille : mais la loi de 1248 restreint la juridiction

<hr>

Verdun. — En 1709, quand Tournai eut été enlevé à la France, le parlement fut
transféré à Cambrai, puis à Douai en 1714.

(1) Manuscrits 950 et 956 de Cambrai.

directe du chapitre aux actes de rébellion contre l'autorité seigneuriale. Ce genre de faute, considéré comme crime de lèse-majesté, est généralement puni avec une extrême sévérité. On veut par là inspirer une crainte salutaire à ceux qu'un caractère indépendant porterait à secouer le joug de l'obéissance. Le bailli peut toutefois solliciter l'indulgence du chapitre. Le 3 mai 1386 Nicaise de Sémeries, alors bailli, déclare devant les chanoines qu'il pardonne à Pierre Le Febvre les injures que celui-ci a prononcées contre lui et la *Justice* de la seigneurie, et obtient, semble-t-il, par cette démarche que l'affaire n'ait pas de suites fâcheuses (1).

Le 4 janvier 1375 Jehan des Marès, de Quarouble, et et Nicole Crétin, d'Onnaing, qui avaient usé de violence pour s'échapper des mains du sergent, s'engagèrent devant le chapitre à se placer vêtus d'une tunique, sans manteau ni capuchon, entre la croix et le curé d'Onnaing le jour de la Chandeleur, et à porter à la procession un cierge de dix livres qu'ils offriraient à l'église en confessant leur faute. Cette pénitence accomplie, ils iraient se présenter devant le chapitre le lundi suivant pour y donner acte de leur obéissance et déclarer qu'ils se soumettaient à ce que le chapitre pourrait exiger d'eux (2).

Les pèlerinages lointains furent souvent imposés pour ce genre de faute. A Valenciennes on s'en exonérait moyennant une somme d'argent fixée par la Coutume : pour un pèlerinage à Rome, à Saint-Jacques de Compostelle ou à Saint-Nicolas de Bari, dans le royaume de Naples, 30 livres : à Saint-Marc, à Venise, 20 livres ; à Rocamadour, dans le Lot, 12 livres 10 sous ; à Saint-Antoine, dans l'Isère, 7 livres 4 sous ; à Saint-Claude,

---

(1) Manuscrit 946 de Cambrai, f. 32 et 33.

(2) Manuscrit 911 de Cambrai. — Est-ce le même Jehan des Marès, qui, le 6 Septembre 1361 afferma par bail de trois ans les censes que le chapitre possédait à Onnaing et à Quarouble, l'une pour 278 livres de blancs, monnaie du chapitre, l'autre pour 436 livres ? Le pénitent de 1375 serait alors un assez gros personnage ; mais le fermier de 1361 est désigné comme habitant d'Onnaing, tandis que son homonyme est de Quarouble. Peut-être avait-il changé de résidence.

dans le Jura, 6 livres ; à Saint-Martin, de Tours, 4 livres (1), Il est probable que cet usage s'étendait à la seigneurie d'Onnaing et de Quarouble, mais aucun document ne nous permet de l'affirmer.

Le 2 avril 1497 un nommé Le Febvre, de Quarouble, s'engagea devant le chapitre à faire le pèlerinage de Saint-Michel et de Saint-Claude (2).

Jehan Ghallans, de Quarouble, fut condamné en 1414 à une peine bien plus grave. Ghallans avait usé de voies de fait fort sérieuses contre Jacquemart de Bury, sergent du chapitre, qui était allé l'assigner pour dettes. Saisi par ordre du bailli, il fut laissé, sauf la vie et les membres, à la discrétion du chapitre par la cour féodale de Mons. On l'incarcéra ; on vendit ses biens au profit de ses créanciers, et l'excédent que, d'après la *loi* de 1248 et la Coutume du Hainaut, le chapitre pouvait s'approprier, fut placé sous le séquestre pour lui être remis lors de son élargissement. Quatre ans après, on offrit à Ghallans, à raison de son âge et sur les instances de ses proches et des hommes de fief, de lui rendre la liberté aux conditions suivantes. Sommation lui serait faite de prendre l'écharpe et le bourdon dans l'église d'Onnaing en présence du maïeur et des échevins pour se rendre en pèlerinage, dans le cours de la quinzaine, à Saint-Nicolas de Bari. A son retour il partirait, aprés sommation nouvelle, pour Saint-Jacques de Compostelle. Défense lui serait faite de séjourner à Quarouble ou à Onnaing, s'il n'accomplissait fidélement sa promesse ; et son avoir répondrait des dépenses que pourrait occasionner la violation de ses engagements. Jehan Ghallans souscrivit à tout ce qu'on lui demanda ; et le 20 septembre 1418 acte fut donné au chapitre de son acceptation. Le même jour, Ghallans se reconnut redevable envers le chapitre de 200 livres

---

(1) PIÈCES RELATIVES A LA PAIX DE VALENCIENNES, publiées par le marquis de Fortia, t. XI des ANNALES DU HAINAUT de Jacques de Guise.

(2) Manuscrit 956 de Cambrai. — Le Mont-Saint-Michel, situé sur un plateau rocailleux, qui, à la marée haute, forme une ile, fait partie du département de la Manche.

tournois pour les quatre ans qu'il avait passés en prison ; moyennant quoi, le reste de ses biens lui fut restitué (1).

IV. La cour suprème de Mons. — Toutes ces cours, sans excepter absolument celle du chapitre, ressortissaient, avant l'annexion de Valenciennes à la France, à la cour féodale de Mons. Celle-ci se prononçait sur l'application de la *loi* ou, à défaut de la *loi*, de la coutume qui régissait le Hainaut.

En 1397 le bailli du chapitre demanda à la cour de Mons si l'on devait, conformément à l'usage établi, livrer aux flammes une maison qui passait pour appartenir à un nommé Le Rouls, de Quarouble, coupable d'homicide. Ce barbare usage de *l'arsin* était comme la formule de la réprobation irrémissible, qui s'attachait à un grand crime. La haute cour répondit le 24 juillet qu'il convenait de s'en abstenir, parce qu'il n'était pas assez certain que cette maison appartenait à Le Rouls (2).

Ces diverses juridictions superposées, se surveillant l'une l'autre dans l'exercice de leurs pouvoirs, donnent une tout autre idée que celle de l'arbitraire. Il y avait au fond, dans ce système si compliqué, de sérieuses garanties pour l'accusé.

La rémission. — Quand le crime présentait des circonstances atténuantes, quand il était le résultat d'un accident ou d'une provocation, il restait à l'inculpé la ressource du recours en grâce. Les souverains usaient assez volontiers de cette prérogative ; les *rémissions* étaient fréquentes, trop fréquentes peut-être, bien que l'Ordonnance du 5 juillet 1570 édictât qu'on serait sévère pour les meurtres commis par « cousteaux à pointe, coups d'estocades (3), pistolets ou autres traicts à pouldre, ou bastons nuysables ».

Le 24 décembre 1567 Michel du Trieu, originaire de Binche, fut insulté à Onnaing par Philippe de Gricourt,

---

(1) Archives du Nord, fonds du chapitre de Cambrai, carton 65.

(2) Premier registre de la cour féodale de Mons publié par Félicien Cattié, N· 1155.

(3) On nommait estoc une épée longue et tranchante. Ce mot signifiait aussi la pointe de l'épée ; on disait frapper d'estoc et de taille, c'est-à-dire de pointe et de lame.

soldat comme lui sous le capitaine de Solre. De Gricourt
l'accusait d'avoir dérobé des moutons, que des bouchers
de Valenciennes leur avaient confiés. A quoi du Trieu
répondit en plaisantant que, si quelques moutons avaient
disparu, c'était peut-être de Gricourt lui-même qui en
était cause. Celui-ci le quitta en menaçant de se venger.
Le jour suivant il pénétra dans la maison où du Trieu
était logé, et le trouvant au lit, le défia et le blessa à la
main avec son épée. On parvint cependant à le calmer.
Mais le 28 décembre les deux soldats se trouvaient dans
un cabaret de Vicq avec quelques camarades. Du Trieu
sort.t un instant. En revenant, il vit de Gricourt qui s'en
allait : « Tu t'en vas, lui dit-il, grain (grand) » ; c'est
sous ce nom qu'on désignait familièrement de Gricourt.
Celui-ci, tout en fureur, s'écria : « Tu m'as refusé autrefois un coup d'espée », et saisit aussitôt son arme. Du
Trieu dégaîna pour se défendre, et au cours de la lutte,
blessa son adversaire, qui mourut peu de temps après.
En garnison à Bapaume sous les ordres du sieur de
Beauvoir, et n'osant rentrer dans son pays natal, il
demanda sa grâce à Philippe II en 1570. Le roi l'accorda
au mois de septembre en considération de la Joyeuse
Entrée de son épouse dans les Pays-Bas (1).

Le 30 août 1614, Jean Cazin, cultivateur à Quarouble,
se rendit vers sept heures dn soir avec Nicolas, et Jean
Demarets, ses cousins, au cabaret de Nicolas de Lattre.
Ils y restèrent environ une heure et y burent trois pots
de bière, Jean Cazin était assis dans la cour sur un fagot,
quand survint Jean Bruyant, sergent du bois de chapitre.
Bruyant, s'adressant à Cazin, lui dit qu'avant son
mariage il avait eu de son père de beaux manteaux
et autres vêtements de luxe, que lui-même avait
acheté de très belles juments. « Mais va donc les payer,
tes juments, ajouta-t-il, va les payer ». A quoi Cazin
répondit qu'il les paierait, en effet, et que personne ne
le ferait pour lui. Après maintes provocations, Bruyant,
se levant comme pour sortir du cabaret, se dirigea

(1) Archives du Nord, Chambre des comptes, B, 1781 f. 117.

brusquement vers Cazin, qui était alors debout près du foyer, et lui donna sur la tête plusieurs coups de poing. Cazin, hors de lui, mit instinctivement la main à son couteau et en frappa Bruyant au bas ventre. Le blessé se traîna alors dans le jardin, d'où il fallut le rapporter dans la maison. Il y mourut le lendemain après s'être réconcilié avec son meurtrier. Cazin, pour se soustraire aux rigueurs de la justice, s'enfuit de Quarouble, abandonnant sa femme et ses enfants ; mais après une longue absence, il fit appel à la clémence des archiducs Albert et Isabelle, souverains des Pays-Bas, qui, vu les circonstances du fait et en considération des bons antécédents du coupable, signèrent sa grâce au mois de janvier 1616 (1).

Jean-Baptiste Nisol, né à Thivencelles de parents pauvres, avait dû se mettre en service dès l'âge de douze ans. Il était, à quatorze ans et demi, domestique de Louis-Auguste Perdry, vicaire de Quarouble. Or le 16 octobre 1782 il balayait la maison de son maître, quand deux jeunes enfants, Jean-Baptiste Duez, fils de Dominique, âgé de onze ans, et Jean-Baptiste Mortier, âgé de six ans, se trouvant chez le vicaire alors absent, se mirent à crier et à jouer de façon à l'empêcher de faire sa besogne. Nisol essaya de les calmer, les menaçant par plaisanterie de les tuer avec un fusil que le vicaire avait, contre son habitude, laissé près de l'horloge. Il fit feu sans se douter que l'arme était chargée. Le coup porta dans la figure de Duez. Effrayé des suites de son imprudence, le jeune domestique courut prier M. le curé, qui disait la messe, de venir au plus vite chez le vicaire ; mais, malgré les soins qu'on lui donna, le blessé mourut quelques heures après. Nisol fut incarcéré, paraît-il, à Valenciennes. Un recours en grâce fut aussitôt adressé à Louis XVI, qui, tenant compte de l'inexpérience de l'enfant, le fit mettre en liberté vers la fin de l'année (2).

---

(1) Archives du Nord, Chambre des comptes, B. 1703, f° 13.
(2) Cabinet de M. Quarré-Reybourbon, à Lille. Original.

CHAPITRE IV

Droits seigneuriaux. — Le terrage. — Les droits de mutation. — L'afforage et le cambage. — Les banalités. — Les corvées. — La chasse.

Parmi les droits dont jouissait le chapitre, la plupart n'avaient rien de spécial à la seigneurie d'Onnaing et de Quarouble; quelques autres, comme l'*offre* et le *merci*, paraissent n'avoir été connus, au moins sous ces dénominations, que dans les deux *villes* et dans certaines localités dépendant de l'abbaye de Vicoigne.

Le terrage ou droit sur les récoltes. — Le terrage, qu'on percevait sur les fruits de l'année, était fondé sur la concession du champ faite par le seigneur à une époque immémoriale, à la condition de retenir pour lui une partie de la récolte. Découlant du droit de propriété, le terrage, quoique grevant l'agriculture, était, en principe, absolument légitime. Aussi, en 1775, Louis XVI, désirant abolir « ces vestiges d'une féodalité rigoureuse », se déclarait « retenu par les lois de la propriété, le plus sûr fondement de l'ordre et de la justice ».

Le terrage était de huit du cent à Onnaing et à Quarouble. Un certain nombre de terres en étaient exemptes; on les appelait « terres à dîme Dieu seulement », si elles devaient la dîme; terres franches, si elles n'étaient pas non plus assujetties à la dîme.

Dès la fin du quatorzième siècle, le chapitre de Cambrai possédait la portion de beaucoup la plus considérable du terrage des deux *villes*. Quelques parties de ce droit lui venaient d'acquisition ; tels étaient les terrages de *Thiant*, de *La Fontaine* et de *Jehan de Frasne* (ou de Fresne), qu'on distinguait de l'ancien terrage *Notre-Dame* par le nom de leur propriétaire primitif.

Le 10 septembre 1351, Jehanne Brissette, veuve de Jehan du Fay, reconnut qu'elle avait vendu au chapitre ses rentes et terrages de Thiant (1). Mais Jehanne Brissette n'était en possession que d'une partie de ce terrage ; car le 30 décembre 1364, Jehan de Bloyn (Johannes Bloynii), chanoine de Cambrai, fondant un obit à l'église cathédrale de cette ville, abandonna au chapitre le tiers de ce terrage. Ce tiers valait 18 mencauds de blé, 18 d'avoine, mesure de Cambrai, 14 chapons et 2 sous blancs (2). Vers la fin du seizième siècle, la partie du terrage de Thiant à prélever sur Onnaing était grevée d'une rente anuelle de 2 muids de blé et d'un muid d'avoine tenue en fief par l'abbaye de Saint-Amand.

Nous n'avons pas trouvé l'acte d'acquisition des terrages de *La Fontaine* et de *Jehan de Frasne* ; mais des représentants de ces familles habitaient Onnaing au treizième et au quatorzième siècles (3). Une part importante de celui de *La Fontaine* appartenait encore à Gaspar Delewarte dans la première moitié du dix-huitième siècle (4).

En 1362, Sandran de La Maladrie vendit au chapitre

---

(1) Archives du Nord, fonds du chapitre de Cambrai, carton 44.

(2) Bibliothèque de Cambrai, manuscrit 944, 30 décembre 1364 et 2 février 1365.

(3) En 1211, Willaume de le Fontaine donne à l'abbaye de Vicoigne, du consentement de son épouse Sibylle et de Willaume, abbé de Crespin, tout le terrage qu'il possède à Onnaing sur les tarres de l'abbaye de Vicoigne, terrage tenu en fief de l'abbaye de Crespin. En 1231, des arbitres décident en faveur d'Amaury, maire d'Onnaing, que Willaume de le Fontaine ne peut vendre les terres de vilenie qu'il tient du chapitre, sans la participation du maire et des échevins d'Onnaing. Au mois de février 1341, (nouv. st. 1342), Thierry, abbé, et les moines de Crespin déclarent qu'ils ont vendu pour 200 livres tournois à Jean, comte de Hainaut, l'hommage du fief de Watier de le Fontaine, gisant à Onnaing. (Bibliothèque nationale, collection Moreau, volume 113, f° 64. — Archives du Nord, fonds du chapitre, carton 12.— Saint-Genois, *Monuments anciens*, t. I, p. 335) — Pour Béatrix et Lotard de Frasne, voir aux Documents, n° IV.

(4) Archives du Nord, fonds de la cathédrale, terrier 19.

un petit droit de terrage qu'il possédait sur Onnaing (1).

D'autres terrages restèrent jusqu'à la Révolution entre les mains de particuliers, bourgeois ou nobles.

Vers le milieu du quatorzième siècle, certain droit de terrage sur Quarouble appartenait à François de Landas et aux seigneurs de Quiévrain, de Quiévrechain et de Ruesne (2).

En 1359, Jehan Descambre vendit à Jehan Guilbert, de Cambrai, un terrage tenu en fief sur 103 mencaudées de terre situées à Onnaing, Quarouble et lieux voisins(3).

En 1654, le duc de Croy et d'Arschot détenait à Quarouble les trois quarts du terrage sur 91 mencaudées 25 verges de terre ; le dernier quart appartenait au seigneur de Buzency et de Linden, et à Pierre Bureau, son co-héritier (4).

Le 19 septembre 1680, Anne d'Ambrometz, épouse de Louis Daulx, écuyer, vendit à Adrien Bouly, seigneur de Surhon, bourgeois de Valenciennes, un petit terrage sur *Monsart*, à Quarouble, qu'elle avait hérité de ses parents (5).

Enfin, lors de la Révolution, Charles Desvignes était propriétaire d'un droit de terrage sur Onnaing et sur Quarouble. Le 8 avril 1806, il invita ingénument ses débiteurs à lui payer les arrérages ou à s'exonérer par achat (6).

En 1576, le terrage du chapitre à Quarouble fut affermé à la criée pour 80 mencauds de blé et 40 d'avoine, valant ensemble 280 livres 5 sous tournois : en 1680, pour 18 muids de blé et 5 d'avoine, puis 2 muids de blé au profit des sergents du chapitre ; en 1740, pour 116 mencauds de blé et 58 d'avoine (7).

---

(1) Archives du Nord, fonds du chapitre de Cambrai, carton 97. Copie.

(2) Même fonds, carton 33.

(3) Archives du Nord, fonds du chapitre de Cambrai, carton 44.

(4) Archives de Quarouble, copie d'un cahier de terrage de l'an 1500 — La part des céréales revenant au duc d'Arschot fut évaluée 24 livres en 1589.

(5) Actes scabinaux d'Onnaing.

(6) Archives de Quarouble.

(7) Archives du Hainaut, à Mons, Cahiers de contributions. — De Carondelet, manuscrit 1183 bis de Cambrai.

LES DROITS DE MUTATION. — Au moyen-âge, quand les immeubles changent de main, il est de règle que des redevances soient prélevées par le seigneur. D'après la *loi* de 1248, le chapitre de Cambrai prend 3 sous par mencaudée tenue de lui à la mort du tenancier, et 6 sous lors de la vente, dont 3 sous pour l'*issue* et 3 sous pour l'*entrée*. Mais cette règle est loin d'être uniforme. En 1481, les terres assujetties au terrage de Thiant paient 4 sous blancs pour l'*issue* et autant pour l'*entrée*, redevance dont le tiers revient à l'église Notre-Dame-de-La-Chaussée, à Valenciennes, et les 2 tiers au chapitre (1). Les terres du terrage de Jehan de Frasne paient même 10 sous d'*issue* et 10 sous d'*entrée* dans la première moitié du dix-huitième siècle (2). Pour l'abbaye de Vicoigne, des conditions de faveur avaient été stipulées en 1170 ; elle devait 3 sous seulement par muid de terre à la mort de chaque abbé, et 2 sous, pour le relief, à la prise de possession du nouvel abbé (3). Il existe cependant aux Archives de Vicoigne un acte postérieur déclarant que ce monastère doit 3 sous blancs d'*entrée* et 3 sous d'*issue* pour chaque mencaudée de terre (4).

En général, le chapitre prenait sur les maisons, suivant la *loi* de 1248, 5 sous à la mort du tenancier, et 6 sous lors de la vente. Encore cette règle n'est-elle pas non plus d'une application uniforme. Ce droit cessa naturellement d'être perçu, quand les maisons, construites par les particuliers, cessèrent d'être tenues du chapitre.

Vers la fin du quatorzième siècle, l'usage s'introduisit de déposer dans un ferme commun, afin d'en assurer la conservation, les lettres de vente, de location, de constitution de rentes. Le chapitre perçut alors 3 sous 3 deniers pour chaque pièce *avalée* dans le ferme, mais ce droit joint à ceux de mutation, n'en augmenta que très-légèrement la valeur ; car en 1575, le tout fut affermé pour 3o sous.

---

(1) Archives du Nord, fonds de la Cathédrale, registre 31.
(2) Ibid, terrier 39.
(3) Ibid, fonds du chapitre, carton 6.
(4) Inventaire manuscrit des archives de Vicoigne par le chanoine Duchateau. (Cabinet de l'abbé Isidore Desilve).

On peut ranger dans la même catégorie de droits seigneuriaux, l'*offre*, le *merci* et à la rigueur, la *confiscation*.

Lors de la vente d'un immeuble, la législation coutumière du moyen-âge autorisait le seigneur à se rendre acquéreur de l'immeuble, en offrant, dans le courant de la quinzaine qui suivait la vente, le même prix que l'adjudicataire. Mais celui-ci ou tout autre pouvait *offrir* au seigneur une somme d'argent, à l'effet d'obtenir qu'il renonçat au bénéfice de la *Coutume* ; c'est ce qu'on appelait, en cas d'acceptation, percevoir l'*offre*. Cet usage, déjà mentionné en 1228, exista jusqu'à la Révolution. Le 19 novembre 1635, le chapitre de Cambrai acquit, au profit du domaine seigneurial, 13 huittelées de terre situées à Onnaing ; or le 8 février 1636 il accepta du chanoine François Chapron l'*offre* de 150 florins pour le rendre acquéreur de cette propriété (1). En 1740 ce droit, perçu à l'occasion de la vente d'une maison, rapporte 12 livres au chapitre de Cambrai(2). L'abbaye de Vicoigne, qui l'exerçait aussi à Curgies, s'était contentée d'un cierge d'une livre en 1662 ; il est vrai que cette *offre* était faite par un clerc (3).

Le *merci* qui est mentionné avec l'*offre* en 1228, paraît avoir été une oblation faite par l'acheteur, lorsqu'à la suite d'une vente le chapitre renonçait à invoquer le privilège du retrait féodal. Cet usage, dont nous n'avons pas trouvé l'application, disparut probablement avant la fin du moyen-âge.

A la *confiscation* étaient sujets, d'après les Coutumes du Hainaut, les biens du meurtrier, et. d'après la *loi* de 1248, la moitié des biens de celui, qui, ayant privé quelqu'un d'un membre, s'était soustrait par la fuite à la justice. Il en était de même de tous les biens de l'enfant naturel mort sans postérité. Cette disposition, dérivée de l'ancien droit romain, avait pour but d'inculquer aux populations

<hr>

(1) Manuscrit 974 de Cambrai,

(2) Manuscrit 1133 bis, de Cambrai.

(3) Inventaire des archives de Vicoigne. (Cabinet de l'abbé Isidore Desilve).

l'horreur du crime et le respect des mœurs. Mais le chapitre, comprenant ce qu'elle avait de pénible pour les familles qu'elle atteignait, paraît ne l'avoir appliquée qu'avec assez de ménagement.

En 1366, Etienne Fourniaux, fils naturel, mourut à Quarouble sans laisser d'enfants. Le chapitre fit main basse sur une maison et sur 2 huittelées et 20 verges de terre qu'il laissait. Mais Jacquemart Fourniaux, du Càteau, frère du défunt, pria le chapitre de les lui remettre, attendu que, dans l'ordre habituel de succession, ils devaient lui faire retour. On les lui rendit, et *pour la raison qu'il alléguait*, et en considération de ses bons et loyaux services (1).

En 1513, un fils de Michel Bruyant, d'Onnaing, se rendit coupable d'homicide. Le 10 août, le chapitre députa l'un de ses membres vers le père du meurtrier ; et il semble qu'un arrangement amiable intervint entre les deux parties au sujet de la confiscation (2).

L'afforage et le cambage. — Un léger droit d'*afforage* ou de mise en perce était perçu sur le vin mis en vente par les taverniers ; le *cambage* (du bas latin *camba*, brasserie) atteignait la fabrication de la bière. Loin d'être préjudiciable aux consommateurs, l'*afforage* leur garantissait la bonne qualité de la marchandise, dont le bailli et les échevins s'assuraient avant la mise en vente. En 1575 ce droit fut affermé à Quarouble pour 50 sous, et en 1681 pour 5 livres 5 sous tournois. Quant au *cambage*, on le céda la même année pour 15 sous ; mais, chose étonnante, il n'en fut rien perçu par faute de toute fabrication de bière (3).

Les banalités. — On entend par banalité le droit qu'avait le seigneur d'obliger la population de son domaine à se servir du moulin, du four et, dans les pays vignobles, du pressoir seigneurial : sorte de monopole assez semblable à celui qu'exercent les gouvernements

---

(1) Manuscrit 944 de Cambrai.
(2) Manuscrit 957 de Cambrai.
3) Archives du Hainaut, a Mons, Cahier de contributions.

modernes sur la vente des tabacs, des allumettes et des cartes à jouer. Ce droit pouvait être à peine contesté, lorsque le seigneur possédait seul les ressources nécessaires pour construire le moulin, le four et le pressoir. En mettant à la disposition de ses sujets un instrument d'un intérêt commun, qui pouvait leur manquer, il était naturel que, pour se couvrir de ses dépenses, il les obligeât à en faire usage. Mais quand les villageois eurent acquis leur part de liberté et de propriété, ils trouvèrent onéreux de ne pouvoir moudre leur blé et cuire leur pain comme ils l'entendaient (1).

Onnaing, qui avait le moulin banal à peu de distance de son agglomération, se résigna, sans trop de peine, à cet assujettissement. Si les tenanciers venus de villes voisines arguèrent de leur bourgeoisie pour s'y soustraire, la *communauté* reconnut officiellement le droit du chapitre dans une assemblée générale tenue devant l'église le 4 mai 1767. Il n'en fut pas tout-à-fait de même à Quarouble. où la banalité s'aggravait d'une longue distance à parcourir par des chemins parfois affreux. Dès 1536. le meunier d'Onnaing accusait celui de Rombies d'y prendre le blé pour le diriger vers son moulin ; et, chose plus grave. les sergents du chapitre montraient, paraît-il, peu de zèle à l'en empêcher. Pour rendre la fraude moins excusable, le chapitre se décida en 1634 à construire un moulin à Quarouble : mais l'existence de ce moulin fut des plus éphémères : il avait déjà disparu en 1680. Le mal ne fit alors que s'étendre. Frustré de droits qu'il achetait à prix d'argent, le fermier du moulin d'Onnaing, Jean-Joseph Brabant, demanda au chapitre en 1774 la permission d'ériger un moulin à ses frais sur le terroir de Quarouble. à la condition qu'il lui fût accordé un bail à long terme. La *communauté*, déjà presque affranchie de ses anciennes entraves, s'émut de ce projet ; elle osa même soutenir un procès contre le chapitre, qu'elle accusait de vouloir introduire une banalité nouvelle. Malheureusement la *loi* de 1148 était trop précise, pour

---

(1) D'après Achille Luchaire. *Manuel des Institutions françaises*, p. 340.

qu'elle obtint gain de cause. Le 6 juillet 1779, Louis XVI autorisa le chapitre à construire un moulin sur l'emplacement où Brabant en avait jeté les fondations. Le fisc royal y mit pour condition le paiement d'une redevance de 6 florins par an (1).

Quelle était dans la seigneurie d'Onnaing, l'importance de la mouture ? La *loi* de 1248 s'en rapporte simplement à l'usage du pays ; la charte de Sebourg, plus explicite, fixe au 25ᵉ la part du meunier seigneurial. Il est vrai qu'elle se vante d'être à cet égard plus libérale qu'aucune autre (2).

Quoi qu'il en soit, le moulin d'Onnaing fut affermé le 20 novembre 1422 à Jakemar de Fontaines pour 23 muids et demi de blé par an ; le 22 juin 1443, à Jehan Bouchier pour 28 muids ; le 11 avril 1507, pour 34 muids ; en 1564, pour 3o muids ; en 1586, pour 28 muids, et la même année, après résiliation du premier bail, pour 20 muids, d'une valeur estimative de 1450 livres de Hainaut (906 f. 25 c.) ; en 1651, pour 16 muids ; en 1758, pour 1440 livres de Hainaut (906 f.) ; en 1774, pour 1600 livres de Hainaut (1000 f.). Mais ces fermages donnaient souvent lieu à des réductions consenties par le chapitre (3).

La banalité du four eut une durée plus restreinte que celle du moulin. Elle était, d'ailleurs, presque illusoire, puisque chacun pouvait s'y soustraire à la condition de posséder un four ou de prendre son pain chez un boulanger. Un document du 19 novembre 1396 fait encore mention du four d'Onnaing (4), mais onn'en trouve plus trace après le quatorzième siècle. Faut-il voir dans le lieu dit *Four d'Esquin* un dernier souvenir du four banal de Quarouble ? C'est un problème que nous renonçons à résoudre.

Les corvées. — Il n'en est pas fait mention dans la *loi*

---

(1) Archives du Nord, fonds du chapitre de Cambrai, cartons 59 et 151. — Manuscrits 961 et 974 de Cambrai.

(2) *Loi ou usages de Sebourg, charte inédite du XIVᵉ siècle, publiée et annotée par Aimé Leroy*, p. 32.

(3) Archives du Nord, fonds du chapitre de Cambrai, cartons 66, 74 et 151. — Manuscrits de Cambrai, 957 et 964. — Archives du Hainaut, à Mons, Cahiers de contributions.

(4) Archives du Nord, fonds du chapitre carton 65. — Cette pièce a été placée par erreur au milieu d'autres de date plus récente.

de 1248 ; ce droit seigneurial n'est même rappelé qu'une
seule fois dans les nombreux documents que nous avons
eus sous les yeux, encore est-ce à propos du moulin banal.
Celui-ci, étant réservé aux habitants de la seigneurie, on
peut, à la rigueur, s'expliquer qu'ils contribuent gratuitement à le tenir en état convenable. Vers 1640, comme le
moulin d'Onnaing était en réparation, le chapitre ordonna
au bailli Louis de Zomberghes de recourir aux corvées
pour le transport des chênes qu'on faisait venir du bois
de Quarouble (1).

La chasse. — Le droit de chasse en Germanie était
réputé régalien. Les seigneurs hauts justiciers n'y chas-
saient dans leurs domaines que par concession du souverain. Il en était de même dans le Hainaut, qui releva, de
longs siècles, de la Germanie. Ce droit régalien était si
constant, que les archiducs Albert et Isabelle, souverains
des Pays-Bas, s'en prévalurent dans un de leurs placards.
Les rois de France en bénéficièrent, lorsqu'ils se furent
rendus maîtres d'une partie du Hainaut ; ils paraissent
toutefois n'en avoir pas immédiatement fait usage. Le
24 mars 1687, le chapitre de Cambrai interdit encore la
chasse à un personnage de haute marque dans la seigneurie d'Onnaing et de Quarouble (2). Mais le 4 février 1734,
Louis XV se réserva les villages de Saint-Saulve, Onnaing,
Curgies, Famars et Maing, la cense de Siméon(?), Etreux.
Il laissait seulement aux seigneurs hauts justiciers et
vicomtiers la faculté de chasser par eux-mêmes et, s'ils
étaient ecclésiastiques, par leur bailli ou par un officier
muni de pouvoirs, avec le concours d'un seul garde.
Après l'ouverture de la chasse, les chiens devaient être
tenus en laisse ou accouplés, ou munis d'un billot d'un
pied et demi de long dans le sens du collier. Ordre était
donné, sous peine d'amende, aux cultivateurs, d'enlever
de leurs arbres les nids de pies.

La condition du billot était, du reste, antérieure à 1734.
Un placard de Philippe II l'avait rendue obligatoire, dès
le 31 juillet 1560, dans les forêts royales du Hainaut. Vers

(1) Manuscrit 974 de Cambrai.
(2) Manuscrit 980 de Cambrai.

1693, Bardi Bardo Magoletti, gouverneur de Valenciennes, avait étendu cette obligation à tout le terroir de la prévôté de Valenciennes. Pierre Finet, d'Onnaing, ayant, malgré cette ordonnance, laissé son chien sans le billot règlementaire, fut condamné à une amende de 6 livres. Comme il refusait de la payer, un agent de la maréchaussée fut envoyé à Onnaing pour l'y contraindre (1).

L'édit de 1734 tomba-t-il peu à peu en désuétude ? Il est permis de le penser ; car l'intendant du Hainaut crut opportun, pour réprimer les abus, de le rappeler et remettre en vigueur le 1er février 1764 et 1765.

Nous ne pouvons dire, si le village de Quarouble, partageant le sort d'Onnaing, son chef-lieu, était compris dans la réserve royale.

En dédommagement des droits seigneuriaux que nous venons de mentionner, le chapitre usait de procédés obligeants à l'égard de ses vassaux.

Antérieurement à 1248, il donna aux deux *villes*, 120 bonniers de prés, à charge d'une redevance annuelle de 22 deniers (un peu moins de 2 sous), payable par chacune d'elles. Ainsi se constitua dans sa majeure partie le marais, longtemps indivis, d'Onnaing et de Quarouble, dont on jouit ensuite sans en soupçonner la provenance.

Les habitants d'Onnaing et de Quarouble exercèrent aussi jusqu'en 1554, un droit de « vaine pâture » sur 137 bonniers 3 journels 13 verges de prés situés à Onnaing, qui appartenaient au chapitre. En vertu de cette *usance*, ils lançaient le bétail dans les prairies après la récolte de la première herbe ; l'hiver à peu près terminé, ils l'y replaçaient jusqu'à la mi-mars. Les pauvres pouvaient bénéficier de cet avantage en louant deux vaches pour soutenir leur famille. Toutefois la *loi* de 1248 stipulait que ce privilège serait abrogé dès que les chanoines ou quelqu'un d'entre eux érigeraient des maisons dans leurs prés ; or le chapitre jugea bon d'user de son droit en 1554. Il partagea alors sa propriété en huit lots, qu'il

---

1. Archives de Valenciennes non classées.

afferma par bail emphytéotique de soixante-douze ans, à la condition que chacun des preneurs ferait construire dans son lot une maison avec étable de la valeur minima de 360 livres de 20 gros, monnaie de Hainaut (187 f. 50) (1).

Un autre droit d'usage, spécialement intéressant pour le pauvre, frappait les 40 bonniers de bois du chapitre. Il permettait aux habitants d'enlever les ramilles sèches des arbres, à l'aide d'un fer recourbé nommé *hachat*, qu'on adaptait à l'extrémité d'une perche. Ce droit, impitoyablement supprimé par l'Etat, à la Révolution, donna lieu alors à quelques procès (2).

L'abolition de tous les droits féodaux fut votée d'enthousiasme le 4 août 1789, par les trois ordres du clergé, de la noblesse et du tiers-état réunis à Versailles.

---

1. Archives du Nord, fonds du chapitre de Cambrai, cartons 106 et 107.
2. Archives d'Onnaing, registre des procès et des délibérations des officiers municipaux, 1792.

CHAPITRE V

Les maires héréditaires d'Onnaing et de Quarouble.

Les maires, qui constituèrent au moyen-âge un des rouages de l'organisation administrative et judiciaire, remplissaient, sous les deux premières races de nos rois, un rôle des plus humbles. C'était alors l'usage, dans les *villæ* du fisc royal et dans les domaines des églises, de confier la direction des labours et des choses de l'agriculture à un officier de condition servile ou presque servile, qu'en désignait sous le nom de *villicus* ou de *major*. Ce maïeur ou fermier distribuait le travail aux autres serfs, faisait ensemencer les champs et rentrer les récoltes, entretenait la maison et ses dépendances, défrichait les terres incultes, prenait soin des chevaux et des animaux domestiques, des jardins, des abeilles, des oies et des poules. Là se bornaient ses attributions. C'est à peine si les maires parvinrent à s'affranchir de la servitude avant la fin du dixième siècle.

Mais, dès le commencement du douzième, leur situation est tout autre. Leur charge, devenue héréditaire, est transmise à leurs héritiers comme un patrimoine, comme un fief dont on ne peut les dessaisir. Ils ont des droits sur l'exploitation agricole qui leur est confiée ; ils président certains plaids ; ils vont jusqu'à s'arroger des bénéfices ecclésiastiques. Leurs prétentions sont une source permanente d'ennuis pour les seigneurs. Comment s'est opérée cette transformation ? Elle s'explique par une tendance générale à constituer les moindres droits en fiefs, tendance favorisée, pour les maires ruraux, par l'absence habituelle du seigneur ou de l'officier seigneurial. Des apparitions périodiques étaient insuffisantes pour réprimer l'ambition des maires.

En 1134, Amaury, maire d'Onnaing, *Villicus de Huneg*, encore sans enfant, prétend mettre la main sur les *autels* d'Onnaing et de Quarouble. On entendait alors par *autel* une partie des biens de l'église, comprenant la maison pastorale, les oblations et le tiers de la dîme. Or les lois canoniques défendaient aux laïques, sous les peines les plus sévères, de détourner de leur destination religieuse les oblations et les dîmes. Par esprit de conciliation, le chapitre de Cambrai céda à Amaury, moyennant une rente annuelle de 40 sous, la jouissance viagère de toutes les oblations, des menues dîmes et de la dîme des animaux y assujettis, comme les brebis et la volaille, mais à la condition qu'à sa mort les *autels* feraient retour au chapitre, sans qu'Amaury ou son successeur pût y rien prétendre. Amaury souscrivit à ces conditions et s'engagea, sous peine d'excommunication, à y rester fidèle (1).

La paix ne fut cependant pas de longue durée ; car Amaury et sa femme excommuniés, furent privés par le chapitre de la sépulture ecclésiastique. C'est la peine que le troisième concile de Latran édicta en 1179 contre les usurpations des biens des églises.

Justement affligé de la mesure prise contre ses parents, Amaury, fils, se réconcilia avec le chapitre en 1187. Voici les clauses de l'accord souscrit par les deux parties ; il en ressort que le conflit n'avait pas eu seulement pour objet les *autels* d'Onnaing et de Quarouble.

Amaury renonce en effet, du consentement de Henri,

---

(1) Archives du Nord, fond du chapitre de Cambrai, carton 6 — Cette pièce est datée de 1155 : mais l'erreur est évidente, dit Le Glay : car la troisième année de l'épiscopat de Liétard, dont il est fait mention dans le document, correspond a 1134, et non à 1155, date où Liétard n'était plus en fonction. Erlebold, prévôt du chapitre, qui s'y trouve aussi mentionné, ne siégeait déjà plus en 1135.

son frère ¹), à l'institution des batteurs en grange et des voituriers de la dîme, aux gerbes déliées, au blé tombé des épis lors de l'engrangement ou resté dans l'aire après le vannage. Il ne recevra pas sa nourriture du chapitre quand il conduira le blé au marché, ni celle de ses chevaux après les journées de travail qu'il doit fournir. Il se réserve la paille du blé et les bottes de vesce battues dans la grange d'Onnaing, à moins que le chapitre ne les utilise dans sa ferme. Il placera ses meules assez loin de la cense du chapitre, pour qu'elles ne puissent pas y porter l'incendie. Il s'oblige à faire connaître, chaque fois qu'il en sera requis, les droits que le chapitre peut avoir sur ses tenanciers, sur ses serfs ou autrement.

De leur côté, les chanoines confirment à Amaury et à ses héritiers le fief de la mairie, avec un muid d'avoine, un muid d'orge et deux muids de blé, mesure de Valenciennes, à prendre dans la grange d'Onnaing Ils lui donnent, en récompense de l'hommage qu'il leur fait et de la fidélité qu'il leur jure, six muids de blé à conduire chez lui ou à Valenciennes. Ils accordent la sépulture ecclésiastique au père et à la mère d'Amaury, qui en ont été privés.

Amaury et ses héritiers éventuels jurèrent sur les saintes reliques, devant les échevins et les jurés d'Onnaing et de Valenciennes, qu'ils régleraient leur conduite sur les clauses de cette convention. Le tout fut solennellement confirmé par Baudouin V, comte de Hainaut, en sa qualité de défenseur des prérogatives et droits de l'Eglise (2).

Ce surcroit inusité de précautions ne suffit pas pour écarter de nouveaux conflits. Au mois de décembre 1228 un autre accord eut lieu entre le chapitre et le maire, avec l'approbation de son frère Henri. Chaque partie s'engagea à payer une amende de 60 livres parisis au cas où elle violerait les clauses de la convention.

Amaury ne retient rien sur les entrées et issues de

______

(1) La présence du frère d'Amaury n'est pas ici sans objet : dans le Hainaut, ceux qui n'avaient pas d'enfants ne pouvaient vendre leurs biens que du consentement de leurs héritiers légaux.
(2) Archives du Nord, fonds du chapitre de Cambrai, carton 10.

propriété : sur les *offres* et sur les *mercis* (1). Il garde, sur la vente, deux deniers de l'acheteur et deux deniers du vendeur ; ces deniers lui seront payés sur l'ordre de l'officier ou sergent du chapitre. Les investitures seront faites par le sergent. Il renonce à toute prétention sur les terrages et amendes à raison des terrages : mais si les gerbes sont enlevées hors du champ, il sera indemnisé, pour la paille, par celui qui les aura enlevées. Sur les cens, le rouage ou taxe d'entretien des chemins, sur les rentes en chapons et deniers payés avec les chapons, le maire ne retient rien, même à raison de leur perception. Lorsque un chanoine ou le sergent du chapitre lui donnera l'ordre d'en recueillir le montant, il s'y rendra personnellement ou enverra quelqu'un qui soit apte à le suppléer. Les amendes dues pour retard ou défaut de paiement des cens, du rouage et des rentes, lui appartiendront par moitié. Le lendemain du jour où l'amende sera due, le sergent et le maire s'entendront pour en faire la recette. Si l'un d'eux est absent au jour fixé, l'autre percevra l'amende sans détriment pour l'absent. Le maire ne recevra le serment ni des charretiers, ni des batteurs en grange, ni des gardiens des chiens de chasse ou des bestiaux lancés dans les pâturages : il ne lèvera sur eux aucun tribut, ni en oies, ni autrement. Mais quand un chanoine ou le sergent recevra leur serment ; il leur fera jurer de respecter les droits du maire. Le chapitre ne distribuera aucune gerbe aux batteurs en grange ; le maire leur donnera lui-même six cents gerbes. Quant aux muids de blé qui lui sont dus, il les prendra sur une ou deux séries de vannage, sans qu'on puisse y mêler du grain tombé des épis lors de l'engrangement ou resté dans l'aire après le vannage (2).

En 1234 nouvelle difficulté au sujet de la paille et du fourrage dont se servent les chanoines et les sergents du chapitre lorsqu'ils se trouvent à Onnaing. Deux arbitres

---

(1) Pour le sens des mots *offre* et *merci*, voir *Droits seigneuriaux*, chapitre IV.

(2) Archives du Nord, fonds du chapitre, carton 10.

décident au mois de novembre que les chanoines et les sergents peuvent se servir de la paille et du foin pour leurs lits, pour la nourriture et la litière de leurs chevaux, pour la cuisson de leurs aliments et pour tout autre usage personnel. Ils peuvent aussi utiliser la paille pour couvrir leur grange et leurs autres édifices et la mêler à l'argile pour en faire des cloisons. Mais Amaury, qui renonce à ses prétentions sur la paille et sur le fourrage, recevra désormais 8 muids de blé et 4 d'avoine, au lieu de 8 muids de blé, 1 d'orge et 1 d'avoine que lui assurait l'accord de 1228 ; et il les prendra, à son gré, sur trois ou quatre opérations de vannage. Les exigences d'Amaury lui assuraient en fin de compte, quelques nouveaux avantages.

Lorsqu'un bailli laïque est fixé à Onnaing, la situation du maire ne tarde pas a se modifier. Il n'habite plus le manoir dit *de la mairie*, qui est situé entre la ferme du chapitre et celle de Vicoigne ; mais il le loue à son profit, et les conflits deviennent plus rares. Il a pourtant de beaux revenus. Outre la part qui lui est réservée sur les récoltes du chapitre, il possède un assez grand nombre de menues rentes en argent et quelques autres en chapons et en avoine. Les attributions judiciaires lui procurent elles-mêmes d'honnêtes émoluments.

Lorsqu'un débiteur est condamné à une amende de 5 sous, dit un curieux document de 1314, le maire en a 3 ; il en est de même si c'est le plaignant qui est passible de l'amende, ou si les plaideurs s'accordent sans serment. Dans le cas où le débiteur n'offre aucune garantie pour le paiement de la dette et de l'amende, le maire le met en prison : il lui est dû dès lors 14 sous blancs, indépendamment des 3 sous de la première amende. Si l'un des plaideurs s'élève contre le jugement des échevins, il doit au maire 20 sous autant de fois qu'il contredit les échevins. En dehors des plaids, le maire reçoit pour ses *gants*, 4 deniers de l'acheteur à l'occasion de l'investiture des biens roturiers du chapitre. Il en est de même pour une plantation de bornes à la suite d'un arpentage auquel il assiste ; or une plantation de bornes n'a de valeur en l'absence du maire, que du consentement des parties Lors de la recette de chacun des 212 chapons dus au chapitre, le maire reçoit des tenanciers 3 mailles connues sous le nom de « mailles le maïeur » ou « fientes des capons » ; mais ce droit, qui affecte la terre, est grevé d'une rente de 15 sous, formant les trois cinquièmes de sa valeur. Le maire possède en outre sur quelques terres 28 chapons, 11 mencauds d'avoine et 48 sous 4 deniers blancs de rente ; cette rente est aussi grevée d'une autre rente, qui correspond à peu près à la moitié de sa valeur. En résumé, on estime qu'en dehors des céréales qui lui sont dues par le chapitre, la mairie d'Onnaing vaut 25 livres de blancs à celui qui la possède (1).

Remarquons, pour l'intelligence de ce qui précède, que le chapon n'est pas payé en nature mais représenté par une somme d'argent, qui, dans le comté du Hainaut, est de 2 sous 6 deniers en 1374, et, dans la seigneurie d'Onnaing et de Quarouble, de 4 sous en 1443, de 4 sous 6 deniers en 1481, de 24 sous du Hainaut (0.78 cent.) en 1700 et en 1720, et de 14 patars (0.87 cent.) en 1783 (2).

La fin du treizième siècle inaugure la décadence des maires héréditaires. L'institution de baillis laïques, paralysant leurs usurpations, la plupart se résignent à vendre leur charge. La mairie d'Onnaing fut vendue au chapitre vers 1310 par les soins de Gilles Malin, agissant comme procureur du maire. Les droits de la mairie furent alors inféodés au domaine seigneurial ; et le maire, devenu révocable, fut nommé par le chapitre sur la désignation du bailli. Comme il cessait d'être dangereux, on lui laissa des attributions judiciaires, d'où il tira quelque profit. Sous le contrôle du bailli, il continua à administrer avec les échevins les biens de la *Communauté*, et à édicter les mesures d'ordre que les cir-

---

(1) Voir aux Documents, n° III et IV.

(2) Archives du Nord, série 9, 155. — Ibid., fonds du chapitre, carton 74 et registre 8r. — Archives d'Onnaing et de Quarouble, comptes de l'église et des pauvres.

constances exigeaient. Mais *le manoir de la mairie*, souvenir d'un passé qui n'avait pas été sans grandeur, fut arrenté à perpétuité à Jakemar de Croutes et à Maroie, sa femme, avec 7 quartiers et une verge de terre franche à la *voie* d'Etreux, et 5 quartiers moins une verge à la *voie* de Rombies (1) La ferme elle même, autrefois exploitée par le maire au nom du chapitre, fut louée avec ses terres par bail de trois ans On la trouve le 24 juin 1363 entre les mains de Jean de Marès, d'Onnaing, qui s'engage ce jour-là à payer annuellement 270 livres de blancs (2).

---

(1) Archives du Nord, fonds du chapitre, carton 97. Copie de pièces. — L'arrentement fut résilié le 15 mars 1342 par défaut de trois paiements successifs.
(2) Bibliothèque de Cambrai, manuscrit 945.

DEUXIÈME PARTIE

La Communauté et la Commune de Quarouble.

CHAPITRE I

I. C'est habituellement s'exposer à d'étranges illusions que de chercher à déterminer l'étymologie des noms de lieux. Le moindre fait, la moindre circonstance, aujourd'hui inconnue, de l'histoire locale donnerait plus de lumière que les dissertations laborieuses d'écrivains aventureux. L'étymologie du nom de Quarouble présente moins de difficulté. Quarouble est un nom de situation ; il vient du latin populaire *karubium*, au lieu de *quadrivium*, qui signifie carrefour ou quatre chemins. Le nom des *quatre chemins* est resté dans notre vocabulaire local pour désigner l'endroit où se croisent la route nationale et le chemin qui va de Fresnes à Jenlain. Il est probable qu'on étendit au village en formation le nom de ce lieu-dit. Notons cependant qu'il existe un autre *karubium* à la jonction des rues de Berlinguin, du Petit-Rombies, du Moulin et de la Grand'Rue. C'est même la Grand'Rue, qui paraît être la plus ancienne de la localité.

Quarouble a donné son nom à une riche et influente famille, qui portait *d'azur au sautoir d'argent accompagné de 4 macles de même*. Dans cette maison entrèrent les seigneuries de l'Espaix, d'Autreppe, d'Escarmaing, de Longny, de Vendegies-sur-Ecaillon, du Vivier, de Saultain, de Cantaing. de Bonacquest et le vicomté de Roulers.

Gérald de Quarouble est mentionné en 1096 dans la charte suspecte du tournois d'Anchin (1). Après lui viennent Brice, Gonfroid et Arnoul de Quarouble, chevalier, en 1205, 1214 et 1217 (2). « Jehan de Qoroube, demorant à Qoroube ». figure dans un acte de la fin du treizième siècle (3). Fixés à Valenciennes dès le commencement du quatorzième siècle, les de Quarouble donnèrent à cette ville plusieurs prévôts et un grand nombre d'échevins. On les trouve aussi à Cambrai, au Quesnoy. à Anzin. à Saint-Amand, et principalement à Tournai (4). En juin 1352. Jehan de Quarouble, dit Haquinet (petit Jean), homme de guerre blessé à la bataille de Crécy, obtint de Louis II de Dampierre. comte de Flandre. des lettres d'anoblissement pour lui et sa descendance (5). Au quinzième siècle, Jehanne de Quarouble épousa Simon Marmion. peintre Valenciennois d'une grande célébrité, et, en secondes noces, Jehan Le Prévost, de Mons. qui laissa des peintures remarquables. La famille de Quarouble s'éteignit vers la fin du seizième siècle par la mort de Marguerite de Quarouble, veuve d'Adrien de Montoye, vicomte de Roulers.

II. LES ORIGINES. — L'étymologie du nom de Quarouble fait assez connaître que ce village est d'origine relativement récente. C'est au plus tôt vers la fin du neuvième siècle que dut s'y constituer la première agglomération. La population. alors très restreinte. devait se composer principalement de serfs attachés à la terre féodale. Sous l'influence des idées chrétiennes. l'esclavage antique s'acheminait par le servage vers la liberté. Les serfs des établissements

(1) Carpentier, Histoire de Cambray et du Cambrésis. t. II. Preuves, 14.

(2) Bibliothèque nationale. collection Moreau. t. 107, f. 205 : t. 119. f 61 t. 122. f 93.

(3) Archives du Nord. fonds du chapitre de Cambrai, carton 153

(4) En 1434 il existe à Onnaing un sentier connu sous le nom de « le voye de Jacque de Quarouble ». Archives du Hainaut. à Mons, Obituaire d'Onnaing ».

(5) Bibliothèque nationale, manuscrit français 33088, papiers de dom Caffiaux, page 386.

religieux étaient, en général, dans une situation plus favorisée que ceux des seigneurs laïques. Dès 1161 il existait dans la seigneurie du chapitre des paysans libres connus sous le nom *d'hôtes*, qui, soumis à certaines redevances en vertu du contrat d'hostise, disposaient à leur gré de leurs personnes et de leurs biens (1) ; ils sont mentionnés avant les serfs dans un document de 1187 (2). Les serfs, quoique attachés au territoire de la seigneurie, vendaient déjà leurs sueurs au maître qui utilisait leurs services, et devenaient ainsi propriétaires du *ma noir* qu'ils habitaient. En 1236, ils jouissaient des capacités judiciaires et transmettaient leur avoir à leurs héritiers, sauf le droit, pour le seigneur, de s'approprier leur plus beau meuble ou leur plus belle pièce de bétail (3). Cette dernière entrave fut brisée par la *loi* de 1248 ; et le treizième siècle ne paraît pas s'être achevé, sans que le servage eût complètement disparu de la seigneurie du chapitre.

On voit alors le chapitre, non plus exploiter directement, mais affermer temporairement ou arrenter à perpétuité ses maisons et ses biens-fonds. En 1330 il afferme pour trois ans à Jehan dou Hamiel et à Maroie (Marie), sa femme, tout ce qu'il possède à Quarouble, le bois seulement excepté. Le bail mentionne un manoir, 49 mencaudées 3 quartiers de terre, plus la dîme, le terrage et diverses rentes. Le tout est loué pour 480 livres de blancs (4). En 1322 il arrente à perpétuité à Jehan Malekaré et à Maroie, sa femme, 11 huittelées 46 verges de terre situées aux Bosqueaux, « par devers le bois », pour 19 livres 20 sous 2 deniers blancs par an (5). En 1357, autre arrentement à perpétuité à Jehan Brouillon et à Sandre (Alexandrine), sa femme, de 24 huittelées de terre aux Bosqueaux de Quarouble pour 4 sous 3 deniers blancs

---

(1) Archives du Nord, fonds du chapitre, carton 10.
(2) Bibliothèque nationale, Abbaye de Vicoigne, cartulaire 1, f· 66.
(3) Voir aux Documents n·1.
(4) Archives du Nord, fonds du chapitre, carton 38.
(5) Ibid., carton 97. Copie de pièces.

par huittelée (1). Les conditions sont douces ; elles le deviennent plus encore avec le temps ; car si le fonds acquiert une plus-value, la dépréciation de l'argent monnayé diminue l'importance de la redevance.

Les arrentements à perpétuité sont cependant moins nombreux à Quarouble qu'au chef-lieu de la seigneurie, où le chapitre a plus de terres. En 1329 celui-ci arrente à Ernoul Mierlet et à Emme, son épouse, jusqu'au four banal situé en face de la maison du bailli, à charge d'une redevance de 5o sous blancs. En 1337, ce premier arrentement étant devenu caduc par défaut de trois paiements, on en constitue un second pour 60 sous blancs en faveur de Jakemar de la Croix et de Jehenne, sa femme (2).

A Quarouble, où la terre est alors plus divisée, l'abbaye de Vicoigne préfère le bail à terme à l'arrentement ; les autres propriétaires afferment, arrentent, ou donnent ce qu'ils possèdent à des établissements religieux ou hospitaliers. En 134o Jacquemar li Petis, prêtre, donne 13 huittelées de terre à «l'Hostellerie dou Castiel St-Jehan», de Valenciennes ; le legs est ratifié par le chapitre de Cambrai, à la condition que la terre payera, comme par le passé, la dîme et le terrage. Cette terre fut amortie en 1345 à charge d'une rente de 6 deniers blancs par an (3).

La méthode de culture généralisée dès cette époque partageait la terre en trois *roies* : l'une ensemencée de céréales d'automne ; l'autre de céréales de printemps, et la troisième à l'état de *versaine* ou jachère. Le fermier est obligé de maintenir cet assolement, sans le détruire ou le modifier. L'alternance des cultures a pour but de ne point épuiser le sol ; la jachère ne le laisse pas improductif : elle fournit un terrain de pacage pour les bestiaux.

Vers le milieu du quatorzième siècle, Quarouble possède vraisemblablement quelques centaines d'habitants. Certaines portions de son terroir sont à peine défrichées.

---

(1) Archives du Nord, fonds du chapitre, carton 9C.
(2) Ibid., cartons 37 et 97.
3) Ibid.

Le *Sauchois* (du latin *salictum*) est en partie peuplé de saules ; la *Buscaille* (du bas latin *buscale*) est couverte de ronces ; la *Petite Mer* justifie son nom chaque hiver. De nombreux sentiers sont pratiqués à travers les jardins et les champs à cause du mauvais état des routes, lorsque arrive la saison des pluies.

Les noms de famille diffèrent sensiblement de ceux d'aujourd'hui. Un document de la fin du treizième siècle mentionne comme demeurant à Quarouble « Monsigneur de Qorouble », l'un des aïeux de cette grande famille, qui donna à Valenciennes une longue série d'échevins et de prévôts (1). En 1295 frère Gillion dou Castiel cède gratuitement aux grands carmes de cette ville une rente de 10 *saudées* (sous), qu'il possède sur le « manage Grart dou Croket », de Quarouble. Le 6 février 1395 Jehan Toulli se trouve possesseur d'une maison et d'un jardin, sur lesquels est assise une rente de 46 sous 4 deniers maille achetée à Jacquemart de Nast par le chapitre de Cambrai. Le 8 novembre 1401 Ghislain de Maresch prend à bail pour neuf ans 7 huittelées de terre appartenant à Lottard Blancars. Le 13 septembre 1405 Jakèmes le Poivre. de Valenciennes, donne à cense pour neuf ans à Jehan Ghodin, de Quarouble, 4 huittelées et 3 quarterons de terre à la condition qu'il paiera annuellement 15 mencauds de blé, dont 10 pour le Poivre, et 5 pour l'acquit d'une rente due au chapitre. Le 16 juillet 1407 Colart Emmelos et Adde Frapard, sa femme, vendent à Pierre Doubos, teinturier à Valenciennes, une rente d'un florin d'or. Le 14 juillet 1413 Jehan li Viaux, dit de Bury, reconnaît qu'il a vendu à Colart Prévost, de Valenciennes, 2 muids de blé et 2 muids d'avoine. Le 1 novembre 1413 Colart li Comte crée une rente viagère de 2 florins au profit de Georges de Quarouble, bourgeois de Valenciennes, et de Piéronne Grébert, sa femme (2). Un seul de ces noms, celui de Godin, existe maintenant à Quarouble.

(1) Archives du Nord, fonds du chapitre, carton 153.
(2) Bibliothèque nationale, collection Moreau, vol. 213, p. 153. — Archives de Valenciennes. cabinet des werps, cartons 4, 7, 9, 11, 17 et 18.

En 1442, on trouve les Carlier à côté des Verdelot, des Massart, des de Cordewane, des Le Roux et des Poulet.

III. LE DÉVELOPPEMENT DE LA POPULATION. — En 1469, la population des villages du Hainaut, était encore des plus faibles ; elle diminuait même à cause des guerres. Plusieurs qui étaient dans l'aisance, se réfugiaient dans les villes ; d'autres s'exilaient pour échapper à leurs créanciers. Onnaing possède alors 105 feux, et Quarouble 66. Sebourg, avec 85 feux, est relativement plus peuplé : mais Vicq n'en a que 29, Rombies 30, et Quiévrechain 45 (1).

Un compte du chapitre de 1481 fait mention de 49 maisons de Quarouble, dont douze chargées d'une légère rente au profit du chapitre. Les Rolland et les Doye y figurent à côté des Locquignot, des Coutiau, des Lion, des Clerchon, des Ansiau, des Bugiz, des Stiévenart, des Taillemon et des Englebert, qui ont disparu (2).

Un siècle plus tard, en 1576, le village possède, d'après le rôle des contributions, de 110 à 120 maisons. La plupart d'entre elles sont mentionnées avec désignation de rue : 20, dans la *Grand'rue* ; 18 dans la *Petite rue* ; 15, à la *tasque vers le bois* ; 7, à la *tasque de Souvillers* ; 6, dont une vide, à la *tasque du Sauchoit* ; 4 au *Blanc Marly* ; 3, dont une ruinée par l'orage, dans la rue *Entre-deux-villes* ; 3, dont deux inachevées, sur le « chemin allant à Mons » ; 2, à la *Petite mer* ; 2, au *Crocquet* ; 2, sur la place de l'église ; 1, dans la rue du Marais ; 1, à *Caumont* ; 1, sur le chemin de Vicq ; 1 à la *Croisette* ; 1, sur le chemin de Quiévrechain ; et 1, au *Trieu*. Bon nombre de familles qui figurent dans le cahier de contributions, ont disparu du village ; mais les Delinquercq, les Duwée, autrefois du Welz ; les Dangréau, les Aleglave y occupent une large place. A côté d'eux se montrent assez timidement les Joly, les Monart, les Cazin, les

---

(1) Archives du Nord. nouveau B, 196.

(2) Ibid., fonds de la cathédrale de Cambrai, cartulaire 31.

Mascart, les Dassonville, les Pollet, les Rolland, les Roger, les Mariage, les Vasseur, les Godin et les Carlier (1).

En 1586 dix maisons sont en ruine ; cinquante-neuf chefs de famille sont propriétaires de la demeure qu'ils habitent. Un seul débitant de boissons figure au rôle des contributions. Alors apparaissent les de Bavay, les Le Febvre, les Nonclercq, les du Four, les Gosteau, les Canonne, les du Sart et les Flamme. Les Nonclercq et les Flamme sont nombreux dès 1623 (2).

La population de Quarouble semble rester à peu près stationnaire au cours du dix-septième siècle : les guerres qui ont lieu sur la frontière du Hainaut, font de la seigneurie du chapitre un lieu de séjour des moins agréables.

En 1699 Quarouble possède 457 habitants répartis en 100 familles ; Rombies, 36 familles et 171 habitants; Vicq, 48 familles et 231 habitants ; Onnaing, 167 familles et 773 habitants. A cette date on compte à Quarouble 80 hommes, 101 femmes, 38 grands garçons ou garçons âgés au moins de quatorze ans, 89 petits garçons, 66 grandes filles, 69 petites filles, 7 valets et 7 servantes. Il n'y existe aucune famille noble. L'humble *communauté* possède 99 maisons, que le recensement distribue de la manière suivante : 37 dans la *Grande rue*, dont une inhabitée ; 39 dans la *Rue de l'église* (actuellement *Petite Rue* et rue du *Moulin*) ; 23 sur le *Grand chemin de Valenciennes à Mons*. Les étables sont peuplées de 154 chevaux et de 166 bêtes à cornes ; les porcs ne figurent qu'au nombre de 16 au recensement. Vingt cultivateurs possèdent de cinq à huit chevaux ; Guillaume Stiévenard en a même jusqu'à neuf (3). Les bêtes à cornes sont relativement moins nombreuses ; Antoine Guéry est le seul qui

---

(1) Archives du Hainaut, à Mons, Recueil de cahiers de contributions.
(2) Ibid.
(3) « Laboureurs » à cinq chevaux : Jean Alglave, François Mariage, Nicolas Canonne, Pierre Flament, Antoine Mortier, « pauvre laboureur », veuve Jacques Mariage, Pierre Richet, Nicolas Monart, Martin Cazin ; à six chevaux : Pierre-Ignace Nouclercq, Guillaume Dochez, Jacques Devent, et veuve Nicolas Nonclercq ; à sept chevaux : Antoine Betry, veuve Antoine Delinquercq, Mathieu Richet, Antoine Deleau et Antoine Nonclercq ; à huit chevaux : Nicolas Martin et Noël Roucoux

en ait sept. 214 bonniers de terre sont en culture, 8 en prairies, 30 en bois, et 20 et demi en marais communaux (1).

Le village offre à cette date de 1699 un aspect différent de celui qu'il a de nos jours. Les routes, non pavées, sont poudreuses l'été, affreusement défoncées l'hiver. Les cultivateurs, à qui incombent la réparation et l'entretien des chemins, n'y travaillent qu'à l'extrême rigueur, afin de s'épargner des corvées trop pénibles. A la belle saison, tandis que les ouvriers sont aux champs, toutes les vaches du village se dirigent vers le *Marais* sous la conduite d'un pâtre qui mêle joyeusement la fanfare de son *cornet* aux tintements des cloches et aux beuglements du nombreux troupeau. La plaine basse où l'humble fonctionnaire passe sa journée, est alors limitée à l'est par la forêt d'Amblise, qui s'étend au loin dans la direction de Condé, et, à moindre distance d'habitations éparses, par le bois plus modeste du chapitre de Cambrai.

D'après un état général des paroisses du diocèse de Cambrai, en 1724, Quarouble possédait alors 400 communiants (2). Mais à en juger par les paroisses voisines, ce renseignement est des plus contestables. Onnaing, auquel l'auteur du manuscrit attribue 500 communiants, n'a en 1726, d'après le *Dictionnaire universel de la France*, que 534 habitants ; et il n'y existe, suivant d'Expilly. que 143 feux en 1768. Rombies, qui aurait eu 130 communiants en 1724, n'a que 91 habitants deux ans plus tard. La population est, du reste, partout des plus faibles. Quiévrechain, où l'on compte 235 habitants en 1699, n'en a plus que 192

---

(1) Archives de Valenciennes, Dénombrement de la prévôté de Valenciennes dédié en juin 1700 à Bardi Bardo Magalotti, manuscrit in-f°, reliure en veau et fermoirs en cuivre. — Dans un « Estat général des villes et bourgs de la province du Hainaut .. en 1701 », le manuscrit français 8525 de la Bibliothèque nationale donne des chiffres un peu différents de ceux du dénombrement dédié à Magalotti. D'après ce manuscrit Rombies restant stationnaire, Vicq aurait eu 50 chefs de famille, Onnaing 173, et Quarouble 112. Ces indications sommaires nous paraissent moins sûres que les renseignements très circonstanciés de 1699.

(2) Bibliothèque nationale, manuscrits 9914-15, t. II, f° 113.

en 1726 ; et le nombre des feux n'y est que de 42 en 1768 (1). Nous ne pouvons, en ce qui concerne Quarouble, juger que par comparaison ; car les auteurs de statistiques omettent de nous renseigner sur cette paroisse.

L'année 1731 inaugure notre viabilité moderne ; la route nationale de Valenciennes à Mons, qui n'était qu'empierrée, est redressée et pavée par les soins de l'Intendant du Hainaut (2). Le tronçon de la rue du *Petit Quiéorain* marque encore la direction que suivait l'ancien tracé.

D'après une déclaration faite au fisc royal en 1750, les établissements religieux et charitables de Cambrai, de Valenciennes et de Condé possèdent alors à Quarouble des propriétés très étendues : l'archevêché de Cambrai, 1141 mencaudées de bois et de prairies, à *Vaucelles* ; le chapitre, 194 mencaudées et demie de terre labourable, 4 mencaudées de prairies et 40 bonniers de bois ; les Grands Vicaires de l'Archevêché, 15 mencaudées de terre labourable ; les chapelains de l'église cathédrale, 12 mencaudées ; les chapelains de l'église Saint-Géry de Cambrai, 12 mencaudées ; l'abbaye de Vicoigne, 20 mencaudées ; l'abbaye de Crespin, 35 mencaudées ; l'abbaye de Saint-Jean de Valenciennes, 17 mencaudées ; les chanoines de l'église Saint-Géry de Valenciennes, 10 mencaudées ; l'église Saint-Jacques de Valenciennes, 8 mencaudées 22 verges ; les dominicains de Valenciennes, 15 mencaudées ; les jésuites de Valenciennes, 6 mencaudées(3) ; les carmes de Valenciennes, 6 mencaudées ; les religieuses sémériennes de Valenciennes, 4 mencaudées et demie ; les Sœurs du béguinage de Valenciennes, 6 mencaudées ; les dames de Beaumont de Valenciennes, 10 mencaudées et demie ; les Sœurs grises de Condé, 7 mencaudées ; l'Aumône générale de Valenciennes, 51 mencaudées ; les

---

(1) *Dictionnaire universel de la France ancienne et moderne,* 3 vol. in-f Paris, 1726.— Expilly, *Dictionnaire géographique, historique et politique des Gaules et de la France.*

(2) Histoire manuscrite de Valenciennes par M. de La Tourelle.

(3) D'après un mémoire adressé au Magistrat de Valenciennes en 1767, les jésuites ne possédaient plus que 3 quartiers en 1762, lors de leur suppression.

Chartriers (Hospice général de Valenciennes), 17 mencaudées ; l'Hôtellerie (Hôtel-Dieu) de Valenciennes, 26 mencaudées 55 verges : la vicairie d'Onnaing, 2 mencaudées. A cette liste déjà longue d'établissements religieux ou hospitaliers, il convient d'ajouter les propriétaires laïques : le prince de Ligne, 407 bonniers de bois, à Amblise ; Madame de Briffœil, de Valenciennes, 9 mencaudées et 1 quartier de terre ; le baron de Bousbecques, 42 mencaudées ; le sieur Le Boucq. de Valenciennes, 8 mencaudées ; M. de Warenghien, plusieurs parties de terre, de dimension inconnue ; le sieur Gabriel Desfontaines, 34 mencaudées et demie, vers la seigneurie d'Orimond. Mais dans la direction de Vicq, où se trouve cette seigneurie, le périmètre de Quarouble est plus étendu que de nos jours.

Heureusement ces propriétés sont affermées à des prix modiques. L'impôt, la dime et le terrage restant a la charge du fermier, la location est en moyenne d'un mencaud de blé à la mencaudée en 1750. et de trois en 1785. C'est pour le propriétaire, à cette dernière date, un revenu net d'environ 20 francs (1).

La population de Quarouble s'accroît d'une manière assez rapide vers la fin du dix-huitième siècle. De 1146, avec 210 feux, en 1789, elle s'élève à 1203 en 1795 ; les guerres de la Révolution la ramènent à 1152 en 1800.

Un document émanant du greffe municipal donne une idée de ce qu'est le village à cette dernière date. Toutes les maisons sont couvertes en chaume. Une tannerie et une corroierie occupent quelques bras : douze tisserands sont occupés à fabriquer la toile ; le reste de la population s'adonne aux travaux des champs. Onnaing lui-même, dont la population s'élève en 1794 à 1946 habitants, ne possède en 1790 qu'une manufacture de grossières étoffes (2). Aucun ouvrier ne va chercher hors du département le bénéfice d'un salaire élevé.

---

(1) Archives du Nord, Intendance du Hainaut, carton 815. — Fonds du chapitre de Cambrai, carton 152.
(2) Archives de Valenciennes. H. 2. 82. rapport de l'inspecteur des manufactures en date du 20 septembre 1790.

Indépendamment des foins et des céréales, nos paysans cultivent le houblon, le tabac, le colza et le lin. L'abeille est peu en honneur parmi eux ; c'est à peine si, malgré la présence du colza, ils récoltent, bon an, mal an, deux quintaux de miel. Trois brasseries et deux moulins à vent, dont l'un construit en 1791 (1), procurent à chacun les premiers objets de consommation. Nos aïeux sont, d'ailleurs, d'une sobriété remarquable ; car les brasseries ne produisent ensemble que 6300 pots de bière par an. « Tous les individus, dit le greffier municipal, n'en boivent pas tous les jours, à cause que leurs moyens ne le permettent pas (2) ». La tonne de bière, débitée à l'estaminet, ne produit pourtant en 1783 que 18 livres de France.

En 1806 la population atteint le chiffre de 1308 habitants répartis en 246 familles. Vers cette époque s'introduit à Quarouble la culture de la chicorée inaugurée à Onnaing par Charles-François Giraud en 1798. La consommation en vivres est déjà en progrès sensible ; un relevé officiel de 1806 accuse 870 hectolitres de bière, 2 hectolitres de vin, 6 hectolitres d'eau-de-vie, 8 bœufs, vaches ou génisses, 40 veaux, 26 moutons et 136 porcs. Le *Marais* est toujours la grande ressource de la localité. En 1812 le pâtre communal reçoit de chaque cultivateur, d'après adjudication, un pain de cinq à six livres et 30 centimes par tête de bestiaux. De ce côté du village, le paysage est moins pittoresque qu'autrefois : car les bois d'Amblise et du chapitre ont disparu, l'un par défrichement volontaire vers 1780, l'autre à la suite des spoliations de la Révolution. Il ne reste plus à Quarouble qu'un bosquet situé à *Vaucelles*, dans les anciennes propriétés de l'archevêché de Cambrai.

Soixante ans plus tard, le village a changé d'aspect. Le *Marais*, presque entièrement mis en culture, est loué par parcelles au profit de la commune. A l'aide des ressources

---

(1) Ce moulin, construit par Jean-Baptiste Lestoquoy, est aujourd'hui exploitée par François Demain

(2) Archives de Quarouble, réponse à un questionnaire du Préfet.

produites par cette location, des pavés ont été construits dans toutes les directions : celui de la rue du *Petit Rombies* à la route nationale, en 1830 ; celui de la rue du *Marais* et de la rue *Berlinguin,* en 1832 ; celui de la *Grand'rue,* en 1833 ; celui du bois du chapitre et de la rue dite *ruelle Bernard,* en 1838 ; celui de la *chasse Caumont,* en 1845. Les tronçons de la rue du *Marais* et du *Petit Rombies* ont été prolongés en 1835. Ces routes, bien entretenues, facilitent l'exploitation d'assez nombreuses manufactures. Une fabrique de sucre est fondée à la *Hutte* dès 1833 ; mais elle succombe quatre ans plus tard par suite de l'inexpérience de son directeur, René Jourdain-Glineur. En 1865 Quarouble possède une fabrique de noir animal construite en 1835 ; un moulin à tan, de 1859 ; trois tanneries, la première édifiée par Jean-Baptiste Blary en 1812, la seconde par Joseph Carlier en 1852, la troisième par Dorchy-Cazin en 1858 ; deux fabriques de chicorée, deux brasseries et une fabrique de sucre érigée en 1864. Celle-ci fut supprimée au commencement de l'année 1902.

Quelques manufactures ont disparu avant la sucrerie ; d'autres, au contraire, ont perfectionné leur outillage et sensiblement augmenté leur personnel. De nombreuses équipes d'ouvriers vont, d'ailleurs, chercher au dehors un travail lucratif. On ne peut nier que, grâce aux progrès de l'industrie, l'aisance règne aujourd'hui dans la plupart des familles. Heureux village, s'il avait gardé dans son intégrité le patrimoine de ses mœurs et de ses traditions chrétiennes !

CHAPITRE II.

I. La Communauté de Quarouble. — II. Son régime
administratif. — II. Ses fonctionnaires,

Sous le régime féodal, les mots *commune* et
communauté ne sont nullement synonymes. La
commune est une exception ; elle résulte d'un
privilège accordé et toujours révocable. L'un de ses
caractères les plus saillants, c'est que les échevins y
rendent la justice, non comme délégués du seigneur, mais
au nom du peuple dont ils sont les représentants. La
communauté, au contraire, doit à elle-même son existence.
A l'origine, c'est une agglonération de travailleurs s'unis-
sant pour protéger et défendre des intérêts communs.
Elle parvient peu à peu à se faire reconnaître et à
exercer un pouvoir administratif ; mais ses échevins
restent des agents du seigneur. On peut la considérer
comme constituée, lorsqu'elle pourvoit directement à la
réparation de son église, lorsque, les impositions cessant
d'être au profit du seigneur local, les échevins en font
eux-mêmes la répartition (1).

Thivencelles, qui appartenait au chapitre de Saint-
Wasnon à Condé, formait une *communauté* avant le mois
de septembre 1313. La *loi* donnée à cette date par le
chapitre déclare que les tailles seigneuriales et le

---

(1) Albert Babeau, Le village sous l'ancien régime, chapitre 1.

montant des dépenses locales seront perçus par deux échevins au choix de leurs collègues et par deux hommes nommés par le *commun*. Les quatre élus doivent rendre compte de leur gestion chaque année le mercredi de la Pentecôte, afin que les habitants soient instruits de l'usage qu'on fait de leurs deniers (1).

On peut difficilement supposer qu'Onnaing et Quarouble aient été devancés dans cette voie par Thivencelles. La loi de 1236 parle déjà de prud'hommes ou notables, qui ne paraissent pas nommés par le seigneur local : celle de 1248 fait mention d'aisements communs et de 123 bonniers de prés donnés aux deux *villes* par le chapitre de Cambrai : ce qui fait naturellement penser qu'il devait y avoir un commencement de régime administratif local. Mais en 1354 (nouveau style), l'existence d'une double *communauté* est certaine, car chaque village possède une mense des pauvres distincte Le nom de communauté, appliqué à Onnaing (*communitas incolarum de Onnaing*), apparait cependant pour la première fois en 1497. Les habitants de cette localité avaient demandé au chapitre la permission d'établir un impôt sur le vin et sur la bière pour réparer leur église ; or le chapitre répondit le 26 avril que cette autorisation constituerait un précédent dangereux et invita les habitants à se procurer des ressources autrement (2).

II. En 1574 Quarouble a sept échevins, dont l'un fait fonction de lieutenant maïeur ; mais ce corps administratif, subordonné à la *loy* d'Onnaing, n'est appelé ni à rendre la justice ni à dresser des actes de vente, de location ou d'émancipation. La *loy*, d'Onnaing à seule compétence pour y procéder. Pour les affaires

---

(1) Nous volons et commandons que de toutes tailles qui seront faites en le ville de Thivencèle et de tous les frais que on fera en le ditte ville qui appertenront à le communitét, qe doy deux des VII eskevins, liquel y seront eslit par leur compagnons, et doy homme. que li communs y mettera, fachent toutes les receptes de le ville et tous les frais, et que nuls ne s'en entremette fort les IIII qui y seront eslit et mis à ce faire, et quil content de toutes leur rehaites et de tous leur frais et leur missions une fois l'an, ch est à savoir li merkedi en Penthecouste, par coy le ville sache sen estat ». — Je dois cette communication à l'obligeance de M. Auguste Bocquillet.

(2) Manuscrit 955 de Cambrai.

d'administration locale, les échevins de Quarouble dépendent uniquement du bailli appelé chaque année à réviser leurs comptes.

Lorsque des intérêts d'une certaine gravité sont en jeu, les hommes, en sortant de l'église le dimanche, se groupent en foule autour des échevins. Le lieutenant maïeur expose la question sur laquelle ils doivent exprimer leur avis ; ils se communiquent leurs réflexions : ils délibèrent d'une façon plus ou moins bruyante ; ils votent ensuite à haute voix pour la décision a prendre : l'avis de la plus grande et de la plus saine partie des habitants trace aux échevins la direction à suivre.

Pour les dépenses, pour les emprunts qui intéressent toute la seigneurie, l'assemblée générale a lieu sur la place d'Onnaing ; le tiers de la dépense et de la dette est régulièrement mis à la charge de Quarouble.

Le 21 août 1594 les deux *communautés* empruntent au denier 16 (6 pour 100) à Albert Viscomte, époux de Jeanne Claquebecque (1), la somme de 1400 livres tournois pour racheter une rente créée au profit de Charles de La Haye, de Valenciennes, rente dont le capital avait été employé à payer la contribution exigée par la compagnie d'hommes d'armes du marquis de Renty. Le 20 mars 1626, nouvel emprunt de 6000 livres tournois, au denier 20 (5 pour 100), avec l'autorisation de Guillaume de Meleun, grand bailli de Hainaut. Cet emprunt a pour but d'éteindre la rente constituée au profit de Viscomte, de rembourser la somme de 800 livres prêtée par le greffier Jean Vaast, de solder des dépenses occasionnées par le passage des troupes de Mansfeld et pour la levée de mercenaires destinés à l'armée espagnole. Mais la *communauté* de Quarouble omet bientôt de payer les arrérages. Comme elle s'obtine dans sa négligence, Jean Hacquo, de Valenciennes, acquéreur de la rente, saisit à Saint-Saulve en 1642 le cheval d'Adrien Nonclercq. Un dîner qu'on lui offre, modère à propos son mécontentement et celui de ses deux fils.

---

1 Jeanne Claquebecque épousa en secondes noces Antoine Joly, d'Onnaing.

Comme la plupart des *communautés* rurales ne cessaient de s'endetter. le conseil d'État français ordonna le remboursement des dettes le 25 août 1720. Il fallut cette fois s'exécuter. Le 11 janvier 1721 le sieur Walliez. receveur du chapitre de Cambrai, prêta aux deux *villes* d'Onnaing et de Quarouble la somme de 11566 livres de Hainaut (7229 fr 60 c.) ; et il fut convenu que les marais et les *wareschaix* seraient loués à son profit jusqu'à concurrence de la somme prêtée (1).

Un demi-siècle plus tard, une ère nouvelle s'ouvre pour Quarouble. L'importance croissante de la population semblait justifier la création d'une « loy séparée » : le village en fit la demande avec l'appui de l'Intendant du Hainaut ; et Pierre-Antoine Nonclercq, lieutenant maïeur depuis 1771. fut nommé maïeur par le chapitre le 2 janvier 1778. Des jurés furent adjoints aux échevins pour les affaires de quelque importance. Des actes d'émancipation et departage, avec ou sans droit de *maisnelé*, des contrats de vente et de location furent dès lors dressés par les échevins, qui les déposèrent avec leurs comptes au *ferme* communal. Ce ferme, exécuté en 1779 par Jean-Joseph Roger, lui fut payé 72 livres de Hainaut (environ 44 francs). Il existe encore à la Mairie de Quarouble.

L'émancipation et le droit de *maisnelé* méritent une mention particulière.

D'après les coutumes générales du Hainaut, l'enfant peut être émancipé dès l'âge de quinze ans. La formalité d'usage a lieu en présence de quatre échevins et du maïeur. Après avoir constaté que l'enfant est « d'âge compétent à faire commerce, régir et gouverner et aliéner ses biens », le père lui donne une pièce d'argent, habituellement 5 sous, et le déclare hors de pain. Un acte d'émancipation de 1618, concernant Quarouble, fait mention d'une fille de trente-quatre ans. d'un jeune homme de trente-deux, et d'une seconde fille de dix-sept. Le mariage équivalait à l'émancipation.

---

(1) Archives de la Mairie d'Onnaing. — Archives de Valenciennes, compte de la communauté de Quarouble, 1612-43. — Archives du Nord, Intendance du Hainaut, carton 506.

Le droit de *maisneté* était spécial à la prévôté de Valenciennes. En vertu de la Coutume de Valenciennes, le *maisné* ou dernier né des enfants héritait par préciput de la meilleure partie, en une seule pièce, des immeubles délaissés par ses parents, et d'une pièce à son choix de chaque sorte de meubles ; mais ce droit n'existait que pour les enfants issus d'un premier mariage. C'était le contraire du droit d'aînesse, que l'ancien régime consacrait en France.

La répartition de l'impôt est faite, comme toujours, par le maïeur et par les échevins. Outre le montant des contributions, ils lèvent chaque année sur le village, avec l'autorisation du bailli, une somme suffisante pour les dépenses locales ; mais ils rendent compte aux habitants assemblés à l'église au son de la cloche, de l'emploi des deniers perçus.

Les fonctions de maïeur et d'échevin ne sont pas entièrement gratuites ; toute vacation ou déplacement donne droit à une indemnité. Au maïeur, pour chaque journée consacrée aux affaires de la *communauté*, 15 patars (environ 0,93 c.) ; au maïeur et aux gens de la *loy*, pour une assemblée, 6 livres de Hainaut (3 fr. 75 c.) ; pour le temps employé au rôle des nouveaux vingtièmes, 36 livres ; pour la visite des fours et cheminées, 6 livres. Cette visite doit se faire avec soin, car des ordonnances de l'Intendance du Hainaut en date du 13 décembre 1750, du 8 juillet 1756 et du 30 juin 1764, prohibant les cheminées en argile avec armature en bois, rendent les échevins responsables des incendies résultant de leur incurie. Quant aux vacations occasionnées par la vente des branches de saule et par la location des biens communaux, la rétribution est à la charge de l'acquéreur et du locataire.

III. — Après le maïeur et les échevins, le personnage le plus marquant, mais parfois le moins aimé, c'est le *massard* ou collecteur des deniers royaux et communaux. La charge de *massard* est affermée chaque année au dernier *rabaisseur*. Le recouvrement de l'impôt se fait à raison de 3, de 4 ou de 5 deniers à la livre. Le *massard* acquitte le montant des contributions, recouvre le prix d'adjudicaton des prairies communales. paie. sur l'ordre du maïeur, les dépenses faites au cours de sa gestion.

A côté du collecteur se place le greffier, qui est à la nomination de la *loy*. C'est lui qui rédige les comptes, les rôles des impositions et. moyennant une rétribution, les actes de vente, de fermage ou autres sanctionnés par les échevins. Il reçoit chaque année 100 livres de Hainaut (62 fr. 5o c.), pour la formation des rôles. Ses fonctions lui laissent du reste, des loisirs, car les registres paroissiaux constituent l'état-civil.

Signalons, enfln, les charges de garde messier et de garde du marais. Attribuées l'une et l'autre au dernier rabaisseur, elles sont pour leurs titulaires d'un profit presque nul. En certaines années la surveillance des récoltes coûte seulement au village 38 livres 6 sous de Hainaut (environ 24 fr.), et celle du marais 9 livres 12 sous (environ 6 fr.) ; mais le garde du marais cumule peut-être cette fonction avec celle de pàtre communal.

Tels sont les éléments d'administration que possède la *communauté* de Quarouble avant la Révolution. A travers les indications discrètes des comptes annuels, le village nous apparaît comme une famille discutant ses intérêts, régissant ses biens avec une grande liberté sous la surveillance peu tracassière du bailli. Nous dirons même qu'il y avait alors insuffisance de contrôle. La *communauté* possédait d'immenses terrains qu'elle eût pu faire fructifier. Or. si nous exceptons certaines années qui furent lourdes à cause des guerres, le marais est abandonné au parcours des bestiaux : le pauvre y envoie son unique vache, comme le riche son troupeau. Le pàturage est le bien de tous, mais le riche en bénéficie plus que le pauvre. A peine réserve-t-on, pour acquitter les chargés de la *communauté*, 4o mencaudées de prairie. qu'on met en location. En 1778 le produit des biens communaux. y compris la vente des branches des saules, qui croissent dans le marais, ne s'élève qu'à 13o6 livres. 1 sou de Hainaut (816 fr. 25 c.) ; il atteint aujourd'hui la somme de 35o8 francs.

CHAPITRE III

LES IMPOSITIONS

I. La taille du chapitre et des comtes de Hainaut.—
II. L'impôt espagnol. — III. L'impôt français.

I. En vertu de l'accord conclu en 1240 entre le chapitre de Cambrai, d'une part, et Thomas de Savoie et Jeanne de Flandre, de l'autre, une taille de 60 livres de blancs est perçue chaque année par le chapitre au profit du comte de Hainaut. Mais la *loi* de de 1248 fait mention d'une taille de 100 livres, dont 60 reviennent au comte et 40 au chapitre. Cette taille de 100 livres n'apparaît pas à cette date comme étant d'institution récente, car en déclarant qu'elle sera levée par ceux qui ont coutume d'y procéder, la *loi* laisse entendre qu'elle ne fait que confirmer une imposition déjà existante. On peut donc, semble-t-il, admettre que la taille annuelle d'Onnaing et de Quarouble était de 100 livres de blancs avant 1248, et peut-être à une date assez reculée. Or, on la retrouve telle qu'elle était alors, dans un compte de 1443 et dans un autre plus explicite de 1481. A cette date, l'argent avait déjà perdu quelque peu de sa valeur. La taille cependant restait la même : la loi de 1248 la rendait invariable (1).

Seulement, si la taille ne croissait pas, le partage

---

(1) Archives du Nord, fonds du chapitre, carton 74 et cartulaire 31.

n'avait plus lieu dans les mêmes conditions. Tandis qu'en 1286 le comte ne perçoit encore que 60 livres, il en prend 90 en 1288. Le 6 décembre de cette année, Jean II d'Avesnes les assigne en rente viagère pour paiement de plusieurs dettes à Baudouin d'Avesnes, sire de Berlaimont, son oncle (1); et le 3 novembre 1340, Guillaume de Dampierre les donne à la ville de Valenciennes comme garantie de rentes constituées par elle à son profit (2), garantie que renouvellent le duc Aubert de Bavière et Guillaume, son fils, gouverneur d'Ostrevant, le 16 avril 1396, le 27 juin 1398, le 14 mars 1399 (nouveau style) et le 20 avril suivant. « Toutte telle ordonnance, disent leurs lettres, que nous avons et avoir devons cascun an ès villes d'Onnaing et de Quarouble, qui monte de rente héritaule quatre-vingt et dys livres blancs de rente, c'on dist la taille le comte, eskéans cascun an au jour sainct Remy ». Cette taille, qui était permanente, est relatée en recette dans différents comptes des *assennes* de Valenciennes, de 1352 à 1582 (3).

Le compte du chapitre de 1481, non moins exprès que les lettres des comtes de Hainaut, dit que leur taille (*taillia principis*) est de 100 livres, dont le chapitre perçoit 10 livres dans les conditions suivantes : de l'office de l'aumône, à l'église Notre-Dame de Cambrai, 8 sous 8 deniers ; de plusieurs chapelains, 12 deniers ; du chapelain de saint Jean-Baptiste, à l'église cathédrale de Cambrai, 5 sous 6 deniers ; des receveurs de la taille, 30 sous 9 deniers ; et du chapitre lui-même, pour ses terres et héritages, 7 livres 12 sous (4).

Ainsi la taille évoluait des mains du chapitre à celles du comte de Hainaut. Celui-ci, pourvoyant au service de la guerre, est désormais presque seul à en bénéficier ; le chapitre, à qui reste la justice, n'en reçoit, pour ainsi dire

(1) Saint-Genois, *Inventaire chronologique des titres de la Flandre à la Chambre des Comptes de Lille*, t, I, p. 322.

(2) Archives du Hainaut, à Mons Communication de M, Léopold Devillers.

(3) Archives de Valenciennes, CC. 2, 324-302.

(4) Archives du Nord, reg. 21.

par grâce, qu'une très légère part. Lorsqu'en 1506, le Hainaut passera dans la maison d'Espagne, la taille, transformée par un pouvoir plus fort, variera d'année en année suivant les exigences du trésor royal; et le chapitre de Cambrai sera définitivement évincé. C'est pourquoi, le 3 juin 1516, l'église d'Onnaing, réglant l'amortissement de plusieurs terres qu'on lui avaient données, s'engagea à payer pour ces terres « les tailles et aydes quy s'accorderont au pays de Haynaut, comme auparavant ledit admortissement (1). »

Quelle était la valeur relative des 100 livres de blancs ou 107 livres 2 sous 6 deniers tournois, que les comtes de Hainaut percevaient dans les deux *villes*? Prenons pour base la valeur du chapon en 1481 et en 1700. A la première de ces dates, le chapon est évalué 4 sous 6 deniers ; à la seconde, 24 sous de Hainaut. C'est à peu près la proportion de 1 à 6. Les 107 livres représentaient donc en 1481 la somme de 642 francs. A la vérité, la population d'Onnaing et de Quarouble était alors des plus faibles, ce qui aggravait la part contributive de chacun.

II Etudions maintenant le fonctionnement de l'impôt, tel qu'il fut organisé par l'Espagne.

Nous n'avons pas à tenir compte dans cet examen des odieuses impositions qu'Alvarez de Tolède, duc d'Albe, aux prises avec les calvinistes fit peser sur les Pays-Bas en 1569, sous les noms de vingtième et de dixième denier. Par la première de ces impositions, il prélevait vingt pour cent sur le produit de la vente des immeubles, et, par la seconde, dix pour cent sur le produit de la vente de tous les objets mobiliers. chaque fois qu'ils changeaient de mains. Ces mesures de circonstance furent de peu de durée ; abrogées par Philippe II, elles ne firent jamais partie d'un système régulier d'impôt.

Nous prenons pour base les cahiers de contributions. Il en existe à Mons. aux archives de l'Etat, une collection qui, par une série incomplète, nous conduit de 1575 à

---

(1) Archives du Nord, B. registre 1832, f° 134.

1623. Nous avons aussi trouvé aux Archives communales de Valenciennes, un rôle de répartition en date du 28 janvier 1644. C'est donc, malgré les lacunes que nous venons de constater, sur une période de près de soixante-dix ans que porte notre examen.

Consenti par les états provinciaux, l'impôt espagnol frappe tantôt les fruits de l'année sous les noms de quarantième, de vingtième ou de double vingtième (2 et demi, 5 ou 10 pour cent), tantôt les immeubles et les meubles, sauf ceux d'un usage journalier, sous le nom de centième denier (1 pour cent de leur valeur estimative). Inaugurée par le duc d'Albe en 1569, cette dernière forme d'imposition avait provoqué dans les Pays-Bas les plus violentes protestations. On n'y recourait, du reste, que dans les cas d'extrême nécessité, pour subvenir à la détresse du trésor royal ; ce qui eut lieu trois fois de 1575 à 1623.

En 1575, Quarouble, qui possède cent deux maisons, dont quatre inhabitées, paie pour le demi-vingtième, 141 livres 18 sous 3 deniers tournois ; et en 1576, pour le centième denier, 1123 livres 2 sous 4 deniers. De 1586 à 1596, l'impôt, sous forme de vingtième, oscille entre 367 livres 6 sous et 418 livres 1 sou 5 deniers, et atteint 666 livres 19 sous en 1621. Sous forme de centième denier, il s'élève à 2115 livres 10 sous 7 deniers en 1603.

Le rôle de répartition de 1644 n'indique pas sur quelle base la contribution est assise. Elle est pour cette année de 1819 livres tournois réparties entre cent-un contribuables. Trois, Antoine Cazin, Paul Cazin et Nicolas Mochet, sont taxés à 100 livres ; quinze s'échelonnent entre 92 et 44 livres. Parmi les moins imposés, treize ne paient que deux livres, trois une livre, et onze la moitié d'une livre.

Il est juste de noter que les seigneuries d'Amblise, de Vaucelles et des Bosqueaux ont alors leur rôle d'imposition distinct ; ce qui diminue sensiblement le nombre des propriétés appelées à former la part contributive de la paroisse de Quarouble.

Quoi qu'il en soit, l'impôt s'élève encore sous la domination française.

III. En 1750, la paroisse de Quarouble et ses dépendances sont taxées à 486 livres 16 sous 6 deniers de France pour le vingtième et les deux sous pour livre (1). Mais ce n'est là qu'une partie de la contribution, dont le rôle général a disparu.

En 1772, Quarouble, qui compte environ 1100 âmes, paie au trésor royal 9070 livres 15 sous 6 deniers de France. La contribution s'élève en 1785 à 11642 livres 8 sous, et descend en 1787 à 9672 livres, et en 1789 à 9209 livres 8 sous 3 deniers. Le nombre des contribuables est alors de 206, et les seigneuries particulières n'ont plus de cahier distinct ; ce qui rend moins lourde la part contributive des petits propriétaires. Or dans le Hainaut et dans tout le pays de conquête, qu'on appelle *pays étranger*, la noblesse et le clergé, à quelques exceptions près, relatives surtout à la capitation, supportent l'impôt comme le tiers-état. C'est ainsi qu'en 1788 l'archevêché de Cambrai paie 897 livres 16 sous pour les deux vingtièmes à raison de la terre de Vaucelles ; le prince de Ligne, 1346 livres 5 sous, à cause de la propriété d'Amblise ; et le chapitre de Cambrai, 16 livres 3 sous, pour ses terres, prés et bois. droits de dîme et de terrage (2). Si le chapitre paraît payer peu, n'oublions pas qu'il intervient pour le *don gratuit*, que la royauté, oubliant le sens des mots, ne manque pas de réclamer du clergé.

Mentionnons ici une petite taille de 60 livres due en commun par Onnaing et par Quarouble, et dont l'origine nous est inconnue. Cette taille était désignée sous le nom étrange de *brinquet* ; elle n'affectait, croyons-nous, que certaines parties de terre. Une demi-mencaudée située à la *Petite Mer* payait 11 sous 7 deniers ; c'est le seul exemple de répartition que nous ayons rencontré. Louis XIV, à qui le *brinquet* appartenait, le vendit aux jésuites

<hr>

(1) Archives du Nord, Intendance du Hainaut, carton 815.
(2) Ibid., et Archives de Valenciennes, pièces non classées.

de Valenciennes le 3 avril 1710. Les *communautés* d'Onnaing et de Quarouble, obligées jusque-là de percevoir
cette taille, prétendirent en 1715 laisser ce soin aux
R. Pères ; mais une ordonnance de l'Intendant de
Flandre en date du 20 juillet les condamna à eu continuer
la perception. Bien que le *brinquet* fût payé de façon
assez intermittente, on le trouve mentionné dans le
relevé des biens des jésuites présenté au Magistrat de
Valenciennes en 1768 (1).

La contribution de Quarouble n'a pas cessé de s'ac-
croître depuis la Révolution. De 12194 livres 18 sous
7 deniers de France en 1798, de 16057 francs en 1827, de
22802 francs en 1840, elle s'est élevée à la somme de
48635 francs 82 centimes en 1899. A la vérité, la population est à cette date de 2600 habitants environ ; et si
l'on tient compte de la dépréciation de l'argent, la
progression de l'impôt ne paraît pas excessive. Mais à
côté de la contribution directe il y a celle qui frappe les
objets de consommation ; et celle-ci forme aujourd'hui
plus de la moitié de l'impôt français. Pour qui envisage
les divers côtés de cette question, il n'est pas douteux
que les charges qui pèsent sur nous sont de beaucoup
supérieures à celles qui pesaient sur nos aïeux.

A côté de la contribution pécuniaire, il y a *l'impôt du
sang* ou le service militaire qui s'est singulièrement
aggravé. En 1642, Quarouble fournit à l'armée espagnole
deux soldats *élus*, Jean Mascart et Nicolas Alglave, à
qui on procure un mousquet et une épée moyennant
10 livres de Hainaut (6 fr. 50 c.) ; et on leur paie 70 livres
(43 fr. 75 c.) pour quarante-deux jours de service. En
1643 apparaissent deux nouveaux *élus* ; c'est probablement le contingent annuel des temps de guerre. Sous la
monarchie française, les *soldats provinciaux* sont
substitués aux *élus*, et le service militaire commence à se
prolonger ; mais les villages s'en exemptent encore au
moyen d'une subvention pécuniaire. En 1778, Quarouble

---

(1) Archives communales de Valenciennes, Collège des jésuites.

paie pour le remplacement de ses miliciens 348 livres 16 sous de France ; la dépense totale tombe à 241 livres en 1781. et à 119 livres en 1785. Moyennant cette subvention dont tout le monde paie sa part, les jeunes gens restent à leurs foyers (1). Combien les mères d'aujourd'hui seraient heureuses, si un tel passé pouvait renaître !

(1) Archives de Valenciennes, Compte de la communauté de Quarouble pour 1662-63. — Archives de Quarouble, Comptes communaux.

CHAPITRE IV

L'ASSISTANCE PUBLIQUE

I. Antiquité de la table des pauvres. — II. Son
développement, — III. Son mode d'administration.

I. C'est dans un cahier de terrage d'Onnaing, en
date du 15 février 1353 (nouveau style, 1354),
que nous trouvons la première mention de biens
appartenant aux pauvres de Quaronble. Voici le passage
qui nous intéresse :

« Che sont les tières dou terroir d'Onnaing ki doivent
tiérage as signeurs de capitle Nostre Dame de Cambray..,
lesqueles furent estimées par Jehan Deuwart, cleir
(greffier) de le ville en ce jour, en l'an M III^c el mois de
juing.

     Enviers le muelin à vent

     Li povre de Quaroube..... 1 wittelée et demy (1) ».

Quarouble possédait donc dès le milieu du quatorzième
siècle une table des pauvres distincte, indépendante de
celle d'Onnaing, avec des ressources assurées par des
biens-fonds. A quelle date cette *pauvreté* prit-elle
naissance ? Il n'est pas téméraire d'en rattacher l'origine
au treizième siècle. A cette époque se multipliaient, sous
l'influence de la religion, les hospices, les maladreries,
les institutions charitables de toute nature. Le chapitre

---

(1) Archives du Nord, fonds du chapitre, carton 44. — Cette lettre est aussi mentionnée
dans un cahier de terrage du commencement du quinzième siècle (même fonds, carton 59
et dans l'obituaire d'Onnaing de 1434 (Archives du Hainaut, à Mons).

de Cambrai dut favoriser ce mouvement. L'assistance publique était alors l'apanage presque exclusif du clergé. Dès 1326 on trouve une table des pauvres à Quiévy et à Saint-Hilaire, où le chapitre jouissait de droits importants. Or Quiévy ne possédait encore que 208 habitants, et Saint-Hilaire 357 en 1726 (1).

II. La fortune des pauvres, très modeste au début, s'accroît successivement de propriétés léguées par de pieux chrétiens à charge de services religieux. En 1434, ils possèdent à Onnaing, en la *taque de Ribery*, une demi-mencaudée de terre, que leur ont léguée Jehan Moury, dit Varlet, et sa femme, à la condition qu'il sera célébré chaque année à leur intention, un obit aux honoraires de 2 sous pour le curé, et d'un sou pour le clerc(2). Dès 1575, le cahier des contributions leur attribue onze mencaudées de terre en la *troisième taque des carreaux* (3). Vers 1610, Jeanne d'Espagne, veuve de Philippe Sohier, censier de *Vaucelles*, leur lègue cinq mencaudées, à Sebourquiau, à charge d'un obit annuel pour son mari et pour elle, et d'une rente de 8 sous au profit de l'église de Sebourg (4). Un peu plus tard, le chanoine Hoppe, de Cambrai, leur laisse une somme de 365 livres (5). Ainsi se développe le patrimoine des indigents par des donations faites en vue de plaire à Dieu et pour obtenir les prières de l'Eglise.

En 1765 l'avoir des pauvres comprend 74 mencaudées 3 quartiers (17 hectares 52 centiares) de terres arables ; mais, 3 mencaudées ayant été « revendiquées » en 1769, il est alors réduit à 16 hectares 32 centiares. C'est peut-être par suite d'empiètements illégitimes, que les pauvres ne possédaient plus que 15 hectares 82 ares 9 centiares en 1809.

En 1765, la dépense s'élevait à 982 livres 5 sous de Hainaut (613 fr. 90 c.); et la recette, à 1180 livres 18 sous

(1) Fonds du chapitre, carton 37. — *Dictionnaire universel des Gaules et de la France.*

(2) Archives du Hainaut, à Mons, Obituaire d'Onnaing.

(3) Ibid, Recueil de cahiers de contributions.

(4) Archives de l'église de Sebourg.

(5) Archives de Quarouble, Compte des pauvres, 1765.

9 deniers (environ 738 fr.). Celle-ci était grevée d'une rente de 4 livres 6 sous de Hainaut due à l'abbaye de Vicoigne, et de dix-neuf obits, dont plusieurs avec distribution de harengs en faveur des indigents qui assistaient à la messe. Deux obits seulement étaient célébrés pour les plus anciens bienfaiteurs, à raison de l'insuffisance de la rente qui assurait ces premières fondations.

Les pauvres de Quarouble ne possèdent plus aujourd'hui que 10 hectares 59 ares 85 centiares de terre arable; mais ils se sont enrichis d'une rente sur l'Etat de 374 francs, apparemment acquise avec le produit de la vente de certains biens-fonds. Grâce à des concessions de terrain dans le cimetière, et surtout à une subvention de 1400 francs accordée par la municipalité, les recettes s'élevèrent en 1897, à 5407 francs 73 centimes. Mais pour se faire une idée juste de l'importance de cette somme, il faut se rappeler que, si la valeur de la propriété terrienne s'est accrue, le prix des objets de consommation s'est élevé dans une proportion plus forte. Les *pauvriseurs* n'aidaient, du reste, que trente à trente-cinq familles en 1770 ; par suite de l'accroissement de la population, le Bureau de Bienfaisance en aide aujourd'hui plus de soixante.

III. Au dix-huitième siècle, et probablement dès le moyen-âge, les biens des pauvres étaient administrés par le curé, le maïeur et les échevins. Il leur appartenait d'affermer les terres à la criée. de recevoir à l'église les « rendages » en blé, de distribuer les secours en nature ou en argent. Un *mencaud* de blé ou une légère somme d'argent leur était servi pour leurs déplacements, à titre d'indemnité. Chaque année, le *mambour*, chargé pour une somme déterminée, d'effectuer les recettes et les dépenses, rendait ses comptes aux administrateurs en présence du bailli de la seigneurie et des paroissiens assemblés dans l'église à son de cloche. après triple publication faite à l'issue de la grand'messe du dimanche. Tout se passait en pleine lumière et sous la surveillance des intéressés.

Les malades et les orphelins étaient, de la part des *pauvriseurs*, l'objet d'attentions particulières.

En 1644, il existait à Onnaing, un maître chirurgien, qui donnait des soins aux malades du voisinage ; d'autres avaient rempli le même office avant lui. Vers la fin du dix-huitième siècle, nous en trouvons un à Quarouble, et un autre à Onnaing. La science de ces praticiens de village était probablement assez courte : car le 20 octobre 1766, les médecins de Valenciennes, voulant venir en aide aux pauvres gens de la campagne, s'engagèrent à désigner alternativement deux d'entre eux pour les recevoir à l'hôtel-de-ville en consultation gratuite, de onze heures à midi, le mercredi et le samedi. Les maîtres chirurgiens étaient à la fois apothicaires et médecins. Huchelon, qui résidait à Quarouble, dînait familièrement chez ses clients à qui il portait des plantes médicinales. Le peuple, qui rit des choses les plus graves, le nommait plaisamment *La Sonde* ; la bonne humeur d'Huchelon résistait à cette petite épreuve. Cheminay, d'Onnaing (1) lui disputait la confiance des indigents. Les *pauvriseurs* rétribuaient l'un et l'autre, suivant le nombre et l'importance de leurs visites. Les honoraires étaient des plus réduits. Pour une visite, 3 patars (un peu plus de 20 centimes) ; pour une saignée, 5 ; pour un purgatif ou un vermifuge, 12. C'était plaisir d'être malade à de pareilles conditions.

La crise aiguë terminée, les convalescents recevaient les aliments fortifiants que réclamait leur faiblesse. En 1783, comme il n'existait pas de boucherie à Onnaing, il fut payé par les *pauvriseurs* de ce village à Charles Claise, boucher à Valenciennes, 122 livres 12 sous de Hainaut, pour 225 livres de bœuf, à 5 patars, (un peu plus de 31 centimes), la livre, fournies aux indigents ; et à Michel Bavay, cabaretier à Onnaing, 9 livres 17 sous pour la bière et le vin.

---

(1) Il était probablement fils d'Edmond Cheminay (alias, Cheminais), chirurgien à Onnaing, dès le 4 juin 1720, et d'Angélique Blondin, « fille de boutique de la ville de Douai ».

Les orphelins et les enfants trouvés étaient placés, après adjudication, au sein de familles laborieuses, auxquelles on payait, pour leur entretien, de 34 à 37 livres (de 21 à 23 francs) chaque trimestre. La *table des pauvres* intervenait pour une part de cette dépense ; le plus souvent la *communauté* en prenait la moitié ou les trois quarts à sa charge. On veillait, quand les enfants atteignaient un certain âge, à ce qu'ils fréquentassent l'école.

Ainsi s'exerçait autrefois, la charité publique. Sans négliger les besoins matériels, elle affectait un caractère plus paternel et plus simple, plus moral, plus pénétré de sens chrétien que la bienfaisance d'aujourd'hui.

CHAPITRE V

Les écoles

Nous n'avons pas la prétention d'assigner une date à l'ouverture des premières écoles de Quarouble ; nos archives communales sont d'un âge trop peu reculé pour n'être pas muettes à ce sujet. Mais bon nombre de localités, d'importance même secondaire, étaient en possession d'écoles dès le quatorzième ou le quinzième siècle ; et il est certain qu'à partir du seizième il en existait dans presque tous les villages. Inquiète des progrès du protestantisme, l'Eglise secondait ce mouvement des esprits.

En 1563, le premier concile provincial de Cambrai enjoignait aux curés d'inspecter les écoles chaque mois pour s'assurer que les enfants faisaient des progrès, qu'ils étaient nourris d'une saine doctrine tant au point de vue moral qu'au point de vue religieux. Il ne paraît pas douteux que Quarouble possédait alors une école : car en 1586, les échevins signent le rôle des contributions, leur écriture est même des plus correctes. Le rôle fut dressé cette année-là par Jean Pollet, clerc de la paroisse, qu'on jugeait le plus apte à donner des renseignements exacts. On sait qu'à cette époque le clerc remplissait habituellement la fonction d'instituteur (1).

(1) Archives du Hainaut, à Mons. Recueil de cahiers de contributions. — Jean Pollet avait probablement succédé comme clerc à Jehan Aleglave, déjà mort en 1573. Après lui vient Jean du Bois, qui semble mentionné, comme clerc à Quarouble, le 5 novembre 1500.

De 1614 à 1641, on rencontre au registre des baptêmes plusieurs chefs de famille qualifiés de *maîtres* par le curé; de ce nombre sont précisément Jean Pollet et Pierre, son fils. Il est probable que cette qualification s'applique à des instituteurs. Mais une indication plus précise nous est fournie vers le milieu du dix-septième siècle par le semainier paroissial. Le curé, se défiant de sa mémoire, donne alors à ses paroissiens lecture de cet avis : « Je recommande aux parens d'envoier leurs enfans à l'escole ».

L'instruction primaire ne fit sans doute que progresser, quand le pays de Valenciennes fut annexé à la France. Louis XIV alla, du reste, jusqu'à rendre l'instruction obligatoire. « Nous enjoignons, dit la déclaration du 13 décembre 1698, à tous pères, mères, tuteurs et autres personnes qui sont chargées de l'éducation des enfants.., de les envoyer aux écoles et aux catéchismes jusqu'à l'âge de quatorze ans (1) ». Mais les ordonnances des rois n'étaient pas toujours exécutées. La déclaration de 1724 réitéra les prescriptions de celle de 1698; elle chargea même les procureurs fiscaux de se faire remettre tous les trois mois la liste des enfants qui n'iraient pas à l'école, afin qu'on pût poursuivre les parents, les tuteurs et les curateurs chargés de leur éducation.

Le 2 novembre 1754, Nicolas Monart, de Quarouble, est mentionné comme maître d'école dans un acte de baptême. Monart avait une écriture large et ferme, son orthographe était un peu indécise. En 1754, il était *mambour* ou receveur de la confrérie de saint Antoine, et ouvrait en cette qualité un registre que la confrérie a conservé. Il tenait encore école en 1774. Son inhumation eut lieu le 8 décembre 1780.

Les comptes des pauvres forment au sujet des écoles notre meilleure source d'informations ; ils nous révèlent

---

On trouve ensuite Jacques Rigault, fils de Nicolas le 23 septembre 1639 et le 3 octobre 1645 ; Jean Mascart, clerc en 1699, qui, étant mort le 6 décembre 1720, fut remplacé par Jean Mascart, son fils. Celui-ci ayant épousé Marie-Jeanne Roucoux, eut pour fils Jean-Pierre Mascart, qui lui succéda.

(1) *Anciennes lois françaises*, t. XX, p. 317.

le nom de plusieurs maîtres occupés, comme Monart, à instruire les enfants pauvres moyennant la rétribution mensuelle de 8 ou 9 sous de Hainaut (25 à 28 centimes environ de notre monnaie). Jean Mascart reçoit à ce titre 32 livres pour les années 1759, 1760, 1761 et 1765 ; Jean-Baptiste Mariage, 8 livres pour 1759, 1760 et 1761 : Guillaume Noirbant, 24 livres pour 1761, 1768 et 1769 : Charles Bottiau, 8 livres pour 1761, A ce même budget émargent le sieur Renaud en 1771 et 1773 ; Pierre Pollet et Noël-Joseph Mascart en 1776, 1786 et 1788 ; Jean-Charles Lenne en 1784 et 1788 ; Pierre-Antoine Capouillez, de Dour, en 1790, 1791 et 1792 ; Philibert-Joseph Mascart et Pierre-Joseph Cliquet en 1792 et 1793. Les noms de filles se rencontrent simultanément avec ceux de garçons dans les notes d'honoraires présentées aux administrateurs des biens des pauvres. Il faut descendre à l'année 1792 pour trouver le nom d'une maîtresse d'école ; cette institutrice se nommait Albertine Mascart.

Parmi les maîtres dont nous avons fait mention, quelques-uns possédaient une instruction assez étendue ; d'autres, artisans de profession, devaient se contenter d'apprendre à lire et à écrire et d'enseigner aux enfants les éléments de la religion.

Jean Mascart, né le 30 mai 1697, fut clerc comme son père. C'est lui qui en 1754. rédigea les comptes de l'église; son écriture, un peu raide, est déjà celle d'un vieillard. Il mourut à l'âge de quatre-vingt-deux ans, le 24 avril 1779.

Renaut mériterait d'être mieux connu. Les notes qu'il présente aux administrateurs des biens des pauvres, sont d'une netteté et d'une correction remarquables. Instituteur à Vicq en 1787, il reçut de la municipalité de Quarouble 8 livres 8 sous de Hainaut pour avoir « écolé » trois enfants pauvres de ce village.

Pierre Pollet était apparemment un esprit assez cultivé. Il a laissé une nombreuse collection de comptes des pauvres, qu'il rédigeait pour son père, *mambour* de leurs biens.

Noël-Joseph Mascart naquit le 17 août 1734. Fils de Jean-Pierre Mascart, il fut au moins le quatrième d'une série de clercs issus de la même famille. Des actes de sépulture lui attribuent la profession de tisserand ; on le trouve mentionné sous le nom de « clerc clériquant » ou clerc enseignant dans des actes de 1788. Il mourut à l'âge de quatre-vingt-deux ans, comme son père, le 22 avril 1817.

Jean-Charles Lenne, né le 12 septembre 1758, avait probablement dans sa jeunesse, aspiré au sacerdoce. Un acte de baptême du 27 juillet 1777 le qualifie de « philosophe » ou étudiant de philosophie. De retour à Quarouble, Lenne se fit tisserand, puis devint instituteur. C'est sous ce titre qu'il figure dans les registre paroissiaux en 1785, 1787 et 1788. Il mourut le 30 juillet 1790. Il était alors instituteur et greffier.

Malgré cette profusion de maîtres de mérites assez inégaux, les illettrés ne manquaient pas à Quarouble vers la fin du dix-huitième siècle. Assez peu nombreux étaient, d'ailleurs, les enfants à qui des ressources de famille permettaient de fréquenter l'école durant plusieurs années. Quant aux indigents proprement dits, les notes d'honoraires présentées par les maîtres montrent qu'ils n'allaient, pour la plupart, à l'école que durant la saison froide ; ils oubliaient ainsi pendant une partie de l'année ce qu'ils avaient appris dans l'autre.

Le 20 avril 1792, l'Assemblée législative interdit l'enseignement à tous ceux qui étaient « suspects d'erreur et d'ignorance ». L'étude de la religion était remplacée par celle de la *Déclaration des droits de l'homme*, de la Constitution et de la morale républicaine. Quelques mois après, la Convention exigeait de l'instituteur un certificat de civisme délivré par les comités de surveillance et de salut public, et excluait de cette charge les ministres de tout culte, les religieuses et les personnes qui auraient antérieurement tenu leur nomination de quelque ecclésiastique. Ces mesures odieuses ne rendirent pas les écoles plus prospères. En 1801, le maire de Quarouble répondait à un questionnaire de la préfecture : « il peut y avoir actuellement la moitié d'hommes et de femmes qui savent lire et écrire. Avant la Révolution, il pouvait y en avoir les deux quarts et demi ».

Philibert-Joseph Mascart, fils de Noël-Joseph, et, comme lui, clerc de la paroisse, contribua pour une large part à relever l'enseignement primaire. Il était né le 5 décembre 1763. Déjà veuf à l'âge de 30 ans d'Anne-Catherine Batard, il épousa le 21 juillet 1794, devant M. Druet, alors curé de Quarouble, Marie-Joseph Pollet, fille de Pierre-Antoine, aubergiste, et de Marie-Joseph Lejay. Mentionné comme instituteur dans des actes de baptême du 16 décembre 1797, du 22 mai 1799 et du 24 janvier 1804, il sollicita le 31 mars 1807 du jury départemental de l'Instruction publique, l'autorisation de continuer à exercer cette fonction. Il subit le 23 avril un examen à cet effet. Le 2 mars 1813, il fut nommé instituteur communal à titre provisoire. Enfin, le 24 décembre 1816, le recteur de l'Académie de Douai, reconnaissant qu'il a été examiné sur la lecture, l'écriture et le calcul, et qu'il possède une connaissance suffisante des principes de la religion, lui décerna le brevet d'instituteur primaire du troisième degré et le chargea définitivement de l'école publique.

En même temps que Mascart, s'étaient établis, comme instituteurs privés, Pierre-Joseph-Adrien Dubuf et Jacques-Guillaume Chiffre.

Né le 6 septembre 1782, Dubuf était fils de Ferdinand-Ignace, bailli et receveur de la principauté d'Amblise (1). Le 14 avril 1807, il demanda à *continuer* ses fonctions d'instituteur à Quarouble et subit le 17 un examen à cet effet. Un acte de baptême lui donne encore le titre d'instituteur le 8 juillet 1810 ; il apparaît avec la qualité d'arpenteur dans d'autres actes du 12 mars 1814 et du 6 février 1817, et dans son acte de décès du 31 décembre 1816.

Jacques Chiffre sollicita le 26 décembre 1807, la permission d'exercer la charge d'instituteur privé; il est

---

(1) Adrien Dubuf, père de Ferdinand, était lieutenant-bailli d'Amblise en 1724 et bailli en 1729. Démissionnaire avant 1759 en faveur de son fils Ferdinand, il mourut à Quarouble à l'âge de quatre-vingt-huit ans, le 6 janvier 1784.

encore mentionné sous ce titre dans son acte de décès du 27 décembre 1821.

D'une santé plus robuste que ses deux rivaux, Philibert-Joseph Mascart mourut le 11 décembre 1831, laissant trois fils et une fille, Philibert-Joseph, Hubert-Joseph, Nicolas-Joseph et Florence-Joseph, qui se consacrèrent à l'enseignement.

Né le 3 avril 1795, Philibert-Joseph fut, comme son père, clerc de la paroisse. Il conquit le brevet de capacité du troisième degré le 6 février 1822 et fut autorisé le lendemain à ouvrir une école privée. A la demande du conseil municipal il fut nommé instituteur communal le 30 novembre 1834, et prêta serment en cette qualité le 9 avril 1835. Il mourut à Quarouble le 24 décembre 1875.

Hubert-Joseph se borna modestement à instruire les plus jeunes enfants. Il tomba frappé par le choléra à l'âge de quarante-neuf ans, le 10 septembre 1849.

Nicolas-Joseph, son frère, né le 24 février 1807, n'obtint que le 12 mars 1833, le brevet de capacité du deuxième degré ; on l'autorisa le 8 juin de la même année à tenir une école particulière dans son village natal. Fidèle à un usage qui paraît ancien, il divisait ses élèves en trois catégories: les *lecteurs*, les *écrivains* et les *mathématiciens*. Les premiers apprenaient à lire ; les seconds, à lire et à écrire ; les plus avancés s'initiaient à l'arithmétique. La rétribution variait suivant le degré d'instruction. D'un caractère fortement trempé, Nicolas Mascart exigeait de ses élèves une forte somme de travail. Il mourut à Saint-Saulve au mois de février 1888, légitimement fier de son fils Eleuthère appelé en 1885 à occuper un fauteuil à l'Académie des sciences.

De cette famille d'instituteurs se succédant sans interruption, le plus remarquable à ce point de vue est assurément Auguste-Joseph Mascart, fils du second Philibert-Joseph. Né le 17 août 1824, il obtint le brevet de capacité le 2 décembre 1848, il fut autorisé le 23 novembre 1849 à tenir une classe de garçons adultes, à la condition de leur donner l'instruction morale et

religieuse, d'enseigner la lecture, l'écriture, l'arithmétique, la langue française, le système métrique et la
géographie de la France. Il s'acquitta de cette tâche avec
succès ; il possédait à un rare degré l'art difficile de
l'enseignement. Guidé par l'expérience, il comprenait
que la science ne peut seule donner l'honnêteté, et que la
religion, pour former l'enfant, doit le pénétrer partout de
son influence, à l'école comme au sein de la famille. A la
demande du conseil municipal, le recteur de l'Académie
de Douai l'autorisa le 24 février 1852 à diriger provisoi-
rement l'école communale ; le préfet le nomma à titre
définitif le 12 octobre 1852. Le conseil académique de
Douai décida peu de temps après qu'un instituteur-
adjoint serait attaché à l'école de Quarouble ; et le 13 mai
1853, le conseil municipal vota à cet effet un crédit de
150 francs

Les classes se tenaient depuis 1841 au rez-de-chaussée
de la mairie. Le 15 mars 1876, le conseil municipal
approuva un devis de 34950 francs pour la construction
d'une école sur un terrain acquis au prix de 2700 francs.
La dépense effectuée s'éleva à 35652 francs 67 centimes.
Auguste Mascart jouit peu de temps du nouveau local.
Admis à la retraite en 1880, il mourut à Quarouble le
20 mars 1887. Ses élèves, dont plusieurs occupent dans
le monde une haute situation, lui ont érigé un monument
funèbre, qui fut bénit au milieu d'une nombreuse assistance, le dimanche 2 octobre 1894.

A Auguste-Joseph Mascart succéda M. Pierre-Joseph
Lesur, qui fut remplacé en 1905 par M. Gustave Dez,
antérieurement instituteur à Petite-Forêt, près de
Raismes.

L'enseignement des filles tarda plus à s'organiser que
celui des garçons. Après Catherine-Joseph Dochez, qui
est mentionnée comme maîtresse d'école dans l'acte de son
décès du 17 août 1822, et Henriette Richard, veuve de
Jacques Chiffre, décédée le 19 janvier 1822, on ne trouve
aucun nom d'institutrice jusqu'en 1833.

Le 29 mars 1833, Joséphine Blary, née à Quarouble

le 28 février 1812, obtint à Valenciennes, après un examen sommaire, le brevet de capacité de degré inférieur ; elle déclara aussitôt qu'elle avait l'intention d'ouvrir une école dans son village natal. C'était combler les vœux de M. le curé Ricourt, dont la délicatesse souffrait avec raison du mélange des sexes dans les classes. Le gouvernement de Louis-Philippe favorisait dans les communes rurales la création des écoles de filles. A la demande de l'Administration départementale, Mlle Blary répondit le 26 août 1836 qu'elle était disposée à rester dans l'enseignement ; on la nomma institutrice communale.

A côté de l'école officielle, s'ouvrirent bientôt plusieurs petites écoles. Le 10 décembre 1846, le recteur de l'Académie de Douai autorisait Florence-Joseph MASCART et Marie-Joseph LEJAY à tenir une salle d'asile, à la condition qu'elles se présenteraient à l'examen l'année suivante pour y prendre le certificat d'aptitude ; et le 29 mai 1850, Marie-Joseph Wascheul, veuve de Désiré-Joseph Bourgeois (1), originaire d'Onnaing, déclara qu'elle se proposait d'ouvrir une école pour les enfants au-dessous de sept ans. Cette dame Bourgeois ne devait pas être étrangère à l'enseignement, car son mari avait été successivement instituteur à Ramillies, près de Cambrai, et à Monchecourt.

Sur un théâtre un peu plus élevé, Cécile JOLY, dame Carpentier, née à Crespin le 8 février 1810, obtint le 11 mai 1847 le brevet de capacité et vint aussitôt se fixer à Quarouble. Elle y fut bientôt suivie par Mlle Suzanne-Honorine Cauvez, en possession du même diplôme dès le 12 septembre 1849.

Joséphine Blary reste en fonction jusqu'au mois de février 1853. A cette date, M. le curé Ricourt fut envoyé par ses supérieurs, à la suite de dénonciations calomnieuses, dans la petite paroisse de Boulogne-sur-Helpe ;

---

(1) Bourgeois, né à Amfroipret, le 8 décembre 1812, était instituteur à Onnaing dès 1840 ; il avait alors quarante élèves payants et cinquante non payants. Il n'obtint le brevet de capacité du deuxième degré que le 8 octobre 1841.

elle le suivit par dévouement dans sa disgrâce noblement supportée.

Comme il fallait pourvoir au plus tôt à son remplacement, le conseil municipal, assemblé·à cet effet le 14 mars, demanda Mlle Cauvez pour institutrice communale ; le préfet la nomma le 1er avril. La nouvelle titulaire, d'un esprit peu cultivé, n'exerça pas longtemps cette fonction.

Le 23 avril 1853, Barbe-Julie Vilaire, en religion sœur Julienne de la Croix, originaire de Merville, déclarait, conformément à la loi du 15 mars 1850, qu'elle se proposait d'ouvrir une école libre dans la commune de Quarouble. Cette maison prospéra au-delà de toute espérance. Voyant ses élèves lui échapper, Mlle Cauvez donna sa démission vers la fin de l'année scolaire. Elle fut remplacée à titre provisoire par Cornélie Lévêque le 16 septembre 1854. Invité alors à déclarer s'il désirait confier la direction de l'école à une institutrice laïque ou à une congrégation religieuse, le conseil municipal répondit le 1^r octobre par la délibération suivante :

« Considérant qu'il existe déjà dans cette commune une succursale des sœurs de l'Enfant-Jésus, qui, sous l'habile et sage direction de Mlle Barbe-Julie Vilaire, en religion sœur Julienne de la Croix, a fait faire aux nombreuses jeunes personnes qui fréquentent cet établissement des progrès vraiment remarquables, le conseil demande à l'unanimité que l'école communale de Quarouble soit confiée aux Sœurs de l'Enfant-Jésus ».

En conséquence, dame Isaïe Gyr, en religion sœur Anne de Jésus, fut nommée institutrice communale le 9 décembre 1854. Cinq ans plus tard, le 18 mars 1861, la commune acheta pour 12000 francs aux demoiselles Rosalie et Romaine Alglave, une maison située rue *Berlinguin*, construite sur un terrain de 28 ares 78 centiares ; on y transféra immédiatement les classes. Le 25 mars 1868, le conseil municipal approuve un devis de 13200 francs pour la construction d'une école et l'aménagement d'une salle d'asile. La dépense effectuée fut de

1 697 francs, dont 1500 furent donnés à titre de subvention par le département. Sœur Anne de Jésus mourut à Quarouble le 7 février 1884, laissant dans l'âme de ses anciennes élèves un impérissable souvenir.

On put craindre de voir disparaître avec elle les religieuses formées à son exemple. Entravée dans son développement par la nouvelle loi scolaire, la congrégation de l'Enfant-Jésus menaçait de les rappeler ; il fallut le zèle d'un administrateur profondément vénérable, M. Romain Alglave, pour conserver à la commune leur précieux concours. Grâce à son influence, dame Marie Delory, en religion sœur Marie de saint Joseph, fut nommée institutrice communale le 10 mars 1884.

A partir de cette époque, des instances furent faites à plusieurs reprises par l'autorité préfectorale pour décider le conseil municipal à accepter la laïcisation de l'école ; la municipalité sollicita constamment le maintien des religieuses. L'école ayant été laïcisée d'office au mois de septembre 1900, Mlle Elodie Notredame, originaire d'Hasnon, fut nommée institutrice communale. Le 10 octobre suivant, les Sœurs de l'Enfant-Jésus ouvrirent une école libre sous la direction de Marie-Philomène Duthoit, en religion sœur Marie-Théodosie, afin d'assurer aux jeunes filles l'inestimable bienfait d'une éducation chrétienne. Sécularisée en faveur d'une école libre de Marchiennes, cette excellente maîtresse fut remplacée à Quarouble le 8 septembre 1903, par Marie-Léocadie Beuve, en religion sœur Marie-Aldegonde, antérieurement institutrice-adjointe à Merville.

L'école des religieuses était en pleine prospérité, lorsque le 20 février 1905, le ministre Bienvenu-Martin, obéissant au plan de déchristianisation conçu par la franc-maçonnerie, en décréta la fermeture. On laissait aux religieuses la faculté de séjourner à Quarouble jusqu'au 31 août. En même temps on avertissait l'auteur de ce livre, propriétaire de l'immeuble, qu'il serait passible d'une amende de 3000 à 15000 francs s'il y maintenait des congréganistes au-delà de cette date. Comment expliquer de pareils abus de pouvoir sous un régime de LIBERTÉ !

La distribution des prix eut lieu le jour de l'Assomption dans des conditions lugubres. L'assistance était des plus nombreuses ; les familles chrétiennes avaient tenu à donner aux Sœurs un suprême témoignage de sympathie, L'émotion fut au comble, lorsqu'une élève de l'école libre, s'avançant vers les nobles proscrites, prononça les paroles suivantes :

« Chères et vénérées Sœurs,

Les autres années le jour des prix était pour nous un jour de fête. Nous attendions avec impatience, tout entières à la joie des vacances où nous allions entrer. Mais cette année la joie fait place à la tristesse : ce jour de fête est devenu un jour de deuil ; car vous allez nous quitter pour toujours, et cette cérémonie doit s'achever par des adieux.

Il y a quelques mois, la nouvelle de votre prochain départ se répandit dans la paroisse ; mais nous ne pouvions y croire. Nous entendions redire le bien que vous avez fait depuis votre arrivée à Quarouble ; nous voyions nos familles vous prodiguer les marques d'attachement et de respect ; et témoins chaque jour nous-mêmes de votre dévouement infatigable, nous ne pouvions comprendre que l'on vous arrachât à notre affection ! Que pouvait-on vous reprocher ? N'étiez-vous pas des secondes mères pour les enfants qui vous étaient confiés ? N'avez-vous point pour eux la tendresse la plus délicate, la sollicitude la plus attentive ? Ne leur donniez-vous point, avec une instruction solide couronnée par tant de succès, la formation du cœur plus précieuse encore et l'exemple de toutes les vertus ? Etait-il possible que l'on récompensât par la persécution tant de bienfaits et tant de dévouement ?

Hélas ! ce que nous avions cru impossible est sur le point de s'accomplir. Après avoir suivi l'enfant Jésus dans sa vie de pauvreté et d'abnégation, de charité et de zèle, vous allez avoir un nouveau trait de ressemblance avec votre divin modèle. Comme lui, vous êtes persécutées ; comme l'enfant de Bethléem, vous êtes forcées de quitter cette maison sanctifiée par vos prières et vos vertus.

Mais si l'on peut vous chasser de ce saint asile, jamais rien ne pourra vous chasser de nos cœurs. Toujours nous penserons à vous ; toujours nous nous rappellerons vos bontés. Partout où vous irez, notre souvenir et nos prières vous accompagneront. Pour vous prouver notre reconnaissance et la sincérité de nos sentiments, nous resterons toujours fidèles aux enseignements que vous nous avez donnés, nous mettrons en pratique vos leçons et vos exemples.

Daignez agréer cette promesse au nom de vos élèves actuelles et de toutes celles qui nous ont précédées dans cette sainte maison. C'est en leur nom à toutes que je vous dis Merci, que je vous dis Adieu. Puissé-je faire passer dans cette dernière parole toute la vénération, toute l'affection de vos élèves et de leurs familles ! »

C'est le 31 août qu'eut lieu l'exil définitif des religieuses. Le lendemain, dès la première heure, un commissaire de police frappait à la porte de leur établissement, pour s'assurer de leur départ. La république eut-elle donc couru quelque danger, si la vénérable Reine-Florence Lacombe, en religion sœur Louise des Anges, déjà glacée par les ans, eût séjourné quelques heures de plus à Quarouble ? Elle est morte à Lille, le 2 février 1906, au milieu de ses consœurs, victime comme elle de la persécution.

Après le départ des religieuses, les élèves affluèrent à l'école officielle. Les locaux devinrent trop exigus ; de nouvelles classes construites à grands frais à peu de distance de l'école des garçons, furent inaugurées le dimanche 27 septembre 1908.

CHAPITRE VI.

Passages de troupes a Quarouble et dans les villages voisins avant la Révolution.

Quarouble ne fut jamais le théâtre d'une de ces épopées sanglantes qui rendent célèbre le nom d'une localité ; mais situé sur l'une des principales routes qui relient la France et les Pays-Bas, ce village fut maintes fois témoin des allées et venues de troupes destinées tantôt à défendre, tantôt à envahir l'une ou l'autre de ces contrées. Les notes qui suivent donneront une idée de ce qu'il souffrit de leurs exigences et souvent de leur indiscipline.

Passage d'Edouard III, roi d'Angleterre

1339. – Edouard III, roi d'Angleterre, blessé des procédés de Philippe VI de Valois, revendique la couronne de France au nom d'Isabelle, sa mère, fille de Philippe le Bel. Fort de l'appui des flamands, de divers princes allemands et du comte de Hainaut, il débarque à Anvers et arrive à Mons avec une armée composée d'anglais et d'allemands au mois de septembre 1339. Voici en quels termes le chroniqueur Froissart décrit sa marche vers Valenciennes. « Si se refresquirent li rois d'Engleterre et li signeur, qui avœcques lui estoient, deus jours en la ville de Mons ; et entrues (cependant) passèrent lors gens et li charois. Ce fu mois de septembre ; et avait on partout miessonné... Et s'avalèrent toutes ces gens d'armes en la marce (1) de Valenchiennes, et *se logièrent en ces villages et trouvoient des biens assés. Li auqun paioient moult volentiers ce que il prendoient et li aultre non* ; car Alemant ne sont pas trop bon paieur. Li rois d'Engleterre, lui trentième des signeurs d'Engleterre et d'Alemagne, entra en Valenchiennes ; et avoit la nuit devant jité à Saint-Saulve en la priorie (2), et là vinrent li contes de Hainau et messire Jehan de Hainnau, son oncle, et pluisseur baron et chevalier de Hainnau en la compagnie dou conte... Et entrèrent li rois et li signeur en laditte ville par la porte montoise (3).

Troubles religieux dans les Pays-Bas espagnols

Vers le milieu du seizième siècle, le calvinisme se répand dans les Pays-Bas espagnols ; il prend bientôt un caractère révolutionnaire. Valenciennes tombe entre les mains des huguenots. Presque partout, les couvents et les églises sont dévastés. Les provinces septentrionales des Pays-Bas, qui forment aujourd'hui le royaume de Hollande, secouent le joug de l'Espagne catholique. De là, des luttes prolongées qui ruinent et ensanglantent le Hainaut.

26 août 1566. — Une bande de huguenots, se dirigeant vers l'abbaye de Crespin, saccage, au passage, les églises d'Onnaing et de Quarouble (4). Plusieurs colonnes de l'église d'Onnaing, avec leurs moulures écornées, portaient encore, avant l'agrandissement de cet édifice, la trace de leur sacrilège vandalisme.

1572. — Le bailli d'Onnaing et de Quarouble, Jehan de Beaudrenghien, fait partie de l'armée d'Alvarez de

---

(1) Marche, autrefois frontière. De ce mot vint le nom de Marchipont signifiant pont de la marche, comme Escaupont signifie pont de l'Escaut.
(2) Prieuré, puis abbaye, des bénédictins de Saint-Saulve.
(3) *Chroniques de Froissart*, édition Kervyn de Lettenhove, t. III, p. 3.
(4) Bibliothèque de Valenciennes, Chronique de Jean Dondelet.

Tolède, duc d'Albe, qui va reprendre la ville de Mons, tombée au pouvoir des huguenots le 24 mai. Cette place capitule le 19 septembre. De graves dommages commis dans la seigneurie par des mercenaires espagnols, italiens et allemands au service du duc d'Albe déterminent le chapitre de Cambrai à faire remise à plusieurs cultivateurs de tout ou partie de leurs fermages (1).

1578-79. — Les troubles qui ensanglantent les Pays-Bas et la défaite des huguenots à Gembloux (31 janvier 1578) déterminent l'intervention des princes étrangers dans les affaires de l'Espagne. Appelé par les rebelles, François d'Anjou, frère d'Henri III, roi de France, passe la frontière avec une armée et pénètre jusqu'à Mons. Mais las d'y demeurer « pour y faire peu de chose », il revient en France au mois de janvier 1579. Comme toujours, la troupe placée sous ses ordres dévaste le pays qu'elle traverse. Quand les cahiers de contributions arrivent, les échevins d'Onnaing et de Quarouble déclarent que l'impôt ne peut être perçu, « à raison que toutes les despouilles et aultres biens de terre ont esté entièrement perdues, fouragées et gastées par les gens de guerre, tant du camp de Sa Majesté (Philippe II), pour lors estant autour de Bouchain, Vallenchiennes, Cambray, Tournay et là entour, que de François, duc d'Anjou ». Pour comble de malheur, « l'on avoit esté audit quartier continuellement vexé et envahy des ennemis dudit Cambray (2) », tombé au pouvoir des Français.

1596-97. — Plusieurs modérations de *censes* sont accordées par le chapitre à cause de déprédations commises par les soldats. Trois ans de fermage sont remis à Jacques Le Roux et à Thomas Joly, de Quarouble, qu'une maladie contagieuse a presque entièrement ruiné (3).

Le 2 février 1626, le grand bailli du Hainaut, Guillaume de Meleun, prince d'Espinoy, autorise les *communautés* d'Onnaing et de Quarouble à emprunter 5000 livres tour-

---

(1) Manuscrit 965 de Cambrai.
(2) Archives du Hainaut, cahiers de contributions.
(3) Manuscrit 968 de Cambrai.

nois au moyen d'une constitution de rente de 300 livres, afin de les mettre en état de solder les dépenses occasionnées, en 1622, par le passage du bâtard de Mansfeld, aventurier allemand au service des huguenots, et, en 1625, par les réquisitions de pionniers et de chariots dirigés vers Bréda assiégé par les Espagnols (1).

1637. — Des mercenaires allemands brûlent à Quarouble la maison d'Antoine Cazin ; ce qui détermine le chapitre de Cambrai à lui faire grâce de la moitié de son fermage.

Guerre de Trente ans

L'Espagne, alliée à la Maison d'Autriche, se prépare en 1642 à porter un coup mortel à la France. Don Francisco Melo, général en chef, dispose ses forces en quatre groupes, dont l'un vient occuper le Hainaut, sous le commandement d'Albert de Longueval, comte de Bucquoy. Celui-ci échelonne de Mons à Valenciennes quatre-vingt-deux compagnies d'infanterie et quatre régiments d'artillerie. Son quartier général est établi à Quiévrain.

Quarouble reçoit une garnison dès le mois d'août 1642. Pour vivre en paix avec cette troupe, la *communauté* offre au colonel un quartier de mouton du prix de 7 livres 10 sous (4 fr. 70), et 102 livres 14 sous (63 fr. 75] à ses soldats. Ces générosités n'empêchent pas les mercenaires allemands de causer de tels dommages sur les terres exploitées par Antoine Dangréau, que le chapitre de Cambrai doit lui faire remise de la totalité de son fermage. On se prépare cependant aux plus graves éventualités. Les murailles crénelées qui entourent alors certains cimetières constituent de petits forts où l'on s'abrite en temps de guerre. On s'empresse à Quarouble de restaurer le fort ; on l'entoure d'un fossé, devant lequel on dresse une palissade faite de perches à houblon, et Jacques de Guéry monte la garde au clocher pendant

---

(1) Archives communales d'Onnaing.

plusieurs mois. L'alarme est si grande le jour de la Toussaint, que les habitants de Quarouble se réfugient tous dans leur *fort* pour la nuit. Des chariots de réquisition envoyés vers le *fort* (cimetière) d'Onnaing, n'en reviennent que sous bonne escorte.

Vers la fin du mois d'avril 1643, l'armée espagnole se rapproche de Valenciennes ; elle se dispose à envahir la France. Le bailli du chapitre, délégué par la communauté de Quarouble, va prier le comte de Bucquoy de ne point placer de cavalerie dans ce village. Il lui offre un mouton gras pour assurer le succès de sa mission. Cependant Rocroy est assiégé ; mais le 19 mai 1643 les Espagnols éprouvent une sanglante défaite à quelques kilomètres de cette ville. Contraint d'éloigner des frontières françaises le gros de ses forces, le comte de Bucquoy laisse quelques hommes à Quarouble pour le protéger contre les incursions de l'ennemi.

Cette campagne, semée de revers pour l'Espagne, coûte à notre *communauté* près de 1500 livres de Hainaut (937 fr. 50). Les années suivantes ne sont guère plus heureuses, car c'est en Flandre que continuent à se porter les principaux coups (1).

Guerre de l'Espagne contre la France

Le traité de Westphalie, en 1648, avait établi la paix entre la France et la Maison d'Autriche ; quoique isolée, l'Espagne résolut de continuer la guerre, Profitant des troubles de la Fronde qui créait en France plusieurs partis rivaux, elle vit successivement se ranger sous ses drapeaux Turenne et le grand Condé ; elle nomma celui-ci généralissime de ses armées le 25 novembre 1652. Pendant cette nouvelle guerre, la contrée de Valenciennes eut surtout à souffrir du fréquent passage des troupes.

1651, 25 juin. — Ulrich de Wurtenbergh, venant de

---

(1) Archives de Valenciennes, compte de la *communauté* de Quarouble, 1642-43. — Manuscrits 974 et 975 de la Bibliothèque de Cambrai.

Bavay, va loger à Crespin et cantonne ses soldats à Onnaing, Quarouble, Rombies et villages voisins. Le 30 il franchit l'Escaut à Valenciennes avec son artillerie et 1400 à 1500 hommes d'infanterie

29 juillet. — Fuensaldana, maréchal de camp général des armées espagnoles, dont les forces sont échelonnées entre Saint-Amand, Fresnes et Valenciennes, fait rompre le pont de Fresnes sur l'avis que des mercenaires indisciplinés le franchissent pour aller enlever les récoltes à Onnaing, à Quarouble et à Vicq. Le lendemain matin les pillards, profitant du passage d'un bateau, relient les deux rives au moyen de poutres et de portes de grange. Fuensaldana fait rompre ce nouveau pont et place des sentinelles près du fleuve pour empêcher toute rapine.

4 septembre. — L'archiduc Léopold, gouverneur des Pays-Bas, visite Quiévrain en vue d'y établir éventuellement son armée. Des soldats pillent sous ses yeux l'abbaye de Crespin et enlèvent les nochères et ancres des édifices.

Dimanche 17 septembre. — Vers midi Fuensaldana, venant de la Flandre, va rejoindre l'armée à Bavay. Celle-ci en part dans l'après-midi ; la cour loge à Sebourg et l'armée dans les localités voisines.

12 novembre. — Des troupes cantonnées entre Lille et Tournai se rapprochent de Valenciennes. Les Lorrains, alliés de l'Espagne, s'établissent sous la conduite du comte de Lunéville, à Fresnes, Escaupont et Bruay ; des pillards, poussant jusqu'à Vicq, Quarouble et Onnaing y enlèvent un certain nombre de bestiaux.

Dimanche 10 décembre. — Cinq régiments de cavalerie, venus des environs de Lille et de Tournai, passent à Valenciennes vers midi ; trois logent à Onnaing et deux à Quarouble.

10 mars, veille de Pâques. — Trente à trente-cinq cavaliers de la garnison de Guise, sachant que la cavalerie des garnisons de Cambrai, du Quesnoy et d'autres villes de la frontière, est partie le 28 pour ravager quelques villages français, arrivent à Estreux au point du jour

dans l'espérance d'y surprendre les convois d'approvisionnement d'Onnezies, d'Angreau, de Sebourg et de
Rombies qui se dirigent vers Valenciennes. L'aventure
leur réussit. Neuf villageois sont tués, et parmi eux
Nicolas Franchois, mayeur de Rombies. L'ennemi fait
plusieurs prisonniers, et capture des chevaux. Des blessés
sont laissés sur le terrain.

26 avril. — Fuensaldana arrive à Valenciennes vers le
soir. Trois régiments d'infanterie et cinq de cavalerie,
qu'il amène du Luxembourg, logent à Crespin, Onnaing,
Quarouble et Rombies. Le lendemain, dès la première
heure, ils traversent Valenciennes, se dirigeant vers la
Lys pour empêcher les Français de faire des incursions
en Flandre pendant le siège de Gravelines par les
Espagnols.

1653, 21 août. — Trois régiments d'infanterie, parmi
lesquels ceux des comtes de Jean de Nassau et de Warfusé,
passent sous les murs de Valenciennes et logent à Onnaing, d'où ils partent le lendemain pour Binche.

22 août. — Vers midi, arrivent à Valenciennes sept
régiments d'infanterie et deux compagnies de cavalerie
venant de la Picardie. Ces troupes, destinées à renouveler
la garnison de Stenay, passent la nuit à Onnaing et dans
les villages voisins de cette localité.

7 septembre. — Trois compagnies de cavalerie viennent
loger à Onnaing, d'où elles partent le lendemain pour
Valenciennes. On les dirige vers Rocroy.

1654, vendredi 6 mars. — Seize ou dix-sept cavaliers
de la garnison de Guise vont se poster dans le bois
d'Amblise pour s'emparer du convoi d'approvisionnement
envoyé de Quiévrain à Valenciennes. Leur présence
ayant été signalée, une trentaine d'hommes armés de
fusils sortent de Quiévrain pour les attaquer. Ils les
rencontrent dans le bois et font feu avec trop de précipi-
tation. Les cavaliers prennent la fuite, laissant un mort
sur le terrain. Un second, resté en arrière ne tarde pas à
succomber. Deux autres sont faits prisonniers. Quatre
chevaux demeurent entre les mains des gens de Quié-

vrain ; mais l'un, s'échappant, va rejoindre les fuyards. Les prisonniers sont dépouillés de leurs vêtements et mis ensuite en liberté. Un dernier cavalier, grièvement blessé, tombe mort de son cheval au village de Rombies.

4 avril, veille de Pâques. — Dix-sept régiments sous les ordres du prince de Condé arrivent inopinément du pays de Liège et se logent à Crespin et autres lieux voisins. Ils enlèvent des bestiaux et tout ce qui leur tombe entre les mains, ne restituant qu'au prix de grosses rançons. Le bois du Chapître est dévasté.

7 avril. — Dans l'après-midi une querelle survient entre les soldats lorrains du poste de Sebourg et quelques gens ivres de cette localité. Ceux-ci lancent des pierres aux soldats ; de là, de violentes représailles. Le *fort* est saccagé ; tout ce qui s'y trouve est pillé ou détruit, sauf les objets renfermés dans l'église. Une jeune fille et cinq paysans, dont le mayeur Jean Hiolle, sont tués en y portant leur mobilier. Les lorrains ont eux-mêmes quarante tués ou blessés ; mais le butin est énorme pour les survivants ; car cinq ou six villages des environs ont amené leurs bestiaux et leurs meubles à Sebourg, pensant les mettre en sûreté.

26 août. — L'armée espagnole, forcée de lever le siège d'Arras, se rassemble dans les faubourgs de Valenciennes. En attendant le ralliement général, on dirige les soldats vers Onnaing, Quarouble, Sebourg, Saultain, Estreux, Aulnoy, Artres et autres villages.

1655, 6 juin. — 1200 cavaliers et 100 fantassins, venus de Namur et logés à Quarouble et à Onnaing, franchissent l'Escaut à Valenciennes pour se diriger vers Orchies.

27 septembre. — Turenne et la Ferté passent la Hayne et s'arrêtent, le premier à Angreau, le second à Roisin, l'armée française s'échelonnant de Roisin à Quiévrain. Ils s'emparent de Condé et de Saint-Ghislain.

12 novembre. — Dès les premières heures de la matinée, 2000 cavaliers espagnols commandés par François de Vanteder, marquis de Persan, arrivent de Dinant à Quiévrain, Crespin, Quarouble, Onnaing. Ils traversent

Valenciennes vers trois heures de l'après-midi, se dirigeant vers Bouchain.

1656, 15 juin. — Turenne investit Valenciennes. Forcé dans ses lignes par le prince de Condé, il se retire sur Le Quesnoy, tandis que les Espagnols vont prendre la ville de Condé et échouer devant Saint-Ghislain (1).

Dépouillé de son épée et de son baudrier par les français, Louis de Zomberghes, bailli d'Onnaing et de Quarouble, obtient du chapitre de Cambrai un subside de 20 florins pour s'en procurer d'autres. (2)

Guerre de la succession d'Espagne

1709-12. — La guerre de la succession d'Espagne, commencée en 1701, a surtout la Flandre pour théâtre à partir de 1708. En 1709 un hiver d'une rigueur exceptionnelle détruit les espérances de la récolte. A la naissance du printemps la cavalerie des garnisons de Valenciennes et de Condé se jette dans les pâtures d'Onnaing, de Quarouble et de Vicq. D'autres corps de cavalerie viennent ensuite recueillir l'herbe, que les premiers ont laissée. Pour mettre ses bestiaux en sécurité, Mathieu Leroux, censier de la ferme de Vicoigne, à Onnaing, les conduit aux étables du monastère de ce nom. Une affreuse famine règne partout. Le mencaud de blé est vendu jusqu'à 32 et 36 livres de Hainaut (22 fr. 50 et 25 fr.) à la halle de Valenciennes. La défaite de Malplaquet, quoique glorieuse (11 septembre 1709), met le comble aux souffrances du pays. 8000 à 10000 soldats français, qui se réfugient sous les murs de Valenciennes, enlèvent dans les villages les récoltes et les bestiaux pour assouvir leur faim. L'ennemi se décidant à assiéger Mons, les cultivateurs se portent en masse vers Valenciennes (3). Le 29 septembre Jean-Baptiste Lefebvre, curé de Quarouble,

---

(1) Simon Le Boucq, manuscrit 540 (691) de Valenciennes.
(2) Manuscrit 977 de Cambrai, f 103. (11 septembre 1709).
(3) Archives de Valenciennes, pièces de procédure non classées.— Histoire manuscrite de M. de La Tourelle.

baptise un enfant de cette paroisse à l'église Saint-Géry, de Valenciennes, où, dit le registre aux actes de baptême, « on s'était retiré à cause des guerres ».

Les années suivantes ne sont guère moins désastreuses que celles de 1709. Sous la date du 8 mai 1712 on lit de nouveau au registre des baptêmes : « Cet acte n'a pas été signé, parce que le registre se trouvait à Valenciennes à cause de la guerre ». Pour comble de malheur, une épidémie se joint au fléau de la guerre. Tandis que le chiffre des décès est habituellement de vingt-cinq par an à Quarouble, on en compte cinquante-quatre du mois de janvier au mois d'août 1712.

CHAPITRE VII.

Vers le milieu du mois de mars 1789, les notables de Quarouble se réunirent pour formuler, conformément aux ordres du roi, les vœux ou *doléances* de la population. Ils le firent avec dignité. Aucune récrimination contre le clergé, ni même contre le chapitre, sous l'autorité duquel la *communauté* se trouvait placée. On se borna à solliciter la suppression des privilèges en matière d'impôt, l'abrogation de droits féodaux et quelques réformes douanières. Sur ces points tout le monde en France était à peu près d'accord. Voici la teneur de ce document.

« *Doléances et représentations de la communauté de Quarouble, près Valenciennes, diocèse de Cambray.*

Qu'il conviendroit que le clergé et la noblesse soyent soumis à payer les impositions et capitations, de même que tous les autres particuliers dudit village, et nommément les biens des Vaucelles appartenant à Monseigneur l'archevêque de Cambray, contenant deux cent bonniers environ, ensemble la principauté d'Amblise appartenant à Monseigneur le Prince de Ligne, contenant douze cent mencaudées environ.

Qu'il conviendroit que les bois du chapitre payassent

les mêmes impositions que les autres biens de la communauté;

Demandant la suppression de toutes les bannalités du Royaume, comme onéreuses à chaque commuauté(1).

Qu'en conformité des chartres du Haynaut, on ne perçoive point de terrage sur ce qui est marqué en dîme.

Qu'il seroit avantageux de reculer les barrières pour ôter les entraves du commerce.

Qu'il seroit également profitable de supprimer les frais d'acquit pour le transit des bestiaux et de restituer les abandons (2), comme ils avaient avant.

Et que les seigneurs n'aient pas le droit de nommer ceux qui tiennent leurs marchés par la loy, attendu qu'ils sont toujours portés pour les intérêts des seigneurs (3) ».

Les doléances furent signées par Antoine Dassonville, Pierre-Antoine Nonclercq, Pierre Cazin, Pierre Alglave, Jean-François Farez, Charles-Joseph Bottiau, Nicolas Cazin, Martin Lenne, Jean-Baptiste Mariage, Pierre-Joseph Glineur, Jean-Baptiste Nonclercq, Michel Mascart, Thomas-Joseph Quinet, Antoine-Joseph Lejay, Nicolas-François Cazin, Pierre-Joseph Carlier, Noël Glineur, Jean-Charles Canonne, Jacques Flamme, Pierre Vallée, Jean-Nicolas Carlier, Jean-François Delbare, Noël-Joseph Dangréau, Jean-Baptiste Gruel, Pierre-Joseph Bottiau, Nicolas-Joseph Lejay, Jean Rogez, Jean-Charles Lenne, Pierre-Antoine Mariage, Jean-François Descamps, Jean-Baptiste Rogez, Noël Carlier, Jean-Philippe Carlier, Jean-Joseph Roucoux, Pierre-Joseph Braconnier et Tordoir. Les signatures furent visées par Pierre-Joseph Bouchelet, bailli d'Onnaing et de Quarouble.

La *communauté* faisait erreur en considérant le clergé du Hainaut français comme privilégié. A la vérité il était, au même titre que la noblesse, exempt de la capitation ;

---

(1) Les Chartes nouvelles du pays et comté de Hainaut publiées à Mons en 1700 ne mentionnent par ce desideratum.

(2) Abandons, même sens que à bandon ; bestiaux à bandon, bestiaux sans garde.

(3) Archives de Valenciennes. Copie.— Je dois cette pièce à l'obligeance de M. l'archiviste Hénault.

mais il payait, concurremment avec le clergé du Hainaut autrichien, les arrérages de rentes constituées avant la conquête française pour venir en aide au roi d'Espagne. Il devait, de plus, au roi de France le *don gratuit*, qu'on réclamait régulièrement tous les cinq ans. Ces taxes remplaçaient amplement la capitation, puisqu'en 1587 le censier de Vaucelles paya 1216 livres 17 sous 6 deniers, rien que pour la contribution du clergé du Hainaut.

Il y aurait peut-être aussi quelque réserve à faire au sujet de l'imposition des forêts, que la *communauté* présentait comme insuffisante. C'était vrai sous le régime espagnol ; mais en France on avait créé une taxe dite du *patar au florin*, qui, se surajoutant à l'ancienne, frappait les coupes pratiquées dans les bois. Cette taxe correspondait au vingtième effectif du revenu ; et le clergé, pas plus que la noblesse, n'était exempt de la payer.

Sous le bénéfice de ces observations, nous souscrivons aux vœux exprimés par les notables à la veille de la Révolution.

Le 27 mars 1789 les habitants de Quarouble, âgés d'au moins vingt-cinq ans et compris au rôle des impositions, s'assemblèrent, suivant l'usage, en face de l'église. Ils furent invités par le bailli à désigner trois d'entre eux pour porter le 3o au lieutenant-prévôt le Comte, à Valenciennes, le cahier de *doléances*, et pour prendre part à l'élection des délégués, qui devaient nommer, au bailliage du Quesnoy, les représentants du tiers-état aux Etats généraux. Les suffrages tombèrent sur Antoine-Joseph Dassonville, Nicolas-Joseph Lejay et Pierre-Joseph Bottiau,

A Valenciennes, les quatre-vingt-cinq électeurs nommés par les vingt-sept villages de la prévôté devaient faire choix de vingt-deux délégués, nombre correspondant au quart de leur effectif, pour se rendre au Quesnoy le 15 avril : Antoine-Joseph Dassonville fut un des vingt-deux élus.

C'est à peu près le dernier acte important qui s'accomplit sous le régime du maïeur et des échevins à la nomination du chapitre. La loi du 22 décembre 1789 allait introduire en France un nouveau régime administratif, supprimer les anciennes provinces, les partager en départements et en districts, et ceux-ci en communes, à la tête desquelles se trouvaient placé un corps municipal électif. On était électeur ou citoyen actif à l'âge de vingt-cinq ans et à la condition de payer une contribution directe égale à un minimum de trois journées de travail. Un conseil général, composé des membres du conseil municipal et de notables en nombre double, devait compléter l'organisation communale. C'est le 9 février 1790, que fut élue la première municipalité de Quarouble ; elle choisit pour maire Nicolas-Joseph Lejay.

Les états généraux s'étaient ouverts sous de fâcheux auspices. Grande dut être la déception des notables de Quarouble à l'annonce des mesures odieuses adoptées par l'Assemblée constituante. Suppression des ordres religieux, *constitution civile du clergé*, confiscation et vente des biens ecclésiastiques : la persécution religieuse se développait avec une rapidité foudoyante. Des faits d'un autre genre allaient bientôt jeter la consternation dans le village.

Un décret de l'Assemblée nationale en date du 14 octobre 1791 avait régularisé l'organisation de la garde nationale. Le 16 février 1792 le directoire du district de Valenciennes enjoignit à la commune de Quarouble de se conformer aux dispositions de cette loi ; et du mois de mai au mois d'août 1792 la municipalité alloua 30 sous par jour à quatre ou cinq hommes qui, la nuit, montaient la garde autour du village par ordre du commandant des postes militaires installés à Estreux et à Saint-Saulve.

Cependant les hostilités s'ouvraient entre la France et l'Autriche. Comme il était facile de le prévoir, nos troupes mal équipées et plus mal disciplinées n'essuyèrent d'abord que des revers.

Le 28 avril 1792 les Français se portent sur Quiévrain vers trois heures de l'après-midi. Ils s'établissent sans peine dans cette petite ville, qui n'est défendue que par

une poignée de chasseurs et de uhlans autrichiens. Leur
premier soin est d'y planter l'arbre de la liberté. Le lendemain ils se dirigent vers Mons dans l'espérance de s'en emparer ; mais ils sont battus près de Jemmapes et forcés de
se replier sur Quiévrain, qu'ils ne tardent pas à abandonner. Les Autrichiens fixent leur camp à Quiévrain, et leurs
avant postes à Quiévrechain. Les villages voisins sont
alors assujettis à d'onéreuses réquisitions. Du 1er au
7 mai Quarouble menacé d'être incendié livre 741 pots de
bière à 5 sous 6 deniers de Hainaut le pot, 3 pots et demi
d'eau-de-vie à 3 livres 10 sous, 741 fagots à 12 livres le
cent, 3 porcs et 2 veaux. Pour payer les fournisseurs, on
lève au ferme communal 360 livres 14 sous de France ;
il n'y reste que 404 livres 1 ½ sous. Les réquisitions effectuées par les Autrichiens furent plus tard évaluées à
328 livres.

Tandis qu'on souffre du voisinage des colonnes ennemies, le directoire du district de Valenciennes sème
l'alarme dans le village en s'assurant par la délation du
patriotisme des citoyens. Le 31 octobre 1792 le curé
constitutionnel de Quarouble, interrogé par les délégués,
répond qu'il n'a pas « de preuve suffisante de l'incivisme
de ses paroissiens » ; mais deux hommes au cœur vil,
dont nous tairons les noms par égard pour leur famille,
dénoncent, comme « favorisant les prêtres réfractaires »,
Pierre-Antoine Mariage et son fils, Pierre-Antoine Nonclercq et François Blary. Tous quatre étaient de fervents
catholiques. Blary était, de plus, accusé d'avoir dit en
présence de plusieurs personnes, qu'il verrait avec bonheur l'arrivée des Autrichiens (1). Vrais ou faux, ces
griefs pouvaient coûter cher à ceux qui en étaient l'objet.

L'indiscipline des troupes françaises échelonnées sur la
frontière achevait de terroriser les villageois. Le 27 mars
1793, vers cinq heures et demie du matin, les volontaires
nationaux de Paris poussent une pointe vers Quiévrain
et mettent le feu à une meule de colza appartenant à Antoine Dassonville. C'était le produit de sept ou huit men-

_____

(1) Archives du Nord, série L, liasse 133.

caudées de terre ; le dommage résultant de cet exploit s'éleva à 720 livres de France.

Vers le milieu du mois d'avril 1793, les Autrichiens s'échelonnent de Quiévrain à Saint-Saulve afin d'assiéger Valenciennes. On réquisitionne à Quarouble, par ordre du général Colloredo, 1000 bottes de paille pour les soldats qui s'y cantonnent ; on y installe une ambulance aux frais de la commune. En même temps, pour écarter les républicains turbulents, on invite les habitants à élire une nouvelle municipalité (1). Pierre-Joseph Bottiau est nommé maire ; on lui adjoint, en qualité d'officiers municipaux, Pierre-Antoine Mariage. Pierre-Joseph Glineur. François Blary, François Farez et Martin Lenne. Honneur à ces citoyens, qui acceptèrent, avec une résignation patriotique, la mission de défendre les intérêts de la commune en face de l'étranger !

Comme on le pense bien, l'autorité locale fut souvent impuissante à réprimer l'insolence de la soldatesque. Une note d'Antoine Dassonville expose qu'on logea dans ses écuries quarante-deux chevaux ; lui-même perdit quatre chevaux, un poulain. deux vaches et un bœuf. le tout évalué 5750 livres de France. On lui vola, de plus, huit jambons et cent livres de lard ; on lui but huit tonnes de bière de quatre-vingt pots chacune.

Malgré l'héroïsme de ses défenseurs, Valenciennes. bombardé quarante-deux jours et quarante-deux nuits, capitula le 28 juillet 1793. Ordre fut alors donné à la municipalité de Quarouble d'envoyer six chariots pour aider à déblayer les rues de la ville, Enfin. le 11 août, les Autrichiens décampèrent pour se rapprocher de Valenciennes.

Une jointe ou commission civile avait été instituée par le duc d'York pour administrer le pays conquis. Le 8 octobre elle chargea la commune de Quarouble, comme l'eût pu faire le pouvoir français, d'une contribution de

---

(1) C'est le 20 mai que l'élection eut lieu à Onnaing ; on peut croire qu'elle eut lieu le même jour dans les communes voisines.,

5ooo livres. Pour faire face à cette impositon, le maire et les échevins furent autorisés le 3o janvier 1794 à prélever sur les propriétés la somme de 5o58 livres 8 sous. L'archevêque de Cambrai, le chapitre et le prince de Ligne, rentrés en possession de leurs biens, eurent une large part dans la répartition: l'archevêque, 1o33 livres; le chapitre, 21o ; le prince de Ligne, 1365. C'était plus que la moitié de la contribution totale (1). Mais cette imposition ne dut pas être entièrement soldée. Un premier à-compte, du 11 mars 1794, s'éleva à 716 livres 8 sous ; un second, du 5 avril, à 582 livres 15 sous. Les circonstances ne permirent bientôt plus aux Autrichiens d'exiger le paiement du reste.

Le 26 juin 1794 leur armée était battue à Fleurus ; le général Venceslas de Crammeler, qui commandait la place de Valenciennes capitula le 28 août pour n'être point coupé de ses communications, Aussitôt le maire et les officiers municipaux de Quarouble remirent leurs pouvoirs à l'ancienne municipalité. qui rentra en fonction ; mais cet acte de soumission ne pouvait suffire aux représentants du peuple, Lacoste, Briez et Ducos, chargés par la Convention de terroriser Valenciennes. La loi du 7 septembre 1793 mettait *hors la loi* les citoyens des villes et des villages, qui avaient exercé les fonctions municipales pendant que les armées ennemies occupaient le territoire de ces communes, S'appuyant sur cette clause légale, Lacoste enjoignit à tous les maires le 17 fructidor (3 septembre 1794) de faire arrêter dans les vingt-quatre heures ceux qui s'étaient placés dans cette situation délictueuse. Heureusement pour Pierre-Joseph Bottiau et ses collègues, la municipalité de Quarouble déclara le 8 décembre qu'il ne pesait sur eux aucune charge sérieuse ;

---

(1) D'après le rôle de répartition, les « occupeurs » au nombre de 270, étaient ainsi distribués : 125, moins de 2 mencaudées ; 57, de 2 à 5 : 45, de 5 à 10 ; 12, de 10 à 15 ; 8, de 15 à 20 ; 4, de 20 à 25 ; 5, de 25 à 30 ; 1. de 30 à 35 ; 3, de 35 à 40 ; 6, de 40 à 45 ; 3, de 45 à 50 ; 1, de 50 à 55 ; 21, de 55 à 60 ; 3, de 65 à 77 ; 2, de 92 à 95 ; 1, Antoine Dassonville, dans la rue Berlinguin, 125. — D'après le rôle des contributions de 1789, Dassonville possédait à cette date une mencaudée et un quart en propriété bâtie, et 42 mencaudées de terre ; il en affermait 130 mencaudées.

et le 20 nivôse an IV (10 janvier 1795), le tribunal criminel de Douai, en vertu de la loi du 21 frimaire (11 décembre 1794) visant les inculpés de cette catégorie, ordonna leur mise immédiate en liberté. Réserve avait été faite par les nouveaux municipaux au sujets de trois émigrés.

Si la commune de Quarouble souffrit peu de la persécution qui sévit sur Valenciennes, elle n'eut guère à se louer de la Révolution au point de vue du bien-être : les vivres étaient rares, l'argent plus rare encore.

Vers la fin de l'année 1794, la municipalité obligea les cultivateurs assez largement pourvus de grains à en fournir à ceux qui en manquaient. Le 11 germinal an III (31 mars 1795), une visite domiciliaire eut lieu dans toute l'étendue de la commune à l'effet de reconnaître ceux qui avaient trop de céréales pour leur consommation. Ordre leur fut donné de s'en dessaisir en faveur des autres. Encore était-on forcé d'approvisionner les marchés de Valenciennes et de Condé. Le 27 pluviôse an III (10 février 1795), la municipalité de Condé, considérant que Quarouble et Onnaing n'avaient pas, depuis dix décades, amené leur contingent normal de céréales, résolut d'y envoyer deux commissaires aux approvisonnements avec la force armée, afin de contraindre les habitants de ces communes à fournir leur arriéré. Le pain était alors à Condé d'un prix exorbitant. De 20 sous le 4 ventôse (22 février), le prix du pain de trois livres fut porté à 25 sous le 24 ventôse (14 mars), et à 30 sous le 29 germinal (18 avril). Il fut ramené à 20 sous le 27 prairial (16 juin) ; mais la commune, qui faisait fabriquer le pain, subissait chaque jour une énorme perte (1). Les choses n'allaient pas mieux à Valenciennes. Le 25 fructidor (11 septembre), le directoire du district de cette ville envoya des gardes nationaux requérir du blé dans les villages. Vingt-quatre cultivateurs de Quarouble furent désignés pour en diriger vers Valenciennes les deux jours suivants.

A ces tracasseries du dehors s'ajoutaient les réquisitions de toute nature au profit des troupes françaises canton-

---

(1) Archives de Condé, Registre aux délibérations municipales de l'an III.

nées à Quarouble et dans les environs. On en porta
l'évaluation à 18492 livres. Le gouvernement s'engageait,
à la vérité, à indemniser les particuliers ; mais l'indemnité n'arrivait que tardivement, et les commissaires
délégués pour vérifier le montant des pertes grevaient
eux-même la commune en se traitant copieusement. Du
21 au 25 messidor an IV (9 et 13 juillet 1795), ils con-
somment, outre le poisson et le sucre, 26 livres de viande
13 pains de trois livres, 4 douzaines d'œufs, une pinte
d'huile d'olive, 3 livres et demie de beurre, 2 fromages,
85 pots de bière et 2 pots de genièvre. La note à payer
s'élève à 90 livres de France. Du 25 ploviôre au 1er germinal an IV (13 février et 21 mars 1796), nouvelle note de
166 livres pour dépenses faites chez les aubergistes,

Le départ des troupes françaises, que les localités voisines de Valenciennes avaient appelé de tous leurs vœux,
donna lui-même naissance à de nouvelles souffrances. La
police étant insuffisante, des bandes de brigands ne tar-
dèrent pas à s'organiser. Le terrible maquignon Moneuse,
de Marly, qu'on voyait souvent à Quarouble s'arrêter à
l'auberge de la *Hutte*, pénétrait la nuit, avec sa troupe
soudainement venue de toutes parts, dans les habitations
écartées. Pour extorquer l'argent des victimes, on leur
plaçait les pieds sur un brasier ardent; de là le nom de
Chauffeurs de pieds qu'on donnait à ces hommes sinistres. En 1795, Moneuse rançonna le meunier Preud'homme au moulin de Rombies; et le 22 novembre de la même
année, neuf personnes furent massacrées à la *Houlette*,
entre Roisin et Bry.

La misère la plus profonde fut la conséquence de tous
ces désordres.

En 1795, la commune de Quarouble n'avait encore payé
qu'une partie de sa contribution de 1790 ; on n'était pas
plus avancé pour les années suivantes. Encore négligeait-
on de solder une rente de 240 livres dont on s'était grevé
pour la construction de l'église. Le 23 vendémiaire
an IV (15 octobre 1795), on reçut l'ordre d'acquitter
le reste des contributions antérieures sous peine d'y
être contraint par la rigueur des lois. Cette menace précé-

dait habituellement l'arrivée d'un garnisaire, qui venait s'installer dans le village. Comme la présence de ce personnage coûtait cinq francs par jour, on s'en débarrassait par un à-compte, sauf à se faire tirer l'oreille après son départ. On perdit ainsi 149 livres 12 sous en 1798, et 68 livres en 1801. Le 26 messidor au X (15 juillet 1802), nouvel envoi de garnisaire. Comme on était dans l'impossibilité de payer, le maire fit cette fois appel à la compassion du préfet : « La misère où sont réduits les redevables de cette commune a ôté au percepteur tous les moyens de satisfaire à ses obligations. Ce seroit en vain d'espérer aucun argent, avant que la moisson soit terminée ». Si plausibles que fussent ces raisons, le receveur des domaines ne voulut rien entendre. « La commune, écrivit-il au préfet, doit encore de fortes sommes pour les années 1799, 1800 et 1801 : et la connaissance que l'on a du percepteur porte à croire qu'il ne tiendra pas plus parole que les années précédentes ». En conséquence le préfet annonça au maire le 26 août qu'aucune grâce ne pouvait lui être accordée. Il réduisit cependant à 2 francs la journée du garnisaire : ce qui était de quelque intérêt pour la commune, puisque du 3 novembre 1801 au 19 septembre 1802 nous lui comptons 85 journées de garnisaire.

Enfin, le 14 ventôse an XI (5 mars 1803), le préfet, impatienté, rédigea pour Quarouble un projet d'octroi qu'il fit approuver le 27 par le Ministre de l'Intérieur (1). L'hectolitre de bière forte fut taxé à 1 franc 50 centimes ; de petite bière, à 25 centimes ; de vin, à 5 francs ; d'eau-de-vie et d'autres liqueurs alcooliques, à 10 francs. L'abattage des porcs fut lui-même soumis à un droit de 4 francs 50 centimes ; mais cette taxe paraissant exagérée, on demanda qu'elle fût réduite à 1 franc 50 centimes comme dans les communes voisines. En 1806 le produit de l'octroi fut évalué 1000 francs : utile appoint dont on

---

(1) En vertu d'un arrêté préfectoral du 20 prairial an XII (9 juin 1804), arrêté qui fut approuvé le 12 messidor (21 juin) par le Ministre de l'Intérieur, il dut être établi un octroi dans les communes « qui n'avaient pas de revenus suffisants pour faire face à leurs dépenses et acquitter leurs dettes arriérées ».

s'aidait pour s'acquitter envers l'Etat. L'octroi existait encore à Quarouble en 1814.

Tandis que la Révolution appauvrissait le village par des réquisitions de toute nature, la loi du 22 prairial an III (10 juin 1793), qui ordonnait le partage des biens communaux en haine de la main-morte, menaçait de la ruiner en la dépouillant d'une ressource permanente.

Le 15 frimaire an IV (6 décembre 1795), les habitants de Quarouble furent invités à se réunir dans leur église pour délibérer en sujet du partage des biens communaux. Cinquante-un chefs de famille, qui s'étaient rendus à cette invitation, décidèrent de procéder à cette opération ; et le 18 frimaire (9 décembre). Auguste Hubert, arpenteur à Onnaing, s'engagea à diviser le marais moyennant cent cinquante livres de France, à la condition qu'on lui procurerait un aide. Quarouble possédait alors une population de 1203 habitants répartis en 253 familles. La surface à partager était de 144 mencaudées 43 verges ; le lot de chaque individu devait être de 9 verges et un tiers. Mais cent-trente-cinq citoyens, mieux avisés, adressèrent aussitôt une protestation à l'Administration municipale de Nord-Libre, (Condé) chef-lieu du district (1) ; cette démarche eut le résultat qu'on en attendait. L'administration départementale, avertie, déclara que la commune de Quarouble ne pouvait être admise au partage de ses biens, attendu qu'elle était endettée et qu'elle n'avait pris aucune disposition pour assurer le paiement de ses dettes. On échappa ainsi à la mesure insensée prescrite par la Convention.

Cependant on se trouvait à Quarouble dans une telle pénurie, que le 3 ventôse an V (21 février 1797) la municipalité, invoquant la loi du 10 juin 1793, demanda de nouveau à l'Administration départementale l'autorisation d'aliéner 20 mencaudées de son marais, afin de payer les

---

(1) En vertu de la Constitution dite de l'an III (22 août 1795). Quarouble faisait Partie du canton de Condé ou Nord-Libre, qui comprenait, en outre, Vieux-Condé ou Vieux-Nord-Libre, Bruay, Escaupont, Fresnes, Vicq, Onnaing, Quiévrechain, Marchipont, Crespin, Thivencelles, Odomez et Hergnies.

dettes qu'on avait contractées. Heureusement l'Administration départementale put répondre le 16 floréal (5 mai 1797) que le Corps législatif préparait la rédaction d'une loi qui, en confirmant les ventes effectuées, réglerait qu'à l'avenir la vente des biens communaux devrait être autorisée par une loi spéciale.

L'Empire fut accueilli à Quarouble par un sentiment général de satisfaction ; on était las des secousses de la période révolutionnaire ; on se promettait pour l'avenir plus de stabilité. Une circonstance exceptionnelle permit à nos aïeux d'exprimer à l'empereur leurs sincères sympathies.

Le 31 août 1804 Napoléon, se dirigeant vers Aix-la-Chapelle où l'attendaient les ministres plénipotentiaires de plusieurs puissances, traversait la commune de Quarouble. Il était accompagné du prince de Beauharnais et escorté de mamelucks de la garde et d'un escadron de cavalerie. La population se porta sur son passage. Le maire de l'époque, Antoine-Joseph Dassonville, nous a laissé de cet événement un compte-rendu d'une bonhomie charmante.

« Le 13 fructidor Sa Majesté, empereur des français, a passé dans notre commune entre trois à quatre heures de l'après-midi.

J'ay fait préparer la veille de son passage une fausse porte à l'entrée du territoire de notre dite Commune, élevée en bois dix-huit à vingt pieds de hauteur, garnie de feuillage vert et fleurs de toutes espèces ; j'ay fait parsemer de jonchures en différentes fleurs et roseaux au travers de la dite Commune ; avec un écriteau au-dessus de la dite porte en grands caractères que l'on pouvait distinguer de mot à mot à la distance de deux cents pas, écrits en ces termes : Le Maire de la Commune de Caroube accompagné de son adjoint et des membres du Conseil municipal et d'une grande partie de la Commune font retentir d'un cri unanime : Vive Napoléon Bonaparte, l'empereur des Français ! Vive Sa Majesté !

Le courrier devant la voiture de Sa Majesté, arrivant à la dite fausse porte, m'a demandé si je voulais parler à l'empereur ; je lui ay répondu que j'avais compliment à lui faire comme est dit cy devant sur le dit écriteau. Il m'a dit à l'instant qu'il avait ordre d'arrêter la voiture, et m'a conduit auprès de la portière de la voiture pour lui faire compliment comme est dit cy dessus. L'empereur me salua avec un sourire.

Fait à la chambre de la Commune le 26 fructidor. an 12me (1). »

On se loua moins de l'Empire quelques années plus tard. A partir de l'année 1809, les corvées se multiplient : il faut des chariots sur toutes les routes pour conduire des soldats et des équipements militaires. Encore avait-on la gloire pour se consoler de tant de sacrifices.

Le samedi 29 avril 1810 Napoléon, visitant le département du Nord et les Pays-Bas annexés, vint de nouveau à Valenciennes. Il avait près de lui Marie-Louise et était accompagné du roi et de la reine de Westphalie, de la reine de Naples et d'une nombreuse cour. Après une heure de halte à Valenciennes, il se dirigea vers la Belgique. Des arcs de triomphe, dit l'*Annuaire statistique du Nord*, étaient dressés à Saint-Saulve, à Onnaing et à Quiévrechain (1). Le village de Quarouble, que l'*Annuaire* ne mentionne pas, tenait-il rancune au puissant empereur ? Nous croyons plutôt à un oubli de l'Annuaire. Ce fut la dernière fois qu'on eut l'occasion de féliciter Napoléon de ses victoires.

Les levées militaires épuisaient la population de la France ; des vagabonds profitaient de l'insuffisance de la police pour dévaster la campagne. Le 4 mars 1812 des patrouilles de gardes nationaux furent organisées en faveur de la sécurité publique. Cinq hommes restaient sur pied depuis huit heures du soir jusqu'à huit heures du matin. Cette corvée leur était imposée tous les dix-neuf jours ; on la rendit moins fréquente le 17 juillet en se contentant de trois hommes de garde. Vers le même

---

(1) Archives de la mairie de Quarouble.
(2) ANNUAIRE STATISTIQUE DU DÉPARTEMENT DU NORD, 1811. p. 219. —FEUILLES DE VALENCIENNES, 1810, n°s 510 et 511).

temps Jean-Baptiste Nonclercq, adjoint au maire et officier de police, se plaignait d'être requis à toute heure du jour et de la nuit, pour constater les désordres et les vols qui se produisaient dans le village ; il voulait être indemnisé par les intéressés de la perte de temps que ses démarches lui occasionnaient. Les souffrances, en changeant de caractère, s'aggravèrent encore à la suite de nos désastres. Durant trois ans les Hollandais, les Prussiens (1) et les Russes, qui tinrent successivement garnison à Quarouble, réquisitionnèrent sans pitié les chariots et les chevaux pour l'approvisionnement de leur armée. Libre enfin de ses entraves, la France reconquit son ancienne prospérité, et moins de cinq ans après les désastres de 1815 qui lui avaient coûté trois milliards, elle était dans un état florissant.

---

(1) Les Prussiens séjournèrent à Onnaing du 9 au 23 novembre 1815 ; il est probable qu'il en fut de même à Quarouble. A leur départ ils laissèrent à Onnaing « trois pièces de Bourgogne » et 30 bouteilles de vin.

CHAPITRE VIII

LE PRIX DES CHOSES AU MOYEN-AGE ET AU COMMENCEMENT DU SEIZIÈME SIÈCLE

La terre est, au moyen-âge, la principale, sinon l'unique source, de la richesse. C'est elle qui donne la puissance, elle aussi qui, en sortant peu à peu des mains du seigneur, fera du serf un homme libre. Mais l'argent étant alors des plus rares, on la vend ou on l'afferme pour des prix qu'on croirait presque dérisoires, si l'on ne tenait compte de la valeur représentative de l'argent. Pour la première moitié du douzième siècle, il faut multiplier la livre à peu près par 20. Ces proportions se modifient dans le cours du moyen-âge ; ce n'est cependant qu'après la découverte du Nouveau-Monde que la dépréciation de l'argent s'accentue sérieusement.

En 1332 le chapitre de Cambrai arrente à perpétuité à Jehan Malkaré, de Quarouble, et à Maroie, sa femme, 11 mencaudées 46 verges de terre situées « par devers le bos » pour 10 livres 9 sous 2 deniers blancs par an (environ 6 fr. 60). D'autres terres sont arrentées dans des conditions analogues en 1343 et en 1357. C'est parfois en nature que la rente est payable. En 1353 le chapitre cède à Jehan de Blangies 48 *huittelées* de terre situées à Onnaing pour un mencaud de blé par *huittelée*. Jehan de

Blangies trouve pourtant la condition trop onéreuse, car au mois de février 1356 l'arrentement est annulé pour défaut de paiement de la rente (1). Ces sortes d'arrentement, qui constituent la *fiefferme*, sont de véritables ventes à charge de redevances destinées à suivre la terre dans toutes les mains où elle passera. Le contrat est, de droit, résiliable pour défaut de trois paiements. Toutefois, au dix-septième siècle, les nouvelles chartes du Hainaut, autorisèrent les tribunaux à accorder un délai, au détenteur, à charge pour celui-ci de payer les frais du procès (2).

Le prix des produits de la terre et du bétail qu'elle nourrit, est naturellement proportionné à celui de la terre elle-même. En 1209, année d'extrême abondance, on vendit 1 sou (3) un muid ou huit mencauds de seigle, et 15 deniers 1 muid de très bonne épeautre. En 1320, le mencaud de blé est vendu 26 deniers à la halle de Valenciennes (4). Le denier valant le douzième du sou, et le mencaud un peu plus de la moitié de l'hectolitre, il s'ensuit qu'on a pour 2 sous 2 deniers ce qu'on paie aujourd'hui 8 ou 9 francs. Il est vrai qu'on ne peut tenir compte, pour établir un prix moyen, d'une année d'exceptionnelle abondance. Mais en 1481 le mencaud de blé n'est encore qu'à 20 sous, et celui d'avoine à 10 (5). Seulement le transport des céréales étant interdit de province à province, elles atteignent vite un prix élevé dans les années de disette.

Le vin « français » n'est pas plus cher que les céréales. En 1361 et en 1381 on cote le lot à Valenciennes 2 sous 2 deniers tournois ; or le lot est de capacité un peu supérieure à notre double litre. Quant à la bière, le brasseur

---

(1) Archives du Nord, fonds du chapitre, carton 97, copie de pièces.
(2) Un jugement fut rendu, à Mons, conformément à cette jurisprudence, le 26 septembre 1656 en faveur des religieux de Notre-Dame des Ecoliers de cette ville plaidant contre le chapitre de Cambrai.
(3) Wauters, *Libertés communales en Belgique*, t. II, p. 715.
(4) Bibliothèque nationale, Grandes chroniques du Hainaut de Jean Le Fèvre.
(5) Archives du Nord, Comptes du chapitre, cartulaire 31.

prend pour sa main-d'œuvre 8 deniers du lot vers la fin de 1560 (1).

Le 8 novembre 1396 Maigue (Marguerite) Hiette, veuve de Pierre Catoul, de Saint-Saulve, reconnaît devant les échevins de Valenciennes qu'elle a vendu deux vaches, une génisse et un veau à Nicaise Hiette, d'Onnaing. Le 21 novembre celui-ci les lui loue pour 7 deniers tournois (un peu moins de 3 centimes) par semaine, à la condition qu'elle sera responsable de tous les accidents qui pourront leur survenir (2). On peut juger par là de ce que doivent coûter la viande et le beurre.

Voici une pièce d'un intérêt plus local ; c'est le compte-rendu officiel des recettes faites en 1512 par Hugues Martin et Wuillaume Leleu, sergents des *villes* d'Onnaing et de Quarouble, à la suite d'une vente, après décès, des biens d'un habitant de Quarouble, nommé Bertrand Bodehayne. Celui-ci était apparemment chargé de nombreuses dettes ; car le bailli, qui ordonna la vente, intervint auprès du curé pour lui assurer un service funèbre. Quelques extraits de ce compte-rendu nous donneront une idée du mobilier d'un cultivateur ordinaire au commencement du seizième siècle.

« de Florent Trouillet, pour ung lit et le cavesch (*chevet*) . . . . LX sols.

de Hanon (petite Anne) Wage, pour ung couvertoire de blancq drap . . XXI s. VI deniers.

de ladite Hanon Wage, pour ung orliet (*oreiller*). . . . . VIII s.

de Michiel Bruyant, pour ung orrilliet. III s. III d.

de Hughet Martin, pour ung coussin de hautelische (*haute lice*) . . . . X s.

de Charlot Le Bailly, pour ung aultre coussin pareille à l'autre. . . . . XII s.

de Jehenne Esquippart, pour ung palto (*paletot*) . . . . X s.

---

(1) Manuscrit 960 de Cambrai.
(2) Archives de Valenciennes, Cabinet des werps, carton 3.

de Estienne de Roucourt, pour ung
aultre palto . . . . XXXI s.

de ladite Jehenne Esquipart, pour une
paire de cauche (bas) et pour ung pourpoint
de saytes (veston de saye) . . . . VIIIs. IIId.

de Willeaume de Pour, pour ung cau-
dron noir . . . . XIIIIs. VId.

de Jehan Dangreau, pour une payelle
(poêle) de fer. . . . . V s.

de Regnault Esquipart le josne, pour
ung gobelet d'estain . . . . VIIIs. IIId.

de Ernoul Le Compte, pour ung pot de
grès . . . . VIII d.

de Jehan de Mons, pour trois petys pos   VIII d.

de Quinte du Pire, pour ung pot de lot
(un peu plus que le double litre) et ung de
demy lot, de grès . . . . XXXIIII d.

de Estienne de Hon, pour II fourquiés.   IIIIs.

de Piérart Botteau, pour une fauck
(faulx) . . . . II s.

de Piérart de Vy, pour ung van . . .   V s.

de Regnault Esquippart, pour demy
douzaines de tailloirs (couteaux) . . . . . III s. VI d.

de Jehenne des Ormyelles (Desormeaux),
pour plusieurs drapeaulx (plusieurs morceaux
d'étoffe), ung bonnet, une paire de sorlés et
aultre chose . . . . III s. VI d.

du curet, pour III kayères (chaises). .   IIII s.

de Colin Le Bailly, pour l'avaine qui
lui est demoret à VII^s II^d l'uitel (mencaud),
dont il y a chincq huittel. . . . . . . XXXVs. IXd.

de Regnault Esquipart, pour une bou-
teille de cuyr et une de grès. . . . . . II s. VIId.

de la vesve (veuve) Bernart Watteau,
pour deux telles de terre. . . . . . . XII d.

de Regnault Esquipart le josne, pour
six pains et une platte cuvelle . . . . . III s. VI d.

de Jehan Formont, pour ung espieu et
une hallebarde de bos. . . . . XVIII d.

de Piérart Boitteau, pour plusieurs
poulles à XX deniers le pièches, dont il y en a
XVIII pièche . . . . XXX s. »

Tandis qu'on vend au village les meubles de Bodehayne,
les bestiaux sont conduits à Valenciennes où l'on espère
en tirer plus d'argent ; mais il semble, à en juger par les
prix de vente, que l'attente des créanciers dut être quelque peu déçue.

« de Regnault Esquipart le josne pour
une jument . . . . XIII livres.

dudit Regnault, pour une vaque rousse   C s.

dudit Regnault, pour une aultre vaque
rousse . . . . .VII l. XII s.

de Collart le Machon, pour une vaque
brune . . . . .VII l. VI s.

du brasseur du Perron, pour ung brun
bouveau (jeune bœuf) . . . . XLIII s. VI d..»

Quant aux blés et seigles encore en croissance, ils sont
vendus sur pied, à charge pour les acquéreurs de payer
le fermage des terres :

« d'Eloy Jolly, pour le despouille et advesture de
V quartiers de terre avesty de soille. . . XV s. VII d.

de Martin Lastart, pour le despouille
et advesture de III quartiers de terre advesty
de bled. . . . . XXXVI s.»

Aux recettes succèdent les dépenses occasionnées par
l'inhumation de Bodehayne et par la vente de son mobilier. Ce court chapitre n'est pas moins instructif que les
précédents :

« a esté payet au curet de Quaroube et
à son clercq, pour avoir fait le service dudit
Bertrand . . . . XXIIII s.

à Hubert Delgrange, pour faire la fosse
où ledit Bertrand fut enterré au commandement du bailly . . . .   X s.

audit sergent, pour se journée d'avoir
vendu les biens dudit Bodehayne, Vs., et pour
le droit des eschevins à estre présent à faire
le vendaige desdits meubles, Vs. par ensemble Xs. (1) ».

Si minimes que soient tous ces prix de vente, il faut se
rappeler, pour s'en faire une juste idée, que la livre de
Hainaut, qui sert de base à ce compte-rendu, équivaut à
62 centimes et demi, et le sou à un peu plus de 3 centimes. La jument, payée 14 livres, coûte donc environ 9
francs, et la vache, payée 7 livres 6 sous, environ 4 fr.
50 centimes. Dans ces conditions la viande de boucherie
est nécessairement pour presque rien.

Il est vrai que si l'on achète à vil prix, on reçoit peu
pour son travail. Le curé de Quarouble, par exemple, qui
achète trois chaises pour 4 sous, ne touche que 24 sous à
l'occasion du service funèbre de Bodehayne ; encore doit-
il, suivant l'usage existant, abandonner le tiers de cette
somme en faveur du clerc. Les honoraires du prêtre sont
pourtant déjà plus élevés qu'au milieu du quinzième siècle. En 1434 le curé d'Onnaing reçoit 1 sou et demi, tout
au plus 2 sous, pour la plupart des obits fondés dans son
église (2). Mais l'enchérissement des choses rend bientôt
inapplicable ce tarif d'honoraires. Le mencaud de blé,
qu'on paie 20 sous en 1481, se vend déjà 35 sous en 1567 :
progression qui ira sans cesse en s'accentuant. En réalité,
il existe une sorte d'équilibre entre la recette et la dépense ; et l'on n'est, à ce compte, ni plus riche ni plus
pauvre au bout de l'année. On comprend toutefois que,
l'argent étant plus rare, on le dépense moins facilement ;
on gagne en économie ce qu'on perd en aisance ruineuse.

(1) Archives du Nord, fonds du chapitre, carton 96, Cahier avec couver-
ture en parchemin, sur laquelle une main moderne a écrit : 1510.
(2) Archives du Hainaut, à Mons, Obituaire de l'église d'Onnaing.

CHAPITRE IX

I. Lieux-dits. — La plupart de nos lieux-dits ont une origine des plus anciennes. Dès le mois de septembre 1230 nous rencontrons *le mer*, aujourd'hui *Petite mer*, qui doit son nom à de fréquentes inondations ; à la même date, *l'Espine de Quaroube*, située entre Onnaing et Quarouble (1) ; en 1315, *Sous Villers*, aujourd'hui *Souvillers*, dérivé du bas latin *villare*, petit groupe de maisons, et le *Sauchoy*, ainsi désigné à cause du grand nombre de saules dont ce terrain était planté (2) ; en 1353, le « lieu c'on dist au blanc Marlich » « le voie saint Druon » (3) ; en 1380, « le Buscaille », du bas latin *buscale*, lieu couvert de ronces (4) ; en 1434, « le sentier le priestre », et « le lieu qu'on dist entre II villes » (5) ; le 14 octobre 1436,

---

(1) Bibliothèque nationale, collection Moreau, vol. 143, f° 100.
(2) Archives du Nord, fonds du chapitre, carton 34.
(3) Même fonds, carton 44.
(4) Même fonds, carton 46.
(5) Archives du Hainaut, à Mons, Obituaire d'Onnaing.

« l'frette dou tordoir », aujourd'hui *pont de l'frette*, dénomination qui révèle l'existence d'un moulin à l'huile dans la direction de ce lieu-dit (1) ; en 1439, *Bornival* et la deuxième *tacque des quareaulx* (2) ; en 1473, la *taque de Monsart* (3) ; en 1503, le « wareschaix c'on dist la *petite rue* (4) ; en 1510, la « maison de Jehan Martin, dit le bailly des loix, c'on dit le Carnoye », et en 1542 la «même maison, gardin et pièce de terre ci-devant nommée la *Couronne* » (5) ; en 1574, le *Chemin des postes* (6).

Le mot *tasque* ou *taque* vient du bas latin *tasca*, qui a, dans notre langue, donné naissance au mot *taxe*. Il désigne dans les comptes du chapitre de Cambrai des portions de terroir plus ou moins étendues, dont le terrage est affermé séparément. C'est à partir de 1465 que cette division fut généralisée (7).

Chemin des postes. — C'était probablement le chemin que suivait la poste vers la fin du quinzième et au cours du seizième siècle. De Quarouble, cette route se dirige en droite ligne, au sud, vers le croisement qui existe sur la Rhonelle au bas de Famars, puis, à en juger par les tronçons de chaussée qu'on rencontre de distance en distance, vers Villers-en-Cauchie, Bonavis, près de Crèvecœur, et Montdidier, dans la Somme ; au nord, vers Lens (Belgique) et Villevorde, en passant près de Bruxelles. Elle mettait en relation les principales villes des Pays-Bas belges avec Valenciennes, Cambrai et même Paris. On a trouvé à Quarouble, dans le voisinage de cette route une assez grande quantité de monnaies romaines ; ce qui semble indiquer qu'elle fut utilisée par les gallo-romains. :

---

(1) Archives du Nord, fonds du chapitre, carton 71. — Le tordoir est mentionné dans un cahier de terrage du chapitre rédigé vers 1400 : « Item à li (curé), pour se terre à tordoir... ».

(2) Archives d'Onnaing.

(3) Archives de Valenciennes, cabinet des werps.

(4) Archives du Nord, fonds du chapitre, carton 94.

(5) Comptes de la confrérie de saint Jacques, à Valenciennes, Cabinet de M. Louis Serbat, à Saint-Saulve.

(6) Archives du Nord, fonds du chapitre, carton 113.

(7) Même fonds, registre 31, compte de 1481.

Rue de Berlinguin. — Un compte de 1481 fait mention de Michiel de Beringuen, redevable d'une légère rente au chapitre de Cambrai (1). La rue de Berlinguin ne devrait-elle pas son nom à celui de cette famille peu à peu déformé par une prononciation défectueuse ?

Chasse Caumont. — Cette partie de terroir doit son nom à la famille de Caumont établie de longue date dans le Hainaut. Dans le compte de la ville de Valenciennes pour l'année 1366 il est parlé du *censeur* (censier) de Caumont, à qui l'on paie 80 sous pour la location d'un chariot à trois chevaux, qui a conduit à Enghien les engins nécessaires aux arbalétriers de Valenciennes (2). Le 22 mai 1388 Jehan de Caumont apparaît dans le registre aux plaids de la cour féodale de Mons (3). Au quinzième et au seizième siècle les comptes de la confrérie de s¹ Jacques, de Valenciennes, font état d'une rente de 4 livres 10 sous de Hainaut assise sur une maison de Quarouble « c'on dist la maison de Caulmont ». Cette rente est payée par les héritiers de Willeme de Caulmont en 1427, par Jehan de Caulmont en 1465, par Jehan Watteau en 1489, par la veuve de Jehan Watteau de Caulmont en 1510, et par leurs héritiers en 1542. A cette date l'immeuble est désigné comme « maison, gardin et pièce de terre gisant à Quaroube, nommé Caumont, tenant d'une part à la rue qui maine dudit Quaroube au maret, d'autre à la cache dudit Caumont, tierchement à l'héritaige Jean Doye, et encorres tenant à deux aultres héritaiges qui sont tirez hors de ce dit grant héritaige de Caulmont (4) ». Enfin, le rôle des contributions de Quarouble pour l'année 1586 mentionne une maison, grange, étables, jardin et pâturages, le tout s'étendant sur 4 huittelées « appelées vulgairement Caumont », qu'occupe Jean des Ormeaux (5).

II. Patois. — Le patois en usage à Quarouble est le *rouchi* des environs de Valenciennes agrémenté de va-

---

(1) Archives du Nord, Comptes du chapitre, cartulaire 31.
(2) Archives de Valenciennes, Comptes de la ville.
(3) Cattier, *Premier registre aux plaids de la coar féodale du Hainaut*, p. 125.
(4) Cabinet de M. Louis Serbat, à Saint-Saulve.
(5) Archives du Hainaut, à Mons, Recueil de cahiers de contributions.

riantes, dont le borain forme la base. Le rouchi est le dialecte dans lequel on dit *drouchi* pour *cet endroit-ci ;* c'est à cette particularité qu'il paraît devoir son nom. Dans la vie de famille, les Quaroubains ont des habitudes de langage qui ne pêchent pas par un excès d'élégance ; ils disent *aman* et *apa* pour *maman et papa, d'u tin vas* au lieu de *où vas-tu, quée nouvelle* pour rappeler les enfants à l'ordre. Les exemples abonderaient, si nous voulions donner une liste fidèle.

III. Anciennes mesures locales de superficie et de capacité. — Quarouble, sauf Amblise et *Vaucelles,* se servait autrefois des mesures de Valenciennes.

Pour les superficies il y avait le muid, le bonnier, la mencaudée (1) ou huittelée, la rasière et la verge. Le muid était de 8 mencaudées ; le bonnier, de 5 ; la rasière, d'une mencaudée et demie ; la mencaudée (22 ares 98 centiares), de 80 verges ; la verge, de 18 pieds carrés; le pied de 10 pouces; et le pouce de 10 lignes.

Les mesures de capacité étaient, pour les céréales, le sac, le mencaud ou huitteux, le vasseau, le quartier et la pinte. Le sac équivalait à 1 hectolitre 1 litre 56 centilitres; le mencaud était la moitié du sac ; le vasseau, le quart ; le quartier, le huitième ; la pinte, le trente-deuxième. — Il y avait, pour les boissons, le pot, la canette, la pinte, le quart et la potée. Le pot était de 1 litre 82 centilitres ; la canette, la moitié du pot ; la pinte, le quart ; la potée, le seizième.

Quant à Amblise et à *Vaucelles,* les mesures de superficie étaient, comme à Saint-Amand, le bonnier, le tiers-cheval, le quartier ou journal, la rasière, la mencaudée, le cent et la verge. Le bonnier était de 400 verges ; le tiers-cheval, le tiers du bonnier; le quartier ou journal, le quart ; la rasière était d'une mencaudée et demie ; la mencaudée (24 ares 14 centiares), de 80 verges ; le cent, de 25 verges ; la verge équivalait à un peu plus de 30 centiares.

IV. Poste et chemin de fer. — La commune de Qua-

1) La mencaudée représente une terre ensemencée avec le contenu du mencaud.

rouble ne comprit que tardivement l'utilité du service postal. En 1836 des négociants de Blanc-Misseron demandèrent que les lettres fussent distribuées chaque jour par les facteurs ruraux venus de Valenciennes ; mais le conseil municipal de Quarouble, consulté par la préfecture, répondit le 8 février que ce service quotidien, onéreux pour les localités qui en bénéficiaient, lui paraissait inutile au point de vue des intérêts commerciaux du village, attendu que l'industrie y était peu développée. Le 29 mars 1846 le conseil municipal, interrogé de nouveau relativement à un projet de l'érection du bureau de poste d'Onnaing, déclara que le service postal ne laissait rien à désirer pour Quarouble. On tenait d'autant moins à cette création, que les lettres devaient être surtaxées pour solder les frais du nouvel établissement. En 1901 la municipalité, mieux avisée, demanda elle-même l'érection d'un bureau de poste à Quarouble. Il s'est ouvert le 1er juin 1902 dans un local construit aux frais de la commune.

Le 5 février 1844, le village demanda l'installation d'une station de chemin de fer sur la portion de son territoire traversée par la ligne toute récente du Nord. A proximité d'importantes voies de communication et facilement abordable pour Onnaing, cette station, disait la municipalité, devait rendre les plus sérieux services au commerce. Malheureusement cette demande fut infructueuse, par suite des sacrifices pécuniaires que s'imposa la commune d'Onnaing.

V. Institutions diverses. — La Société des sapeurs pompiers fut organisée en 1854. Le 15 novembre de cette année le conseil municipal, ému de la fréquence des incendies qui se produisaient dans les localités voisines, et considérant que sept maisons et granges avaient été brûlées à Quarouble dix ans plus tôt, vota la somme de 1185 francs pour l'achat d'une pompe à incendie. 500 francs furent alloués le 2 avril 1855 pour la petite tenue et l'équipement de la compagnie naissante. Cette somme fut naturellement insuffisante. Des crédits supplémentaires de 600, de 654 et de 2430 francs durent être ouverts pour le même objet le 7 novembre 1856, le 17 février et le 24 septembre 1857.

La Société de musique, qui était à son origine une société chorale, se transforma en fanfare le 6 septembre 1851. Elle se distingua aux concours de Cambrai, d'Anzin, de Lille, d'Arras, de Bapaume, du Havre, de Clermont, de Paris, de Saint-Denis, d'Estreux (Aisne) et de Paris.

Une seconde Fanfare, créée par la municipalité en 1899, figura avec honneur en 1901 au concours international d'Hirson, et en 1903 au concours de Béthune.

VI. Usages locaux. — Le peu d'usages intéressants qui existaient autrefois ont déjà disparu ou tendent à disparaître dans l'uniformité de la civilisation moderne.

Le paté d'oie. — L'élevage des oies étaient jadis en grand honneur dans notre région. Dès 1539 les habitants d'Onnaing et de Quarouble représentaient au chapitre de Cambrai, que leurs marais et *aisements* communs « estoient fort desgutez et diminuez par le grand et excessif nombre d'oyes et oysons qu'aucuns desdits manants y mettoient paistre » ; et le vénérable chapitre, seigneur des deux localités, daigna prendre des mesures pour ramener à de justes bornes le zèle de ses vassaux. Chaque particulier ne garda le droit de placer dans le marais que six oies et leur couvée ; encore les poussins devaient-ils disparaître dès la fête de la Madeleine (1).

Si Quarouble rivalisait avec son chef-lieu pour la science facile de l'élevage, il semble qu'Onnaing l'emportait pour la spécialité du fin pâté d'oie. C'était même la principale attraction de la ducasse de cette localité. Les jeunes gens de Valenciennes se gardaient bien de manquer une aussi belle occasion de se récréer. Comme la fête d'Onnaing, autrefois fixée à la saint Luc, venait après toutes celles des environs, on y récapitulait les dépenses faites en commun dans l'année courante ; et chacun, le compte réglé, payait honnêtement son écot. On mangeait dans un estaminet le pâté *d'oson* fortement

---

(1) Archives du Hainaut, à Mons, pièce du 8 mai 1539. Copie certifiée.

assaisonné par les cordons bleus de l'endroit : et l'on ne se quittait pas sans se promettre de revenir l'année suivante. Mais depuis que l'art gastronomique a fait de fâcheux progrès, le régal des gourmets d'autrefois a perdu de sa réputation ; et le village d'Onnaing, par une injustice du sort, se trouve déchu de sa célébrité. Quand on traverse aujourd'hui cette localité, on rencontre parfois sur le bord du chemin quelques oies attristées qui paraissent regretter, dans leurs méditations solitaires, les jours lointains d'un passé glorieux (1).

Les aillets de Rombies (2). — Depuis un temps immémorial les enfants de Quarouble se dirigent vers Rombies à la naissance du printemps pour y cueillir les *aillets* à teinte d'or qui émaillent les prairies. A leur approche les écoliers de Rombies se déploient bravement dans la plaine pour refouler l'invasion. Les adversaires, une fois en présence, s'invectivent à la façon des héros d'Homère ; puis, les pierres sillonnent l'air, et les combattants les plus intrépides s'élancent sous la protection de cette artillerie. Quand les enfants de Quarouble n'ont affaire qu'à des gamins de leur âge, la supériorité du nombre leur assure la victoire ; et on les voit revenir, portant des bâtons fleuris *d'aillets* et répétant en cadence un couplet que les générations se transmettent précieusement l'une à l'autre :

> A Rombies y a des aillets :
> N'mentez pas, pas, pas ;
> Mais ch'est pour les Quaroubains :
> N'mentez pas, pas, pas.

Scène assez gaie que troublent parfois les pleurs d'un enfant dont le dos a été meurtri par un adversaire implacable. — Mais depuis quelques années les grands garçons de Rombies vont renforcer à la frontière les rangs

---

(1) Voir Desfontaines de Preux, *Précis historique et statistique sur la ville de Valenciennes...* p. 88.

(2) Le mot *aillet* appartient au dialecte rouchi : la fleur ainsi désignée est le *narcissus pratensis*, narcisse des prairies. On la connaît à Quarouble sous le nom fautif de *gaillet*.

— 142 —

de leurs jeunes frères ; et les enfants de Quarouble ren-
trent assez piteusement au village, appelant de leurs
vœux le David qui les délivrera de ces Goliath.

Éphémérides. — Les 13 et 14 novembre 1831, l'armée
française, sous les ordres du maréchal Gérard, traverse
Onnaing, Quarouble et Quiévrain pour se rendre au
siège de la citadelle d'Anvers. Les habitants de Quiévrain et des localités environnantes, vont à sa rencontre
offrant aux soldats de l'argent et des comestibles. Ils ne
peuvent se lasser de contempler ces braves gens qui
viennent exposer leur vie pour la délivrance de la Belgique.

Léopold Ier, roi des Belges, se rendant à Com-
piègne pour s'entendre avec Louis-Philippe au sujet
de son mariage avec la princesse Louise, fille aînée
de celui-ci, les honneurs dus à un souverain lui sont
rendus à son arrivée en France. Le 20 mai 1832, le
lieutenant-général Corbineau, le baron Méchin, préfet
du Nord, le duc de Choiseul, aide de camp de Louis-
Philippe, se dirigent vers Blanc-Misseron, où le général
de Castellane, commandant la 1re brigade de la 3e division
de l'armée du Nord, a envoyé deux bataillons du 8e de
ligne et des détachements du 8e hussards et de la gendar-
merie. Le roi traverse en voiture Quarouble et Onnaing
avec cette brillante escorte. Il monte à cheval à quatre
kilomètres de Valenciennes, où est venu l'attendre le
maréchal Gérard, le vainqueur de la citadelle d'Anvers(1).

Le 28 juin 1853, vers neuf heures du soir, une grêle
épaisse s'abat sur Valenciennes, Onnaing, Quarouble et
villages voisins. Les cultivateurs sont consternés à la vue
des ravages qu'elle cause dans la campagne.

Dans l'après-midi du 31 mars 1876, un violent ouragan
se déchaîne sur toute la France. Plusieurs granges et
maisons de Quarouble sont renversées ; la toiture de
l'église est ébranlée. Un devis estimatif des travaux de

---

(1) *Journal du maréchal de Castellane*, t. III, p.

réparation aux édifices communaux porte la dépense à
3109 francs 20 centimes.

Le lundi 27 août 1894, vers trois heures du matin, la
grêle tombe durant un quart d'heure sur le village et les
environs de Quarouble. De nombreuses vitres sont bri-
sées ; les toitures des maisons sont sérieusement endom-
magées ; la campagne si belle le dimanche soir, n'offre
plus le lundi qu'un ¡affligeant spectacle. On y recueille
bon nombre d'oiseaux et de lièvres tués par la grêle.

CHAPITRE X

Éleuthère-Élie-Nicolas Mascart,
membre de l'Académie des sciences.

Éleuthère-Élie-Nicolas Mascart naquit à Quarouble le 20 février 1837. Il était le deuxième fils de Nicolas-Joseph Mascart et de Charlotte-Françoise Dangréau, qui eurent de leur mariage quatre enfants. Issu d'une famille où la profession d'instituteur était, pour ainsi dire, héréditaire, il fit ses premières études dans la maison de son père, qui tenait à Quarouble une modeste école libre. Ses parents, frappés de la vivacité de son intelligence, l'envoyèrent au collège de Valenciennes. Cet établissement était alors dirigé par -M Pierre Cromback. Fier des succès de ceux qui se formaient sous ses yeux, M. Cromback pressentit que le nouveau venu ferait un jour honneur à son établissement. Il le prit en affection et décida sa famille à lui laisser achever ses humanités. Les progrès du jeune homme furent rapides; il quitta le collège à la fin de l'année scolaire 1856, pourvu du double diplôme de bachelier ès-lettres et de bachelier ès-sciences.

Nommé maître répétiteur au lycée de Lille en 1856, Éleuthère Mascart renonça presque entièrement aux lettres pour se consacrer aux sciences, auxquelles semblait le destiner un remarquable esprit d'observation. Son ardeur pour l'étude était dès lors admirable. « Je me suis habitué, écrivait-il à son aïeul maternel le 31 décembre 1856. à ne plus connaître de grandes fêtes. Parmi tous les jours qui passent le long d'un mois, je ne distingue les plus grands que parce qu'ils m'apportent beaucoup plus de besogne. Le dimanche, au lieu d'être libre pendant quatre heures comme les jours ordinaires, je suis occupé toute la journée. Ma position est cependant assez avantageuse. Ce que j'y trouve de mieux, ce sont les sept cents francs qu'elle me procure... Je travaille pour moi cinq heures par jour ; et j'espère dans quelques années obtenir un grade qui m'assurera une situation plus heureuse. »

Transféré en 1857 au lycée de Douai, Mascart y fut chargé de la surveillance de l'infirmerie. Cet emploi lui assurait huit heures de loisir chaque jour ; il les utilisa à se préparer à la licence ès-sciences. Il assistait régulièrement, avec la docilité d'un élève, aux cours de mathématiques spéciales qui se donnaient dans le lycée. Toutefois, pour atteindre plus rapidement aux grades auxquels il aspirait, il ambitionnait de se faire admettre à l'Ecole normale supérieure de Paris. En suivant cette voie, « je serais avant vingt-six ans, écrivait-il à son vénérable père le 30 novembre 1857, licencié ès-sciences mathématiques, licencié ès-sciences physiques et agrégé ès-sciences ». En implorant les conseils de son père, il ne négligeait pas de lui faire remarquer que la gratuité est assurée par l'Etat aux élèves de l'école normale.

Mais le 30 décembre, sans être entièrement rassuré, le jeune étudiant parle avec une certaine confiance des examens qu'il doit subir au mois de juillet suivant. Le sentiment religieux se fait jour dans sa lettre, à côté de l'amour filial. « J'y vais à tout hasard, écrit-il, il n'en sera que ce qu'il plaira à Dieu. » A cette date, Mascart, encore fidèle aux traditions de sa famille, n'omet jamais d'offrir un respectueux souvenir à M. le curé Lambelin.

Admis à l'Ecole normale vers la fin de l'année 1857, il y poursuit avec succès ses trois années d'étude réglementaires. Agrégé dès l'âge de vingt-quatre ans, il reste attaché à l'établissement qui l'a formé en qualité de préparateur du cours de chimie. En 1864, il conquiert le grade suprême de docteur ès-sciences. Grâce à cette distinction, il obtient la main de Mademoiselle Fanny Briot, dont le père Charles-Auguste Briot occupe alors une chaire de sciences à la Sorbonne.

Vers la fin de la même année, il est nommé professeur au lycée de Metz, et, l'année suivante, au lycée de Versailles. On le trouve ensuite au collège Chaptal, à Paris. Sa [carrière universitaire s'éclaira d'un premier rayon de gloire, lorsque le 2 décembre 1868 il fut nommé suppléant de Regnault, professeur de physique au collège de France. Alors vint le frapper une des épreuves les plus douloureuses de son existence : Myrtil, son frère aîné, mourut à Montpellier à l'âge de trente-six ans. Simple engagé volontaire, Myrtil avait conquis par son intelligence et par la bravoure dont il fit preuve en Annam et en Algérie, le grade de capitaine du génie et la croix de la légion d'honneur.

Nommé professeur titulaire au collège de France le 25 mai 1878, Éleuthère Mascart se signala surtout par ses études sur la mécanique et l'électricité. Il a créé un électromètre qui porte encore son nom. Son savoir lui ouvrit les portes de l'Académie des sciences le 15 décembre 1884. Il fut ensuite nommé directeur du Bureau central de météorologie et président de la commission d'examen des découvertes intéressant les armées de terre et de mer. C'est à ce titre qu'il dirigea, en 1902, les travaux d'une section du congrès des sociétés savantes relatifs à la construction de ballons dirigeables.

Parmi ses ouvrages [il faut citer : *Recherches sur le spectre solaire ultra-violet et sur la détermination des longueurs d'onde*, 1864 ; *Éléments de mécanique*, 1866 ; *Traité d'électricité statique*, 2 volumes, 1876 ; *La météorologie appliquée à la prévision des temps*, 1881 ; *Leçons sur l'électricité et le magnétisme*, 2 vol., et *Méthodes des mesures et applications*, avec figures, 1886 ; *Traité d'optique*, avec figures et planches, 1889 ; *Traité de magnétisme terrestre*, avec 94 figures, 1900.

Chevalier de la légion d'honneur le 12 mars 1871, officier le 29 décembre 1881, Mascart fut élevé au grade de commandeur le 29 octobre 1889, et nommé grand officier au mois de décembre 1900 pour sa participation à l'Exposition universelle.

Eleuthère Mascart est mort à Poissy le 26 août 1908. Reniant les traditions de sa pieuse famille, obéissant peut-être à de fâcheuses influences, Mascart eut le malheur de ne plus reconnaître dans la nature le Dieu qu'adorèrent avec amour des savants qui ont laissé un nom beaucoup plus illustre que le sien, les Roger Bacon, les Newton, les Cuvier, les Ampère, les Biot, les Cauchy, les Pasteur et tant d'autres génies supérieurs.

Il existe au Musée de Valenciennes un portrait de Mascart dû au pinceau d'Édouard-Alexandre Sain, né à Cluny (Saône-et-Loire) en 1830, élève de Jules Potier à l'Académie de Valenciennes. Ce portrait porte le n° 320 dans le catalogue imprimé en 1898.

TROISIÈME PARTIE

La Paroisse de Quarouble.

CHAPITRE I

LA PAROISSE AVANT LA RÉVOLUTION.

I. Origine de la paroisse. — II. Le chapitre de Cambrai, collateur et décimateur. — III. Les curés. — IV. Les biens de l'église. — V. Les biens de la cure.

I. Origine de la paroisse. — Onnaing était en possession d'une église avant 931. A cette date, Henri Ier, roi de Germanie, confirmant à l'abbaye de Crespin huit fermes qu'elle avait à Onnaing, donne à cette localité le titre de *villa* (1) ; or il est certain qu'au dixième siècle et même dès le neuvième, toute *villa* ou groupement quelque peu sérieux d'habitations, était pourvue d'une église. Liébert, archevêque de Cambrai, ne fait donc que reconnaître une situation déjà ancienne, lorsqu'en 1057 il mentionne l'*autel* d'Onnaing dont il confirme la possession au chapitre (2).

A l'origine, Quarouble ne formait avec Onnaing, qu'une seule paroisse. Il n'est même pas improbable que l'étroit sentier connu de temps immémorial sous le nom de *sentier du prêtre*, dut être créé en faveur du prêtre ou curé d'Onnaing appelé alors à donner ses soins au petit groupe de familles en formation sur notre territoire. C'est, suivant toute vraisemblance, la cense exploitée à Quarouble par le chapitre de Cambrai, qui donna naissance à cette nouvelle agglomération. Quand la population

<hr>

(1) Duvivier, *Recherches sur le Hainaut ancien*, 4ᵉ partie, p. 333.
(2) Ibid, p. 396.

fut jugée assez nombreuse, une église fut érigée ; c'est, pensons-nous, vers le milieu du onzième siècle, que s'éleva ce premier sanctuaire. Les assises en moellons et l'appareil cyclopéen sur lesquelles repose le clocher actuel ont, en effet, le caractère des constructions de cette époque lointaine. Elles supportent vers l'est, disons-le en passant, un arc gothique engagé dans la maçonnerie, dernier débris d'une seconde église, qui paraît avoir été bâtie au quinzième siècle.

Bien que doté d'une église, Quarouble resta peut-être quelque temps sous la dépendance de la paroisse mère. Nous trouvons un exemple de cette situation dans les relations qui existaient au moyen-âge entre le village de Vicq et la paroisse d'Escaupont. En 1186 les habitants de Vicq obtinrent de Roger, évêque de Cambrai, l'autorisation d'ériger à leur usage une petite église ou chapelle (*capellam seu ecclesiolam*). Mais il fut stipulé par le prélat qu'ils continueraient d'enterrer leurs morts à Escaupont et qu'ils assisteraient aux offices de cette paroisse au moins trois fois par an, aux fêtes de Noël, de Pâques et de Pentecôte (1).

C'est en 1134 qu'il est fait mention pour la première fois de l'*autel* de Quarouble ; et en 1186, le nom de ce village figure dans une liste des paroisses du Hainaut, que le chroniqueur valenciennois, Jacques de Guise, a introduite dans ses *Annales*.

II. Le collateur et décimateur. — Le chapitre de Cambrai était collateur des cures d'Onnaing et de Quarouble, c'est-à-dire qu'il désignait à l'évêque de Cambrai les candidats jugés aptes à exercer dans ces paroisses les fonctions pastorales ; l'évêque conférait au sujet, s'il l'agréait, les pouvoirs de juridiction. Le chapitre était aussi unique décimateur dans toute l'étendue de la seigneurie. La grosse dîme était de huit du cent ; la menue dîme, de deux pour certaines terres, et de six pour d'autres. Le tabac, le lin, le chanvre, le colza, le foin, les

---

(1) Bibliothèque nationale, collection Moreau, vol. 59 f. 90.

légumes, les fruits, la laine, n'étaient assujettis qu'à la menue dîme ; la dîme était de six pour le houblon. La grosse dîme atteignait les céréales.

Au seizième siècle le chapitre affermait à la criée ses différentes dîmes.

En 1575 il céda la dîme du blé à Quarouble pour 156 mencauds de blé évalués à 219 livres 7 sous 6 deniers tournois, de l'avoine pour 160 mencauds d'avoine ou 103 livres 2 sous 6 deniers, du lin pour 22 livres, de la laine pour 12 livres, les menues dîmes pour 4 livres 16 sous, la dîme des semailles pour 4 livres, et du houblon pour 60 sous.

Le droit de dîme acquit naturellement plus d'importance avec les progrès de la culture. En 1586 il produisit 528 livres 8 sous 3 deniers tournois (1). En 1740 la grosse dîme fut affermée pour 476 mencauds de blé et 565 mencauds d'avoine ; les menues dîmes, y compris l'afforage et le cambage, rapportèrent 353 livres 10 sous de Hainaut (220 f. 45). Les *sarts* d'Amblise et les terres arables des Bosqueaux, dont le relevé était fait séparément, 256 livres (160 f.) (2).

Comme tout droit impose des devoirs, le chapitre, bénéficiant de la dîme, était obligé de construire et d'entretenir le chœur de l'église, de rétribuer le doyen de chrétienté à l'occasion de sa visite annuelle de l'église, de former le traitement ou *portion congrue* du curé, et, au besoin, du vicaire lui-même. Il n'est pas douteux qu'à l'origine l'église et la cure de Quarouble durent être dotées par le chapitre de Cambrai ; on ne créait, en effet, aucune paroisse sans y assurer pour l'avenir l'exercice du culte. Les donations qui ont successivement accru le patrimoine de l'église, ne permettent plus de déterminer l'importance de la dot primitive de cet établissement ; mais il est vraisemblable que les biens de la cure sont à peu près restés jusqu'à la fin ce qu'ils étaient au début.

---

(1) Archives du Hainaut, à Mons, Cahiers de contributions.
(2) De Carondelet, manuscrit 1183 bis de Cambrai.

III. Les curés. — Il faut descendre au mois d'octobre 1226 pour trouver la première mention d'un curé de Quarouble. Guillaume, abbé de Saint-Aubert, et Hugues, chanoine de l'église de Cambrai, rendent à cette date, après consultation des curés d'Onnaing et de Quarouble, une sentence arbitrale au sujet d'une moitié de manse située dans les deux *villes*, et à laquelle prétendaient simultanément le chapitre de Cambrai et les sœurs Maxende et Gertrude d'Avesnes (1). Il existe une pièce analogue en date du 19 août 1296. Le sceau du curé de Quarouble, qui s'y trouve joint, laisse voir une tête d'ecclésiastique, de profil, à gauche. L'exergue porte cette mention : « *Sigillum presbiteri de Quarouble* » (2).

A partir de la fin du quatorzième siècle, les renseignements deviennent plus nombreux; nous pouvons même reconstituer, à l'aide des registres capitulaires (3), la série presque complète des curés de Quarouble. Malheureusement ces volumineux recueils nous laissent ignorer la valeur morale de notre clergé local ; ils nous font entrevoir des ombres plutôt que des personnages à physionomie distincte.

Le premier curé dont nous connaissons le nom, est François Héraut, promu par le chapitre le 20 novembre 1368. Il eut peut-être pour successeur immédiat Willaume Dufour (*de Furno*) mort en 1386. Jean de West, du diocèse de Tournai, qui remplaça Dufour le 14 novembre, résigna sa cure le 23 en faveur de Michel de West, probablement son neveu, et devint curé de Rebecq, au décanat de Hal, alors diocèse de Cambrai. Les échanges entre curés ou chapelains, autorisés par le chapitre, étaient malheureusement trop fréquents. Il en résultait que les prêtres, connaissant peu leur paroisse, pouvaient à peine y laisser une trace sérieuse de leur passage. Le 22 mai

---

(1) Archives du Nord, fonds du chapitre de Cambrai, carton 11.
(2) Ibid.

(3) Manuscrits 940 à 965 de la Bibliothèque de Cambrai. Ces volumineux manuscrits, encore sans table, sont très difficiles à consulter.

1434 Guillaume Tavelle, curé « propriétaire (1) » de Quarouble, échangea avec Jean Bernard, curé de Taisnières, qui échangea à son tour le 13 juin 1459 avec Jean Lestaulier, curé de Marbaix. Celui-ci échangea de nouveau le 26 avril 1462 avec Jean Sacret, curé de Gerpines.

Après Jean Sacret vient, dans un ordre incertain de succession, Guillaume Lestainier, qui mourut le 4 juillet 1483. Bien que les lois canoniques défendisseent le cumul des bénéfices, il semble que Lestainier fut à la fois curé de Quarouble et chapelain à l'église collégiale de Soignies. Il fut inhumé dans cette église à côté de son frère. On voit encore au mur occidental, à l'intérieur du vénérable édifice, une pierre tombale portant l'inscription suivante : « Chi devant gist sire Guillaume Lestainier, chapelain de Songnies et curé de Courouble, lequel trespassa l'an MCCCC IIII^{xx} et III, le IIII jour de julet. Priés Dieu pour s'ame ».

Rasson Buisseret, qui vint ensuite, échangea le 14 juin 1488 avec Jean Planchon, chapelain à l'église de Flobecq. Celui-ci eut un différend avec le chapitre de Cambrai au sujet d'un droit de dîme sur quelques terres et prés. Pour éviter un procès, les deux parties remirent leur cause entre les mains d'arbitres, qui, donnant tort au curé, le condamnèrent le 22 janvier 1495 à une amende de 24 livres de Hainaut (15 fr.). Mais le chapitre fut assez généreux pour lui faire grâce des deux tiers de cette somme.

Vincent Franchois, successeur de Planchon, apparaît dans les registres capitulaires le 12 juillet 1497 ; il fut remplacé à sa mort par Nicolas Brillet, nommé le 15 avril 1501. Après lui, Jean Forouwaut échangea le 3 mars 1506 avec Jean Dassonville, chapelain à l'église Notre-Dame de Hal.

Dassonville trouva sans doute, comme Planchon, le revenu de sa cure insuffisant. Pour lui prouver l'illégiti-

---

(1) C'est le qualificatif encore adopté par les curés espagnols — *cura proprio* —, pour indiquer qu'ils ne peuvent être dépossédés de leur bénéfice qu'avec leur assentiment ou en vertu d'un jugement canonique.

mité de ses prétentions, le chapitre ordonna le 29 octobre
1509 l'arpentage des biens de la cure. Dassonville resta
pourtant à Quarouble jusqu'au 9 juin 1540, date où il
échangea avec Jean Soudan, chapelain au cloître de
l'église de Sainte-Croix. Jean Happe, mentionné après
Soudan, n'est connu que par l'échange qu'il fit le 8 mai
1554 avec Jacques Bourlet, également chapelain au cloître
de l'église Sainte-Croix, à Cambrai. A Bourlet paraît
avoir succédé Jean des Coruwées, qui, en 1586, sollicita
sans succès la jouissance de deux mencaudées de terre
contiguës aux terres de la cure et appartenant au chapitre. Il fut remplacé après sa mort par Jacques Danis,
au mois de juin 1616. C'est à celui-ci qu'il convient
d'attribuer la note suivante consignée au registre des
baptêmes, sous la date du 20 février 1618 : « Baptisé un
fils à Hiérosme Dangréau, nommé Nicolas. Son parin,
Nicolas Rigault ; et marine ne at pas, cause qu'elle ne
sçavoit les commandemens de Dieu et aultres de l'Eglise ».
Danis fut remplacé par Charles Bernard avant le 23 juin
1620.

Une période de stabilité s'ouvre avec Jean Payois, qui,
mentionné dès le 20 juillet 1622, resta en fonction trente-
deux ans. Payois jouissait, paraît-il, d'une assez grande
popularité, car il fut parrain dix-huit fois au cours de
son ministère pastoral. La guerre de la France contre
l'Espagne le réduisit à une extrême pauvreté : le 7 février
1653 le chapitre de Cambrai lui accorda une subvention
de 30 florins. Démissionnaire en 1654, il eut pour successeur le 20 juillet, Pierre Franchois, dont le nom figure
dans nos registres paroissiaux jusqu'à la fin de l'année
1661 ; il est possible qu'il ait continué ses fonctions
au-delà de cette date. Toussaint Gozé, nommé en 1679,
fut promu à la cure d'Onnaing au mois de juin 1689.
C'est là qu'il mourut à l'âge de cinquante-un ans, le
20 mars 1706. Une pierre tombale, maintenant dissimulée
sous un confessionnal, rappelait autrefois son nom à
ceux qu'émeut le dévouement d'un prêtre tombé au poste

du devoir (1). Il paraît avoir eu pour successeur Charles Desfossés dont les actes capitulaires font mention en 1692. Le 23 avril 1694 le chapitre lui céda les menues dîmes à la condition de faire restaurer le presbytère. Après Desfossés figure Pierre Houseau au mois de juillet 1697 et au mois de mai 1702. On est fondé à croire qu'il légua à l'église la propriété sur laquelle s'élève le presbytère actuel.

A la fin du dix-septième siècle, la maison de cure occupait une longue bande de terrain, qui, confinant à l'ancien cimetière, faisait face à la rue du Petit-Rombies. A cet emplacement sont maintenant l'asile de nuit, le dépôt de la pompe à incendie et les dépendances du presbytère. Le curé payait alors à l'église, pour la propriété qu'il occupait, la redevance annuelle de 20 sous de Hainaut.

Le premier compte de l'église, qui nous reste du dix-huitième siècle, est de 1753. Or à cette date le presbytère est à son emplacement actuel ; et le curé paie à l'église, à raison de la jouissance de cette seconde propriété, 4 livres de Hainaut par an pour l'obit de Maître Pierre Houseau, et 20 patars pour les pauvres qui assistent à cet obit. D'où il semble permis de conclure qu'Houseau légua cette terre à l'église pour s'assurer un obit à perpétuité, et que la fondation fut mise par les administrateurs de la fabrique à la charge du curé, bénéficiaire de la donation.

A la mort d'Houseau, la cure, restée vacante, fut desservie pendant plus d'un an par Pierre Hanicq. Elle fut ensuite attribuée à Jean-Baptiste Lefebvre, qui l'administra du mois de juillet 1703 au mois d'avril 1720. Les renseignements, devenant dès lors plus précis, offrent aussi plus d'intérêt.

Originaire de Crespin, Charles KARÉ, curé de Thivencelles de 1694 à 1710, fut mis en possession de la cure de

---

(1) L'inscription est en losange ; l'un des prénoms du défunt est effacé. « Icy repose | le corps de.... | Toussaint Goaé, en son temps | curé de Quarouble, l'espace de .. ans, et après d'Onnaing | 17, décédé le 20 mars de | l'année 1706, âgé de 51 ans. Priez | Dieu de cœur pour son âme. | Requiescat in pace. Amen.

Quarouble le 13 août de cette année. C'est sous son administration que fut bâti le clocher actuel. On lit la date de 1724 sur un rectangle en pierre bleue à la face septentrionale, vers le milieu de la hauteur de l'édifice. Au-dessous, le trigramme I H S, dont l'H est surmonté d'une petite croix ; plus bas, un cœur d'où s'échappent des flammes. La flèche octogonale, très effilée, reposait autrefois sur une base quadrangulaire écourtée. Si l'œil était blessé de ce défaut de proportion, le son des cloches, amorti par les toits du voisinage, était difficilement entendu aux extrémités du village. On remédia à cet inconvénient en 1896.

Charles Karé mourut à l'âge de soixante-onze ans le 10 août 1736 et fut inhumé le lendemain dans le chœur de l'église. Sa pierre tombale est aujourd'hui à droite de la nef, un peu en deçà du chœur ; ce qui paraît indiquer que la nef de l'ancienne église était moins longue que celle de l'église actuelle.

Karé était un prêtre d'une parfaite régularité ; le registre paroissial, habituellement muet sur les qualités morales des défunts, note qu'il « remplit très-exactement ses fonctions pastorales » dans les paroisses de Thivencelles et de Quarouble.

N.-J. Derbaix, qui administra d'abord cette paroisse à titre de « desserviteur », fut nommé curé vers le mois de juillet 1737. Au mois de juin 1753, comme les habitants de Quarouble refusaient de réédifier leur église qui tombait en ruine, il sollicita de l'archevêché sa translation à la cure d'Haulchin.

Jacques-Joseph Herlemont, originaire de Neuvilly, avait conquis à l'université de Douai le grade élevé de licencié en théologie. D'un zèle éclairé et persuasif, il décida ses paroissiens à reconstruire l'église. L'entreprise, quoique entravée, fut conduite avec rapidité.

Le 6 mars 1754 l'Intendant du Hainaut, François-Marie Peirenc de Moras, chevalier, seigneur de Saint-Priest et de Saint-Étienne, se référant à l'avis de l'architecte Laurent, de Valenciennes, reconnut la nécessité de faire disparaître l'ancien édifice « pour éviter les accidents qui pourroient arriver s'il venoit à crouler (1) ».

Le 19 mars Louis Crépy, architecte à Valenciennes, acheva le devis des travaux à exécuter pour la nouvelle construction. Le chœur et la sacristie, à la charge du collateur, n'entraient pas en ligne de compte ; l'arcade en pierre bleue du portail était réservée ; la muraille d'enceinte du cimetière était comprise dans le projet. Les habitants de Quarouble s'engageaient à ouvrir les tranchées des fondations, à faire gratuitement tous les voiturages, à fournir 400.000 briques à 5 livres de France le mille (2).

Le 27 mars l'Intendant du Hainaut approuva les plans et devis de Crépy, et autorisa les habitants à délibérer sur les moyens à adopter pour acquitter les dépenses qui résulteraient de leur exécution, soit en aliénant temporairement tout ou partie des biens communaux, soit en s'imposant dans la proportion des ressources de chaque famille ou par tête de bestiaux introduits dans les marais du village.

Le 10 avril les habitants de Quarouble, assemblés sur la place publique, reconnurent l'urgence d'une reconstruction ; nous ignorons quels moyens ils adoptèrent pour l'acquit de la dépense.

Le 20 du même mois le sieur Lelon, subdélégué de l'Intendant, adjugea les travaux à Jean Danquigny, de Noyelles, et à Pierre Rigaux. Ceux-ci s'entendirent pour la maçonnerie avec Nicolas et Jean-Joseph Delzante de Fresnes, domiciliés à Valenciennes, Jean-François Meurs, de Bavay, s'engagea à fournir huit colonnes, d'ordre toscan (3), au prix de 219 livres chacune, et quatre demi-colonnes au prix de 109 livres et demie, En vertu d'un accord en date du 11 mai, la charpente devait être exécutée par Jean-Baptiste Roger et Joseph-Ignace

---

(1) Archives du Nord, Intendance du Hainaut, carton 117.

(2) Les briques furent fabriquées sur une terre située dans la première taque des *Carreaux* et voisine du chemin vicinal de grande communication n° 50. Cette terre qui appartenait à l'église, fut longtemps connue sous le nom de *briqueterie de l'église.*

(3) L'ordre toscan est une reproduction dégénérée de l'ordre dorique.

Wascheul, d'Onnaing, qui se chargèrent « d'acomoder une grange pour pouvoir dire la messe». Mais à la suite de difficultés dont la nature n'est pas indiquée, Nicolas et Jean-Joseph Delzante renoncèrent le 21 septembre 1750, sous bénéfice de l'estimation des travaux effectués, au marché conclu entre eux et Danquigny ; et le 7 octobre l'Intendant du Hainaut, Guillaume Deblair, chevalier, seigneur de Boisemont, résigna la première adjudication.

Une seconde eut lieu le 16 octobre en présence des échevins et des principaux habitants de la localité. Les travaux furent repris pour la somme de 18550 livres de France par le sieur Lambour, maître-maçon à Orsinval, qui s'engagea à fournir bonne caution dans les vingt-quatre heures. Cette convention devait être plus éphémère encore que la première. Le 18 novembre le mayeur et les échevins exposèrent à l'Intendant que Lambour était insolvable, qu'il était dans l'impossibilité de trouver aucune caution, et sollicitèrent l'autorisation de continuer eux-mêmes les travaux. Ils demandaient en conséquence qu'il leur fût permis d'emprunter la somme de 10000 livres et d'hypothéquer, comme garantie, 40 mencaudées de prairie appartenant à la *communauté*.

Des protestations s'élevèrent alors dans la paroisse contre une dépense qu'on croyait exagérée. L'Intendant ordonna au subdélégué d'assembler les habitants et de prendre leur avis au sujet de l'emprunt. La réunion eut lieu le 14 décembre, et les propositions des échevins y furent agréées par « la plus saine partie » de la population. Toutefois, avant d'autoriser une nouvelle adjudication, l'Intendant exigea que la précédente fut signifiée à Lambour par ministère d'huissier. Lambour répondit qu'il avait compté sur son associé, dont le concours lui faisait défaut, et que, se trouvant sans fonds et sans crédit, il était forcé de solliciter l'annulation du contrat. L'Intendant l'accorda le 15 juin 1756 ; et une troisième adjudication eut lieu le 20 juin dans les conditions suivantes :

La *communauté* s'engageait à payer la première année

6000 livres à l'entrepreneur, pourvu que les travaux exécutés atteignissent au moins la dite somme ; le surplus lui serait remis après l'achèvement de l'église. Pour faire face à ces dépenses, le maïeur et les échevins étaient autorisés à emprunter au moindre intérêt possible la somme de 10000 livres, et à hypothéquer, à cet effet, les biens communaux. Ces conditions furent acceptées par un sieur Fournier (1).

Il fut, en conséquence, constitué le 16 août 1756 une rente héréditaire de 240 livres de France, et le 25 août de l'année suivante une autre rente de 160 livres, au profit de Ferdinand-Joseph Maloteau de Villerode, qui remit entre les mains des échevins 6000 livres à la première date, et 4000 à la seconde (2). Grâce à l'activité de Fournier, l'église s'acheva dans l'espace d'un an ; mais on s'abstint, faute de ressources, de construire la voûte de la grande nef. Les habitants de Quarouble, de mœurs simples et chrétiennes, se contentèrent longtemps de la toiture, qui les abritait contre la pluie et le soleil sans les préserver du froid. Les travaux furent *reçus* par l'architecte Crépy le 25 août 1757, et définitivement le 29 août 1759. Au-dessus du portail érigé au cours de la construction on lit l'inscription : *Anno Domini 1756*:

Tandis que le village s'imposait pour son église de lourds sacrifices, le chapitre, en qualité de décimateur, dut se charger de construire le chœur. Aucun document n'en témoigne expressément ; mais les Coutumes du Hainaut l'y obligeaient, et de 1616 à 1617 il s'était prêté de bonne grâce à réédifier le chœur de l'église d'Onnaing et à exécuter à celui de Quarouble d'importantes restaurations. A Onnaing la dépense s'était élevée à 923 livres

---

(1) Archives de Quarouble.— Archives du Nord, Intendance du Hainaut, carton 117.

(2) Par acte passé devant M. Renversé, notaire à Valenciennes, M Maloteau céda la plus grosse part de sa rente à Jacques-Joseph Bracq le 17 janvier 1767 ; la seconde appartenait à l'Hôpital général de Valenciennes en 1778. Au commencement de l'année 1834, les héritiers de Bracq demandèrent à la commune de Quarouble le renouvellement du titre de leur créance. Le 22 janvier de la même année, le conseil municipal sollicita du préfet l'autorisation nécessaire à cet effet, en lui faisant remarquer que les 40 mencaudées offertes comme garantie avaient été aliénées. Le titre de créance d'une rente de 257 francs 3 centimes, au capital de 5125 fr. 93 c. fut renouvelé à l'étude du notaire Mabille le 3 avril 1834. La dette de la commune fut éteinte par un dernier remboursement en 1836.

5 sous pour la maçonnerie et à 60 livres pour la menuiserie ; elle avait été à Quarouble de 81 livres 5 sous tournois (1).

De légères dissemblances qui existent entre les deux parties de l'édifice, accusent d'ailleurs un travail de raccord. Le soubassement du chœur a deux assises en moins que celui de l'église proprement dite. De plus, la corniche extérieure du chœur est en pierres blanches, tandis que celle de l'église était primitivement en briques. On a substitué à cette corniche, vers 1880, un chéneau en bois supporté par des corbeaux également en bois, afin de faciliter l'écoulement des eaux.

Le 25 septembre 1757, l'église et le chœur furent bénis par Daniel Gillart, curé de Saint-Nicolas à Valenciennes et doyen de chrétienté, en présence de Jacques-Joseph Herlemont, curé de Quarouble, et de Ferdinand-Joseph Deschamps, curé de Vicq.

Construction massive et d'une élégance douteuse, l'église de Quarouble mesure 42 mètres 5 centimètres en longueur, et 28 mètres 10 centimètres en largeur ; sa surface totale est de 1181 mètres 60 centimètres carrés. Les fenêtres sont en plein cintre ; les murailles sont épaulées par de solides contreforts. On y entre aujourd'hui de plain-pied, tandis qu'on y accédait autrefois par deux marches en pierre bleue, que l'exhaussement du terrain a recouvertes.

Le gros œuvre achevé, Jacques-Joseph Herlemont songea à donner à l'église un ameublement décent. Les bancs des chantres et une partie de la boiserie du chœur, don des paroissiens, les autels et la chaire, dont le Père Juniper, récollet de Valenciennes, avait tracé le dessin (1), furent placés en 1757 ; le tableau du maitre-autel fut « lavé et rajusté » la même année par Maitre J. D. Payen, peintre à Valenciennes. En 1770 il fut placé à la sacristie une vaste armoire en chêne, qui coûta 75 livres 12 sous de Hainaut. En 1771 on acheta chez le sieur Becquet, orfèvre à Valenciennes, un calice d'argent du poids de

___

(1) Manuscrits 969, 970 et 971 de Cambrai.
(2) On offrit au Père Juniper une *couronne* ou 6 livres de France pour le récompenser de son travail.

24 onces et 1 estelin (1) pour la somme de 384 livres de Hainaut (240 f.). La boiserie du chœur fut terminée en 1772. Elle encadre, au chevet, la partie inférieure d'un retable du dix-septième siècle provenant de l'ancienne église. Ce retable, en forme de portique, est décoré d'un entablement et de colonnes légèrement fuselées, à chapiteaux corinthiens. C'est à peu près le seul objet de l'ancien mobilier, qui ait quelque valeur artistique. Signalons néanmoins un christ et quelques chandeliers en dinanderie.

Tant de travaux à surveiller avaient fini peut-être par altérer la santé du curé Herlemont. En 1777 il obtint pour Quarouble la création d'un vicariat. Le village possédait, d'ailleurs, à cette date, une population d'un millier d'habitants. Or l'autorité ecclésiastique n'accordait que difficilement aux prêtres la faculté de célébrer deux messes le dimanche. Le chapitre de Cambrai, collateur de la paroisse, dut fournir le traitement ou *portion congrue* fixé à 250 livres de France en 1778, et à 300 livres en 1785. La *communauté* se chargea, suivant la coutume, de procurer le logement ; ce fut pour elle une dépense de 72 livres de Hainaut (45 f.) en 1779, et de 76 livres (60 f.) en 1786.

L'état de santé de M. Herlemont ne tarda pas à rendre nécessaire la présence d'un second prêtre auxiliaire ; ce fut naturellement le curé, qui se chargea de son entretien. Jacques-Joseph Herlemont mourut à l'âge de soixante-dix-neuf ans le 13 septembre 1787. Il laissa à ses vicaires l'exemple d'une vie toute consacrée à la gloire de Dieu et au salut des âmes. Ils durent se souvenir des leçons de leur saint curé dans les circonstances difficiles qu'ils eurent bientôt à traverser.

Devenu cantuariste à l'église Saint-Nicolas de Valenciennes, sa ville natale(2), *Louis-Augustin Perdry* refusa le serment à la Constitution civile du clergé et émigra en

---

(1) Il fallait 20 estelins pour l'once, et 16 onces pour la livre.

(2) L'ancienne église de Saint-Nicolas se trouvait sur la Place-Verte. Son clocher fut détruit par le bombardement en 1793.

1792 à Malbaix, près d'Ath, où il tint école pour se procurer quelques ressources. Après la Révolution, il s'attacha, comme prêtre habitué, à l'église cathédrale de Cambrai ; c'est dans cette situation qu'il mourut à l'âge de soixante-un ans le 12 janvier 1809.

Né à Leval le 23 janvier 1755, *Hugues-Joseph Hocquet* eut, pendant la Révolution, une existence plus mouvementée. De Mons où il s'était retiré, son zèle ardent le ramena bien des fois, au péril de sa vie, dans la paroisse à laquelle il avait consacré les premières années de son sacerdoce. Aussi modeste que dévoué, il fut nommé curé d'Eppe-Sauvage et de Willies le 19 novembre 1801 ; il y mourut le 5 mai 1816.

Philippe-Clément-Joseph DELBARE, de Maubeuge, vicaire de Rieux, puis curé de Ramousies, fut désigné en 1788 pour succéder à M. Herlemont. Il administra d'abord la paroisse de Quarouble à titre de desserviteur ; il fut nommé curé vers la fin du mois de mai. Son ministère pastoral devait y être de peu de durée. Il mourut à l'âge de cinquante-trois ans le 17 novembre 1790 et fut inhumé le surlendemain dans le chœur de l'église. L'une de ses dernières pensées avait été pour les pauvres. Son testament en date du 22 décembre 1789 chargeait ses neveux et nièces de faire convertir en pains, après son décès, deux sacs de froment pour les indigents qui assisteraient à ses funérailles (1).

Quelles étaient, sous l'ancien régime, les ressources dont l'église et la cure disposaient ?

IV. LES BIENS DE L'ÉGLISE. — Au commencement du quinzième siècle, l'église possédait deux parties de terre, l'une de 48 verges, l'autre de 51, à la *taque du Monceau*, à Onnaing ; c'est la seule indication que nous ayons pour une époque aussi reculée (2). En 1678 son avoir se composait de 19 mencaudées 16 verges (4 hectares 28 ares 62 centiares) et d'un *journeux* de pré à Fresnes. La

---

(1) Étude de M⁰ Mabille, à Valenciennes. Répertoire de 1789-91. — Il existe chez M. Valentin Roncoux un pot d'étain marqué au nom de M. Delbare. Il fut acquis par l'aïeul paternel de M. Roncoux à la vente du mobilier du curé défunt.

(2) Archives du Nord, fonds du chapitre, carton 59. Pièce sans date.

location des terres produisit 155 livres 6 sous 6 deniers de Hainaut (96 f. 95) : le *journeux* de pré ne donna rien à cause des inondations. D'assez nombreuses rentes en argent, en avoine et en chapons, dont la valeur n'est pas déterminée, s'ajoutaient au prix des fermages. Une de ces rentes se réfère à une destination des plus touchantes. « De Anthoine Guéry, dit le compte de l'église de 1678, sur sa maison et héritage *Entre-deux-villes*, tenant aux (hoirs) Jean Vaast et aux hoirs Jean Mortier, V livres. La dite rente a été donnée pour le luminaire de la lampe du Saint-Sacrement. » Cette même mention se retrouve dans tous les comptes suivants.

En 1774 le patrimoine de l'église est sensiblement augmenté. Elle possède alors 29 mencaudées de terre (6 hectares 57 ares 98 centiares) rapportant, avec le pré de Fresnes, 472 livres 14 sous 3 deniers de Hainaut (294 f. 35), et des rentes de toute nature, dont la valeur atteint 182 livres 9 sous 4 deniers (114 f.). Il est vrai que les charges croissent avec les recettes. En 1678, six obits seulement sont fondés ; d'où une dépense de 27 livres 15 sous (16 f. 35). En 1774 les obits et messes assurés par des rentes ou des biens-fonds dépassent le nombre de quarante-cinq : ce qui entraîne une dépense de 154 livres 19 sous (96 f. 85). Dans cette somme entre l'achat de harengs qu'on distribue aux pauvres à l'issue de certains obits.

Les biens de l'église n'augmentent plus après 1774 ; mais par suite de l'enchérissement des fermages, la recette s'élève en 1786 à 684 livres 5 sous 6 deniers (427 f. 65).

Quant à l'administration des biens de l'église, elle appartient aux échevins. Ils révisent le compte du *mambour* ou receveur et le présentent avec lui au bailli, à l'intervention du curé et devant les paroissiens assemblés à son de cloche, « après publication et billet d'affiche ». Le bailli, venu d'Onnaing, prélève 6 livres ; les échevins et le curé ne prennent ensemble que 5 livres pour l'audition du compte. Le *mambour* reçoit, de son côté,

5 livres pour la formation du compte, 1 livre 10 sous pour le rôle, 14 livres 5 sous pour la collecte des rentes, et 2 livres pour la recette des fermages.

V. Les biens de la cure. — La cure a sa mense distincte de celle de l'église. Une mencaudée de terre lui appartient, au commencement du quinzième siècle, sur la *taque de Monsart* (1). En 1724 elle possède, d'après le le chapitre de Cambrai, 56 mencaudées et perçoit un quart de la menue dîme de Quarouble. Le chapitre sert, en outre, au curé un supplément en argent pour insuffisance de *portion congrue* ; ce supplément est de 48 florins en 1693, et de 110 en 1724 (2). Il est assuré à cette seconde date par le revenu de la chapellenie de Saint-Pierre, à Hensies, chapellenie annexée par le chapitre à la cure de Quarouble.

Une déclaration faite au fisc en 1750 par le curé Derbaix donne des chiffres quelque peu différents. Elle porte à 54 le nombre des mencaudées. Les frais de culture défalqués, le produit de chaque mencaudée est d'un mencaud de blé estimé 38 patars ; c'est la moyenne ordinaire des évaluations de pareille date. Le quart de la menue dîme vaut *60* livres de France ; et la chapellenie d'Hensies, avec ses 23 mencaudées de terre, 225 livres. ce qui constitue un revenu de 413 livres 15 sous, un peu plus de 330 florins. Mais la chapellenie d'Hensies est grevée de plusieurs charges, comme messes fondées et contributions. Pour prouver la sincérité de sa déclaration, le curé Derbaix rappelle que la première année de son séjour à Quarouble, il a offert sans succès d'abandonner au chapitre le revenu de sa cure pour la somme de 350 florins (3).

Vers la fin du dix-huitième siècle, la chapellenie de Saint-Pierre est loin de procurer 110 florins à son bénéficiaire. Dans une réponse au questionnaire intéressé de Joseph II, le curé d'Hensies, Jacques-Renaudin Chevalier,

---

(1) Archives du Nord, fonds du chapitre, carton 59.
(2) Bibliothèque nationale, manuscrit 9911-15, t. II, f° 113. — Manuscrit 931 de Cambrai f° 33.
(3) Archives du Nord, Intendance du Hainaut, carton 615.

déclare le 26 mars 1787 que les 22 mencaudées 3 quartiers sont affermées pour 106 florins 6 deniers à Pierre-Ignace et Jean-Baptiste de Ramaix. De cette somme il faut déduire 23 florins 8 sous pour le vicaire d'Hensies à raison de cinquante-deux messes basses. 12 florins 16 sous 6 deniers pour la taille particulière du clergé du Hainaut, 11 florins 16 sous 6 deniers pour le vingtième ordinaire, et 1 florin 1 sou pour les rentes seigneuriales. Toutes charges déduites, il ne reste au curé de Quarouble que 57 florins 9 sous, environ 70 livres 10 sous de France (1).

A la rigueur, au prix où sont les choses, un curé de Quarouble peut vivre au dix-huitième siècle avec 420 livres de France et le casuel dont il dispose. Le casuel est, à la vérité, des plus maigres. Une ordonnance de l'archevêque Van der Burch fixait de la manière suivante le tarif des offices funèbres : « Pour les nobles et seigneurs, part du curé, 48 livres de Hainaut (30 f.) ; pour les plus grands censiers et plus riches d'héritages ou autrement, vigiles solennelles à neuf leçons, service funèbre, messe *dite* d'enterrement et messe du bout du mois, 24 livres (15 f.) ; pour les censiers médiocres, mêmes offices et messes, 18 livres (11 f. 25) ; pour les moindres censiers et meilleurs ménagers, vigiles à neuf leçons et service funèbre, 14 livres (8 f. 75) (2) ». Mais au-dessous de cette quatrième série s'étageait une population de petits métayers, qui payaient peu ou point. Aussi le chapitre de Cambrai ne recevait-il du curé de Quarouble en certaines années, pour sa part des *autelages* et *obventions* à titre de collateur, que 5 à 10 sous de Hainaut (3). Quoi qu'il en soit, le prêtre n'attendait alors, pour vivre, aucun traitement de l'Etat : son indépendance et sa dignité n'en étaient que plus assurées.

Quel était, au sein de l'organisation que nous venons de décrire, l'état moral et religieux de la population de Quarouble ?

---

(1) Archives du Hainaut, à Mons. Clergé séculier, dénombrement des biens, t. V, Hensies.

(2) Archives du presbytère d'Onnaing. Note de Jean Lalou, curé d'Onnaing de 1709 à 1740, qui emprunte ces renseignements à Pierre-Amand de Roncquies, son prédécesseur.

(3) Archives du Nord, Compte de 1452. — Archives du Hainaut, à Mons, Compte de 1680-81.

De 1614 à 1633 inclusivement, le nombre des naissances est de cinq cent soixante-une ; huit sont illégitimes : une seulement sur soixante-dix. Cette catégorie honteuse décroît encore au commencement du dix-huitième siècle. De 1731 à 1740 le chiffre des naissances est de deux cent soixante-quinze. Sur ce nombre, le registre des baptêmes en présente deux comme illégitimes.

Le sentiment religieux est alors très profond à Quarouble ; la preuve en est, que les vocations ecclésiastiques s'y développent facilement. Au dix-huitième siècle nous trouvons jusqu'à sept prêtres originaires de cette paroisse. De ce nombre sont Nicolas-Joseph Roucoux, étudiant de théologie à l'université de Douai en 1720 et 1721 ; Henri-Joseph Nonclercq, vicaire de Solesmes en 1768 et 1776, puis curé de Noyelles-sur-l'Escaut ; et Claude-Michel-Joseph Glineur, maître ès-arts, régent de sixième au collège de Valenciennes en 1781 et 1786, et curé de Villerspol et d'Orsinval en 1787 et 1789 (1). L'église est, d'ailleurs, le centre vers lequel convergent toutes les pensées. La jeunesse décore les autels des balles d'argent qu'elle va conquérir dans les localités voisines ; et les échevins allouent chaque année sur les deniers communs 12 livres de Hainaut (7 f. 50) au récollet de Valenciennes qui vient donner le jeudi saint le sermon de la Passion, et 9 livres 12 sous aux hommes de peine chargés de sonner les cloches le soir et le lendemain de la Toussaint, afin d'exciter les fidèles à prier pour les morts. Même en 1792, la municipalité fait don de 20 livres de Hainaut (12 f. 50) à un indigent atteint de la rage, qui désire se rendre à Saint-Hubert. Une paroisse irréligieuse s'accommoderait malaisément de pareilles générosités. Plusieurs vieillards, aujourd'hui disparus, nous ont, du reste, attesté que, si la population de Quarouble était alors dépourvue des facilités du luxe, elle était saine, vigoureuse, unie par les liens d'une commune fraternité, qu'elle possédait des mœurs pures, appuyées sur une foi solide.

---

(1) Nicolas-Joseph Roucoux, baptisé le 23 janvier 1697, était fils de Noël et de Marie-Marguerite Leduc. Il eut pour parrain Nicolas-Joseph Leduc, curé d'Escaupont. — Henri-Joseph Nonclercq, né le 6 décembre 1740, était fils de Guillaume, « censier », et de Thérèse Tordeur. Il émigra à Hensies pendant la Révolution, redevint curé de Noyelles-sur-l'Escaut le 20 novembre 1802 et mourut dans cette paroisse le 20 août 1806. — Claude-Michel Glineur, né le 27 juillet 1747, était fils d'Henri-Joseph, aubergiste, et de Marie-Catherine Moreau.

CHAPITRE II

La paroisse de Quarouble pendant la Révolution.

Le curé Delbare avait entrevu, avant de mourir, ce que la Révolution allait coûter de larmes à l'Eglise. Dès le 17 mars 1790 l'Assemblée nationale décrétait que tous les biens du clergé seraient confisqués et vendus au profit de la nation, à la charge pour celle-ci de pourvoir à l'entretien des ministres du culte et au soulagement des pauvres ; mais deux décrets subséquents réservèrent les biens des fabriques, des fondations établies dans les églises paroissiales, des séminaires, des collèges et des hôpitaux. En vertu de ces dispositions législatives une partie des biens de la cure de Quarouble fut vendue à Valenciennes le 21 novembre 1791 : 1 mencaudée de terre pour 655 livres de France, 5 quartiers pour 680 livres, 1 mencaudée pour 610 livres, 1 mencaudée pour 650 livres, 7 quartiers pour 1250 livres, 1 mencaudée pour 740 livres (1). Le reste fut aliéné ultérieurement : 3 mencaudées, le 12 brumaire an V (2 novembre 1796) ; 10 mencaudées 3 quarts, le 13 frimaire an V (3 décembre 1796) ; 100 verges, le 27 floréal an VI (16 mai 1798) (2). Les 23 mencaudées d'Hensies, dont bénéficiait la cure de Quarouble, furent vendues à Mons, après l'invasion de la

---

(1) Archives du Nord, série o, carton 650.
(2) Ibid., série o.

Belgique, le 4 ventôse an V (22 février 1797) pour 6600 francs au citoyen Paumée, de Paris (1).

Peu contente de spolier le clergé, la Révolution s'efforçait de le déshonorer en le précipitant dans le schisme. La *Constitution civile*, votée le 26 novembre 1790, bouleversait arbitrairement la circonscription des diocèses, confiait la nomination des évêques aux assemblées électorales des départements et celle des curés aux assemblées des districts, appelait les protestants et les juifs, aussi bien que les catholiques, à donner des pasteurs aux paroisses et des évêques aux diocèses. Enfin, elle séparait du pape l'Eglise de France condamnée à n'avoir plus avec lui que des relations de politesse. Le devoir du clergé, en présence de cette loi odieuse, ne pouvait être un moment douteux. Le vicaire Hugues Hocquet, qui desservait la paroisse de Quarouble depuis la mort du curé Delbare, n'hésita pas à refuser le serment qu'on prétendait imposer aux prêtres. Cette attitude préparait sa disgrâce ; car un décret du 27 janvier 1791 ordonnait le remplacement des prêtres insermentés.

Au cours des sessions du 8 au 11 mai 1791, les électeurs du district de Valenciennes, réunis dans l'église Notre-Dame-la-Grande, nommèrent curé de Quarouble François-Eloi Duez. Ce choix fut sanctionné le 6 juin par Claude-François Primat, évêque intrus du Nord ; et le curé constitutionnel, ayant prêté dans l'église en présence de la municipalité le serment prescrit par la loi, prit possession de sa charge le jour de la Pentecôte, 12 juin 1791.

D'une famille modeste, mais chrétienne, François-Eloi Duez était né à Quarouble le 25 juin 1755. C'est peut-être au séminaire de Beuvrages qu'il fit ses premières études. Il avait vingt-deux ans, quand parut se dessiner chez lui la vocation religieuse. Des circonstances que nous ignorons le déterminèrent à se diriger vers la communauté des Grands Carmes de Metz : il y prit l'habit religieux le 31 juillet 1777 et fut admis à la profession, après un an

---

(1) Archives provinciales du Hainaut.

de noviciat, le 4 août 1778. Ses études théologiques terminées, il reçut la prêtrise des mains de l'évêque de Liège le 19 février 1780. Ses supérieurs l'appelèrent alors à exercer le ministère de la prédication dans le diocèse de Metz, et l'envoyèrent sept ans après au couvent de Baccarat, dans le diocèse de Nancy. C'est là que vint le surprendre la Révolution française. D'un caractère impressionnable et mobile, François Duez ne résista pas au courant qui menaçait de ruiner les institutions les plus sacrées.

Le 13 juillet 1790 un décret de l'Assemblée nationale supprimait les vœux monastiques ; et une ordonnance du 4 octobre enjoignait à chaque religieux de déclarer s'il entendait rester fidèle ou renoncer à la vie de communauté. François Duez répondit le 9 mars 1791 qu'il avait l'intention de retourner dans sa famille (1). Quel sentiment douloureux ne dut-il pas éprouver, lorsque, dépouillé du costume ecclésiastique, il se trouva condamné par la loi du 6 avril 1792 à ne porter plus que des vêtements séculiers !

Le nouveau curé comprit-il la gravité de la faute qu'il commettait en adhérant à la Constitution civile du clergé ? On devrait en douter, si l'on tenait compte d'une note consignée au registre des baptêmes dans laquelle il proteste qu'il est toujours resté prêtre catholique, apostolique et romain. Malheureusement on trouve cette protestation sur les lèvres de la plupart des curés constitutionnels ; tout en méconnaissant l'autorité du pape, ils faisaient sonner bien haut leur attachement à l'Eglise.

C'est vraisemblablement à cette première période de la persécution qu'il convient de rattacher un épisode dont un prêtre originaire de Quarouble fut le héros.

Benoit-Joseph Blary, fils de Jean-François et de Marie-Anne Mariage, était né le 23 février 1765. Il n'avait pas encore reçu le sous-diaconat le 27 novembre 1788. A cette date son père constitua en sa faveur une rente viagère de 200 florins, avec promesse de l'en faire jouir jusqu'à ce

---

(1) Etat-civil de Quarouble, t. II, p. 168.

qu'il fût pourvu de moyens réguliers d'existence (1). La persécution religieuse n'ébranla pas la vocation de Benoit Blary. Prêtre, il refusa le serment de à la constitution civile. Il était Vicaire auxiliaire d'Onnaing dès le 6 octobre 1790, mais un décret de la convention enjoignit aux prêtres non assermentés, le 26 avril 1792, de sortir de France, sous peine de déportation à la Guyanne, dans le délai de quinze jours. Blary vivait caché chez un de ses oncles à Quarouble (2), lorsqu'une lâche dénonciation faillit lui être fatale. Pendant une nuit d'hiver deux gendarmes à cheval s'arrêtèrent devant la maison où il s'abritait : et l'on entendit prononcer ces mots qui faisaient tressaillir d'effroi les honnêtesgens : « Au nom de la loi, ouvrez ». L'oncle de Blary, paysan très avisé, tâcha de gagner au moins quelques minutes en prétextant de la nécessité d'allumer sa lanterne; on sait que le procédé alors en usage n'était pas des plus expéditifs. Cependant Benoit Blary, quittant brusquement son lit, se créait un passage dans la cloison de chaume de la grange et gagnait à la hâte la route nationale. Mais les perquisitions opérées par les gendarmes permirent de reconnaitre le lit encore chaud de l'inculpé. Comprenant qu'on s'était joué de leur longanimité, les gendarmes se répandirent en injures et en menaces contre le fermier Blary, puis partirent au galop dans la direction de Crespin. Ils allaient atteindre le vaillant prêtre, lorsqu'il franchit le pont qui le séparait du territoire autrichien. Pour se consoler de leur défaite, ils lui lancèrent une grossière injure : « Brigand, nous t'aurons une autre fois ». Leur espérance ne se réalisa pas. Instruit par l'expérience, Blary attendit en émigration des temps meilleurs pour la religion. Nommé curé de Béthencourt le 1er mars 1803, de Villers-Plouich le 24 mai 1806, et de Lesdain le 17 juillet 1815, il mourut dans cette paroisse le 24 novembre 1831.

L'impiété couvrait la France de ruines et de sang,

1) Archives du Nord, fonds du chapitre de Cambrai, carton 152.
(2) L'oncle de M. Blary habitait dans la *Grand'rue* une maison occupée aujourd'hui par M. Omer Dassonville ; elle appartient au docteur Caffiaux.

quand la bataille de Nerwinden, gagnée par les Autrichiens le 18 mars 1793, ouvrit nos frontières aux troupes ennemies. A leur approche, François Duez quitta précipitamment Quarouble. La paroisse fut alors desservie à titre provisoire par Benoit-Joseph Blary, vicaire d'Onnaing, par Henri-Joseph Nonclercq, curé de Noyelles-sur-l'Escaut, et par Hugues-Joseph Hocquet, dont les noms figurent tour-à-tour au registre des actes de baptême. Vers la fin du mois d'août arriva Pierre-Michel-Joseph Druet, à qui s'adjoignit, comme vicaire, Toussaint Pluchart, antérieurement curé de Villers-Plouich. Ces deux ecclésiastiques tenaient leurs pouvoirs de l'abbé Dufrenne, doyen d'Ath, à qui Monseigneur de Rohan, archevêque de Cambrai, avait confié le soin d'administrer la partie française de son diocèse (1).

Pierre-Michel Druet, né à Berlaimont le 19 octobre 1755, appartenait à une famille profondément chrétienne. Fidèles à un usage des temps de foi, son père, Louis-Joseph, et sa mère, Marie-Alexandrine Wastrade, l'avaient présenté au baptême dès le lendemain de sa naissance. Trois de ses cousins embrassèrent à son exemple l'état ecclésiastique. Jean-Joseph Druet, fils de Claude Joseph, fut curé de Saint-Nicolas, à Cambrai, puis à Valenciennes, où il mourut en 1811. C'est en qualité de curé de Saint-Nicolas, à Cambrai, qu'il signa à Quarouble plusieurs actes de baptême en 1794. Noël, son frère, d'abord curé de Villerspol, mourut curé de Maresches en 1830. Enfin, Louis-Joseph, fils de Joseph Druet, passa dans le diocèse de Tournai après la Révolution ; il mourut curé de Pâturages en 1836. La carrière du desservant de Quarouble devait être de moins longue durée.

Sous l'impulsion de ce saint prêtre, la piété renaissait dans la paroisse ; les sacrements étaient de nouveau fréquentés ; les jeunes époux s'empressaient de faire réhabiliter leurs unions. Monseigneur de Rohan leur facilitait cette démarche, en autorisant les curés à les dispenser de deux bans et à les comprendre tous dans une publication

(1) Pluchart, dont nous n'aurons plus à enregistrer le nom, fut nommé curé d'Auby le 1er février 1817. Il y mourut au mois de juillet de la même année.

très vague. Michel Druet se prêta volontiers à cette combinaison. Les habitants de Quarouble n'avaient donc qu'à se féliciter de posséder un tel prêtre, quand une grave nouvelle se répandit dans le pays : les Autrichiens, battus à Fleurus le 26 juin 1794, évacuaient la Belgique.

Le général autrichien, qui commandait la place de Valenciennes, se sentant menacé dans ses communications, capitula le 27 août ; et le 1er septembre, trois représentants du peuple, Jean-Baptiste Lacoste, Briez et Roger Ducos y prenaient possession de cette ville au nom de la Convention. Ils avaient reçu pour mission d'inaugurer le régime révolutionnaire dans cette portion recouvrée du territoire français. La Terreur, qui avait cessé dans le reste de la France, allait reparaître à Valenciennes.

Ce n'était plus seulement au clergé fidèle, que la Révolution s'attaquait : elle interdisait tout culte, toute cérémonie religieuse. Le repos du dimanche était remplacé par le repos obligatoire du dixième jour de chaque décade. Tous les fêtes chrétiennes disparaissaient, en atten. dant qu'on leur substituât celles de la jeunesse, des époux, de la vieillesse, de la liberté, de la reconnaissance. et plusieurs autres, parmi lesquelles l'anniversaire de l'odieuse journée du 21 janvier 1793. On allait jusqu'à interdire, sous des peines sévères, l'exhibition des emblèmes les plus inoffensifs de notre foi. Le 1er septembre 1794 Lacoste ordonna aux agents municipaux des environs de Valenciennes de les faire disparaître des édifices publics et de l'intérieur même des habitations privées. Conformément à cet arrêté, la grande croix de fer qui domine l'église de Quaroublefut descellée du clocher; et l'on paya, pour ce sacrilège exploit, 75 livres de France à Pierre Delattre, « couvreur » à Valenciennes (1). Mais la municipalité eut le bon esprit de conserver le vénérable objet pour des jours plus sereins.

Sans se laisser émouvoir par la perspective du malheur, Pierre-Michel Druet, qui avait émigré à Mons une

---

1) Archives de l'église de Quarouble.

première fois, refusa de prendre de nouveau le chemin de
l'exil. « J'ai trop souffert en émigration, disait-il ; ad-
vienne désormais ce qu'il plaira à la Providence. » Son
sort ne pouvait être douteux; car des lois terribles interdi-
saient aux prêtres émigrés et déportés l'accès du territoire
françaiset les représentants du peuple,à qui la Convention
avait livré Valenciennes, étaient trop impis pour en miti
ger l'application. Plus de quinze cents personnes étaient
incarcérées ; soixante-huit, dont trente-sept prêtres et
onze religieuses, montèrent sur l'échafaud en face de
l'hôtel-de-ville du chef-lieu du district. En attendant leur
exécution, les saintes victimes étaient soumises à des
interrogatoires d'un caractère odieux ; on leur offrait le
pardon à la condition de l'apostasie. Nous possédons de
Pierre-Michel Druet une lettre d'un prix inestimable
écrite le 19 octobre, lorsqu'il se croyait à la veille de
mourir pour Notre-Seigneur. C'est le dernier adieu d'un
martyr à son père, déjà veuf, et à sa sœur, Alexandrine-
Joseph, unique soutien de cet honnête vieillard (1).

« Je ne puis vous exprimer, mon très cher père et très
chère sœur, la tranquillité dans laquelle je suis et dans
laquelle ont été mes confrères martyrs, et qui, par la
miséricorde de Dieu qui se laisse fléchir par l'intercession
de nos prédécesseurs, augmente dans nous tous de moment à autre d'une manière miraculeuse et visiblement.
Je dois demain, avec le secours du Seigneur, renouveler
les vœux de mon baptême et effacer les fautes que j'ai eu
le malheur de commettre, par un second baptême qui est
celui de mon sang (2). Ce que je crois et ce dont je suis
moralement sûr, c'est que ma condamnation sera portée
sur des articles de foi que j'ai eu le bonheur de professer,
savoir : que je ne reconnaissais pas leur loi sur la circonscription des diocèses, et que je n'avais pas obéi ni

---

(1) Alexandrine-Joseph Druet, née à Berlaimont le 12 avril 1752, y mourut
célibataire en 1798.

(2) M. Druet fait allusion aux vœux de son baptême, parce qu'il s'attendait à être guillotiné le 20, jour anniversaire de son baptême.

reconnu Prima, mais bien mon évêque légitime (1). Sur quoi je leur ai observé et fait inscrire qu'en cela je n'étais pas plus coupable que la République, qui ne reconnaissait plus leurs prêtres constitutionnels.

J'ai cru devoir leur dire ces choses pour édifier le peuple et les confondre, le tout pour la plus grande gloire de mon divin Maître, que je suis empressé, par sa grâce, de voir.

Ne me pleurez point : je vous serai plus utile dans le séjour de la gloire, où j'espère parvenir, que sur la terre. Glorifiez au contraire le Seigneur de sa grande miséricorde à mon égard, tout indigne que j'en étais. Si vous ne pouvez prier pour moi à cause de vos infirmités, offrez-les au moins au Seigneur, afin qu'il couronne en moi l'œuvre qu'il a lui-même commencée, surtout au moment de mon exécution, qui sera, je l'espère, celui de mon bonheur éternel.

Soyez persuadés que je ne vous oublierai pas. Adieu.

M. Lainé, qui vous embrasse, doit passer immédiatement avant moi. Priez aussi pour lui, ainsi que pour tous les autres.

Druet, 19 octobre 1794 (2).

L'héroïque curé de Quarouble n'était pas, comme il le pensait, à la veille de son exécution. Condamné le 23 par une Commission militaire à la discrétion de Lacoste, il fut guillotiné le même jour avec Jean-Baptiste Laisney, du Quesnoy, vicaire de Maing, ami de sa famille. Celui-ci n'avait que trente-trois ans. Deux prêtres du voisinage

---

(1) L'archevêque légitime du diocèse de Cambrai était Ferdinand-Maximilien de Rohan. Le 29 mars 1791 les électeurs du ;département, réunis à Lille, firent choix de l'oratorien Claude-François Primat, curé de Saint-Jacques, à Douai, pour le remplacer en qualité d'évêque constitutionnel. Sacré à Paris le 10 avril suivant. Primat se fit installer à Cambrai le 17 du même mois. Il résigna ses fonctions le 13 novembre 1793. Nommé archevêque de Toulouse après la signature du Concordat, il racheta noblement ses fautes envers l'Eglise.

(2) L'original de cette lettre est aujourd'hui la propriété de Madame Demanest, de Jenlain, née Mercier, dont l'arrière grand'mère, sœur de Monsieur Druet, épousa un Mercier.

de Quarouble, Thomas Libert, curé de Sebourg, et Jacques-Joseph Mabille, vicaire d'Onnaing, les avaient précédés de quelques jours sur l'échafaud. Ils étaient allés à la guillotine en priant pour leurs assassins.

La suppression du culte devait naturellement avoir pour conséquence la spoliation des églises. Le 13 novembre 1793, la Convention, cessant de respecter leur patrimoine, décrétait que tout l'actif affecté aux fabriques des églises, ainsi qu'à l'acquit des fondations, faisait partie du domaine national. En vertu de cette loi, les biens de l'église de Quarouble furent vendus au profit de l'Etat, Deux parcelles sans importance échappèrent seules aux odieuses exigences du fisc. On les restitua plus tard à l'église conformément à l'arrêté du 7 thermidor an XI (6 juillet 1803), qui attribuait aux fabriques les anciens biens des églises non aliénés. L'une de ces terres, située à la *Taque du Bois*, consiste en 3 quartiers (17 ares 23 centiares) ; l'autre au *Moyen-Mont*, à Onnaing, a une demi-mencaudée de superficie (11 ares 47 centiares). Ce fut jusqu'en 1904 toute la fortune immobilière de l'église (1).

Le presbytère, avec ses dépendances, fut laissé à la commune, sur sa demande, pour servir de maison d'école; l'église devait servir à la fabrication du salpêtre.

L'enlèvement des cloches suscita dans toutes les communes le mécontentement de la population. Le 1ᵉʳ septembre 1794 Lacoste en décréta la confiscation ; mais, commes elles n'avaient pas encore quitté leurs beffrois le 23 février 1796, l'Administration départementale pressa le directoire du district de Valenciennes de les faire précipiter du haut des clochers et de les diriger vers la fonderie nationale de Saint-Saulve. On laissait aux communes la faculté de conserver la plus petite de leurs cloches. « Faites éclater votre patriotisme, écrivait le directoire, en activant et accélérant l'opération (2).

---

(1) Ces deux terres, louées 12 francs en 1811, étaient louées 35 francs en 1905.

(2) Archives de Valenciennes, registre D. 1.

La municipalité de Quarouble parut se résigner au sacrifice qu'on lui imposait ; mais, à l'exemple de ce qui se pratiqua dans d'autres communes du voisinage (1), des jeunes gens résolus enlevèrent les cloches et les enfouirent en pleine campagne. Une note des Archives de Valenciennes mentionne deux pièces de procédure, aujourd'hui perdues, relatives à cet audacieux coup de main. Déposées au greffe de la police correctionnelle le 1er nivôse an V (21 décembre 1796), elles indiquent à peu près la date du délit auquel elles se réfèrent (2). Les cloches, longtemps cachées, furent enfin découvertes et conduites à Saint-Saulve, sous la protection de deux gendarmes, le 26 septembre 1797. Voici la teneur du récépissé envoyé à la municipalité de Quarouble :

« Atelier du département établi à Saint-Saulve.

Le cinq vendémiaire an 6 de la République, les citoyens Louis Richaud et Claude Pennay, gendarmes à la résidence de Nord-Libre (Condé), ont déposé entre les mains de J. J. Bouvié, entrepreneur de l'atelier établi à Saint-Saulve pour le département, deux cloches provenant de la ci-devant église de Quarouble, lesquelles, ayant été pesées l'une après l'autre en présence desdits gendarmes, se sont trouvées être du poids, savoir :

La première, de douze cent quatre vingt dix livres,
    cy 1290
La deuxième, de. 1103
                            2293

En foi de quoy et pour décharge J. J. Bouvié a signé le présent, qui a été fait en triple, avec lesdits gendarmes, à Saint-Saulve ledit jour et an pour les citoyens Bouvié, Richaud et Pennay, gendarmes.

Pour copie conforme

Baligand, secrétaire en chef (3) ».

(1) Il existe aux Archives de Valenciennes des indications ou pièces relatives à l'enlèvement des cloches de Vicq, Onnaing (1798), Escarmain et Vendegies-sur-Ecaillon (1798), Odomez (1800).

(2) Archives de Valenciennes, J. 5. 8 (23).

(3) Archives de Quarouble.

Que devenait au milieu de la tourmente révolutionnaire François-Eloi Duez ? De retour à Quarouble dès le mois de septembre 1794, il fut élu membre du conseil général de la commune et chargé le 15 vendémiaire (6 octobre) de la rédaction des actes de l'État-civil. Il s'acquitta de cette tâche peu glorieuse avec ponctualité.

Les lois du 21 février et du 30 mai 1795 permirent enfin l'exercice du culte dans les églises non aliénées. Aucun traitement n'était alloué aux prêtres ; on exigeait d'eux une simple déclaration de soumission à la République : la liberté paraissait renaître. On fut bientôt désillusionné. La loi sur la police des cultes, en date du 29 septembre, imposa au clergé une promesse expresse de fidélité à la constitution schismatique de l'an III. Toute cérémonie extérieure, toute sonnerie de cloche, tout emblème religieux apparent sur la voie publique, restaient interdits. Pour la moindre infraction à ces prescriptions odieuses, le prêtre, même constitutionnel, encourait une amende de 500 francs, et dix ans de prison en cas de récidive, avec menace de déportation.

Encore les édifices sacrés n'étaient-ils mis à la disposition du clergé qu'à titre conditionnel : le gouvernement se réservait de les fermer ou de les vendre, s'il le jugeait à propos. C'est ce qu'il fit, par exemple, pour l'église d'Onnaing, qui, évaluée 2000 francs, fut vendue le 27 floréal an VII (13 mai 1799) au prix de 101000 francs, somme payable, pour la très grande part, en assignats sans valeur (1). Heureusement cette vente fut plus tard rendue caduque par l'insolvabilité de l'acquéreur.

Il en fut de même des églises de Vicq, de Rombies et de Quiévrechain. La première fut vendue pour 20130 francs le 7 floréal an VII (26 avril 1799 ; la seconde pour 112000 f., et la troisième pour 26500 f., le 12 ventôse an VII (2 mars 1799) (2).

C'est sous les auspices du curé Duez, que le culte repa-

---

(1) Archives du Nord, série q. — Le 28 décembre 1798, l'assignat de 100 livres ne valait déjà plus que 0.29 centimes;il ne valut bientôt plus rien.

2 Ibd., série q n°° 126, 265 et 193.

rut à Quarouble. L'église, qui avait longtemps servi d'a-
telier pour la fabrication du salpêtre, se trouvait dans un
état de délabrement facile à concevoir. Aucune réparation n'y fut faite : la loi défendait à la commune d'y
contribuer. On se contenta, pour célébrer la messe, de
la propreté la plus élémentaire. Le premier acte de baptême est du 8 janvier 1796. François-Éloi Duez apprit
bientôt à ses dépens combien était précaire la liberté
dont il jouissait : le 2 frimaire an V (22 novembre 1796)
le juge de paix du Nord-Libre (Condé) saisit le tribunal
de Valenciennes d'un procès-verbal qui le visait (1).

Si François Duez avait trahi l'Église par faiblesse, son
honneur moral restait intact ; le soupçon même ne l'atteignait pas. Il est probable qu'au for de sa conscience.
en revoyant dans ses souvenirs les belles années de sa
vie religieuse, il regrettait sa faute et priait Dieu de le
rendre à l'unité catholique.

Une des plus grandes souffrances des curés constitutionnels, c'était de voir leurs paroissiens aller demander
à des mains restées fidèles le baptême pour leurs nouveaux-nés, le viatique pour leurs malades, la bénédiction
nuptiale pour leurs jeunes gens. Quelques notes du vicaire Hugues Hocquet permettent de constater qu'en
1793, au plus fort de la Révolution, certaines familles de
Quarouble s'imposèrent ces périlleuses démarches (2).
Plus nombreux furent sans doute ces exemples de fidélité
persévérante, quand fut organisé dans notre diocèse un
réseau de missions ayant pour but d'assurer aux paroisses
la visite périodique de prêtres insermentés.

Parmi ces prêtres il convient de mentionner Godefroy
Farez. Né à Quarouble le 8 mars 1760, il avait fait ses
études de philosophie à l'université de Douai : il avait
été promu au sacerdoce le 8 mars 1788. Il était vicaire de

---

(1) Archives de Valenciennes, J. 5. 8 23 .

(2) Le 22 janvier 1793 furent mariés par un prêtre insermenté Jean-François Farez et Marie-Joseph Chevalier ; le 14 avril fut baptisé par Pierre-JosephGosteau, curé de Wambaix, ou par Jacques-André Bricout, curé d'Haulchin, qui vivaient cachés à Onnaing, Jean-Baptiste Gernez, fils de Pierre-Amand Gernez.

Stambruges et de Quevaucamps, lorsqu'éclata la Révolution. Son zèle ne lui permit pas de chercher le repos dans l'exil. Nommé coadjuteur du *recteur* Bricout, il fut chargé de visiter, en cette qualité, les paroisses d'Onnaing, d'Estreux, de Saint-Saulve et de Beuvrages. Que de fois il fut réduit, pour échapper aux recherches de ses persécuteurs, à se réfugier dans une grange, à passer la nuit dans les forêts ou en pleine campagne, sans que rien l'abritât contre les intempéries.

Une maison hospitalière de Quarouble, située à l'entrée de la *Petite rue*, servait parfois d'asile à deux missionnaires chargés de visiter périodiquement ce village et ceux d'Escautpont, de Vicq et de Rombies. Cette maison, habitée depuis par M. Éloi Faiderbe, est aujourd'hui la propriété de M. Abel Mariage-Canonne. Les prêtres y pénétraient le soir à la faveur d'un déguisement. Le lendemain, dès la première heure, ils célébraient secrètement les saints mystères devant ce petit crucifix qu'on voyait encore il y a quelques années à la surface d'une muraille effritée, et disparaissaient au plus vite pour ne point compromettre l'héroïque chrétien, Éloi-François Roucoux, qui les accueillait. Ils ont laissé dans sa famille comme un parfum héréditaire d'honnêteté et de piété (1).

En voyant des prêtres zélés parcourir la campagne et s'exposer à la mort pour soustraire leurs frères au danger du schisme, les populations, émues, bénissaient Dieu du courage qu'il inspire aux apôtres de la foi, et elles se reprenaient à espérer un avenir meilleur.

---

1 M. Valentin Roucoux est petit-fils d'Eloi-François Roucoux.

CHAPITRE III.

Quand le concordat de 1801 eut rendu la paix à l'église de France, bien des désordres existaient dans les paroisses. La plupart des jeunes gens avaient grandi sans entendre la voix du prêtre ; l'ignorance religieuse était profonde ; beaucoup d'unions étaient irrégulières ; les églises, longtemps désertes, se trouvaient dans un état lamentable. Pour comble de malheur, les prêtres encore jeunes étaient peu nombreux ; la Révolution, qui avait décimé le clergé, avait tari son recrutement en fermant les séminaires.

Le 19 novembre 1802, un prêtre dont le nom seul est connu, M. Debrun, fut nommé curé de Quarouble et de Rombies ; mais à l'exemple d'un assez bon nombre de religieux étrangers au ministère pastoral, il n'accepta pas la tâche qu'on lui confiait. Mgr Belmas, évêque de Cambrai, pensa que M. Duez, malgré ses antécédents, pouvait faire quelque bien parmi ses compatriotes : le 1er mars 1803, il le chargea de la cure à titre provisoire. Cette condition lui permettait de s'assurer des dispositions de la paroisse à l'égard de son pasteur. Le provisoire devint définitif.

Un des premiers soins de M. Duez fut d'obtenir la restauration de l'église. Le 1er février 1804, le conseil municipal sollicita du préfet la permission d'affermer dans ce but 24 mencaudées du marais communal ; mais cette demande dut rester sans effet. C'est seulement le 3o août 1808 qu'on mit en adjudication les travaux à exécuter à l'église et au presbytère. Or, dans la nuit du 3o au 31 janvier 1809, un ouragan, qui renversa quarante maisons et granges, emporta une grande partie de la toiture et ébranla presque toute la charpente de l'église. Il fallut procéder à une nouvelle restauration. On crut aussi le moment venu de refondre la cloche. Celle qu'on fit faire porte sur ses flancs l'inscription suivante : « J'ai été fondue en novembre 1809, et je suis nommée Marie par M. Thomas Quinet et par Mme Marie-Joseph Nonclercq, son épouse ».

Cependant M. Duez, déchargé de la paroisse de Rombies, était nommé desservant de Quiévrechain. Le village de Quarouble, dont la population tendait à croître, se voyait de nouveau privé de la faveur d'une seconde messe. Le 16 mars 1809, Mgr Belmas, cédant aux vœux des paroissiens, chargea Pierre-André Cordier, vicaire d'Onnaing, de venir, chaque dimanche, célébrer le saint sacrifice à Quarouble. Le vénérable prêtre remplit ce ministère jusqu'en 1832. Il avait alors quatre-vingt-onze ans.

François-Éloi Duez mourut à l'âge de soixante-dix ans le 2 juillet 1825. Voué de bonne heure à la vie religieuse et au ministère de la prédication, il a laissé à Quarouble la réputation d'un prêtre de mœurs régulières et d'un orateur distingué.

Louis-Joseph RICOURT, qui lui succéda, naquit à Templeuve dans une famille de riches cultivateurs. Vicaire à Saint-Nicolas à Valenciennes le 22 février 1823, il fut nommé curé de Hon-Hergies le 19 mars 1825, et de Quarouble le 13 juillet de la même année. C'est le 22 qu'il prit possession de son nouveau poste. Comme son prédécesseur, il fut chargé de desservir la paroisse de Quiévrechain: fonction qu'il remplit jusqu'en 1832.

D'une trempe d'esprit quelque peu gauloise, ce prêtre charmait par sa gaieté ceux qui l'approchaient. Il était envers ses amis d'une extrême générosité. Au point de vue artistique, il aimait le brillant et le coloris. Il eut un jour la malencontreuse idée de faire badigeonner de vert et·de bleu les colonnes de notre église. Peut-être avait-il quelques connaissances musicales. Le 6 août 1839, le conseil municipal vota, sur sa demande, la somme de 3500 francs pour l'achat d'un orgue, et le 22 juillet 1840, une autre somme de 747 francs pour les frais de l'installation.

Le zèle sacerdotal de M. Ricourt, habituellement dissimulé sous un air de simplicité et de bonhomie, se manifesta de façon éclatante en 1849. Le choléra avait fait son apparition à Quarouble dès les premiers jours du mois de mai. Cent-huit personnes succombèrent sous les atteintes du fléau ; trente-sept autres moururent dans le courant de la même année. M. Ricourt se multiplia pour assurer aux malades les secours de la religion. Son dévouement fut cependant méconnu par quelques-uns de ses paroissiens. En 1853, Mgr Régnier, dont l'esprit de discipline s'accommodait peu du laisser-aller de ce bon prêtre, le nomma curé de Boulogne-sur-Helpe à la suite d'accusations calomnieuses. M. Ricourt s'inclina par vertu sous la main qui le frappait ; mais sa gaieté disparut alors. Il vivait à Boulogne dans une sorte d'exil, n'attendant plus de récompense que de la justice divine. L'un de ses successeurs, M. l'abbé Momal, qui a écrit l'*Histoire de la commune et paroisse de Boulogne*, atteste que M. Ricourt était très estimé dans cette paroisse. On a gravé sur sa pierre tumulaire cette simple inscription : « Ici repose le corps de Louis-Joseph Ricourt, curé de Boulogne, décédé le 3 février 1868, à l'âge de 69 ans ».

Auguste-Joseph LAMBELIN, de Bondues, remplaça M. Ricourt à Quarouble dès le mois de septembre 1853. Antérieurement vicaire à Quesnoy-sur-Deûle, il laissait dans cette ville la réputation d'un prêtre pieux et dévoué aux pauvres. Un hospice qu'il a fondé à Quesnoy porte encore aujourd'hui son nom. L'organisation en était cependant défectueuse ; c'était là généralement le point vulnérable des œuvres entreprises par M. Lambelin. La bonté du nouveau curé et un certain air de dignité qu'il devait à son éducation de famille, lui concilièrent promptement les sympathies de ses nouveaux paroissiens. Il fit à Quarouble un bien sensible au point de vue moral et religieux pendant la première moitié de son ministère pastoral. La population de ce village était alors animée d'un vif esprit de foi ; l'église se trouvait trop étroite le dimanche pour contenir la foule qui s'y pressait; les familles n'en étaient que plus heureuses. C'est alors que fut créé le vicariat de Quarouble ; le décret de son érection est du 9 avril 1862.

Un premier souffle d'irréligion se fit sentir dans la paroisse après la guerre franco-allemande. Le chagrin que M. Lambelin en ressentit, ébranla sa santé. L'intérêt qu'il témoignait aux pauvres, devint moins intelligent et moins discret. Ses nombreuses absences, nécessitées, croyait-il, par les œuvres charitables qu'il avait en vue, firent penser à l'autorité diocésaine en 1882 qu'il était utile de lui donner un successeur. Un peu surpris de cette décision, M. Lambelin se retira à la Maison Saint-Charles, à Cambrai, où il mourut à l'âge de quatre-vingt-deux ans le 29 avril 1897.

Le mobilier de l'église s'est sensiblement amélioré sous l'administration de M. Lambelin.

Le lundi de Pâques, 13 avril 1867, un chemin de croix fut bénit par M. Pique, archiprêtre et doyen de Notre-Dame, à Valenciennes. Offertes par les paroissiens, ces toiles, peu remarquables, furent payées 1054 francs. L'orgue acheté en 1840 paraissait faible dans une église aussi spacieuse que celle de Quarouble : l'achat d'un positif fut décidé par le conseil de fabrique le 9 novembre 1874. M. Philibert Mascart, clerc de la paroisse, donna 800 francs ; M. Lambelin, 100; M. Dupire, vicaire, 100; et la Fabrique, 450.

Les cloches, qui chantent aussi la gloire de Dieu, avaient déjà fixé l'attention du pieux curé. L'une d'elles, du poids de 486 kilogrammes, fut refondue et augmentée de 24 kilogrammes de bronze en 1853. On lit sur ses flancs l'inscription suivante : « J'ai été fondue et bénite à Quarouble en juillet 1853 sous l'administration de M. Jean-Baptiste Cazin, maire de cette commune, M. Faiderbe J.-B., adjoint, Furent, parrain, M. Cazin, maire, marraine, Mᵐᵉ Dièze, sa mère, veuve de Nicolas-François Cazin. Je porte les noms de Jeanne-Andréa. M. Lambelin Auguste-Joseph, curé de la paroisse, M. Mascart Philibert-Joseph, clerc du lieu ». Au centre d'un écusson : « Joseph Drouot, fondeur à Misoncelle (Haute-Marne) ».

La bénédiction de cette cloche eut lieu le 11 août 1853.

Rivalisant de zèle avec M. le curé. le conseil municipal passa avec Drouot, de Douai, le 27 juillet 1879, un contrat en vertu duquel celui-ci s'engageait à refondre la plus grosse cloche pour la somme de 2055 francs 60 centimes. Ce marché fut approuvé par le préfet le 30 août de la même année. La nouvelle cloche, du poids de 650 kilogrammes, porte l'inscription suivante : « J'ai été fondue à Douai et bénite à Quarouble en novembre 1879 sous l'administration de M. Alglave Romain, maire de cette commune, MM. Joly Jean-Joseph et Maizierre Auguste-Arsène, adjoints. Furent, parrain, M. Alglave, maire, et marraine, Mᵐᵉ Alglave Eugènie, sa fille, veuve de M. Dupont Zacharie. Je porte le nom de Eugènie-Romaine. — M. Lambelin Auguste-Joseph, curé de la paroisse ».

Suivant une habitude quelque peu chère à M. Lambelin, la bénédiction de cette cloche fut retardée; elle n'eut lieu que le 21 décembre 1879.

Il serait peu équitable de séparer de M. Lambelin les quatre prêtres qui furent successivement appelés à lui servir d'auxiliaires.

M. Pierre *Bernard*, promu au sacerdoce le 21 décembre 1861, vint prendre possession de son poste vers les fêtes de Noël. Sa piété, ses habitudes régulières, attirèrent sur lui l'attention de ses supérieurs. En 1863, il fut chargé de desservir la paroisse de Quiévrechain restée sans prêtre à cause de l'état de délabrement du presbytère. Il alla habiter Marchipont vers la fin de la même année. En 1865, il fut nommé vicaire de l'importante paroisse de

Mouveaux, et, en 1875, curé de Templemars, qu'il administre avec sagesse.

Achille-Marie-Dieudonné *Delannoy*, qui succéda à M. Bernard, naquit à Lille le 12 mars 1840. Ordonné prêtre le 19 décembre 1863, il fut successivement professeur au collège Notre-Dame, à Valenciennes, vicaire à Quarouble et à Haussy, curé de Saint-Vaast-la-Haut et de Thun-Saint-Martin. D'une nature ardente et impressionnable, ce prêtre eut partout de chauds amis. Sa mémoire est restée en vénération dans la paroisse de Thun-Saint-Martin, où il vécut dix-neuf ans,

Julien *Dupire*, né à Roubaix en 1841, fut nommé vicaire de Quarouble au mois de juillet 1869. Son ministère y fut laborieux. Chargé de desservir l'église de Marchipont, il s'acquitta de cette tâche avec le plus grand zèle. Ce service supplémentaire ne lui faisait pas oublier ce qu'il devait à la paroisse de Quarouble. Il avait l'art d'attirer la foule à l'église par la beauté des cérémonies et l'éclat des illuminations. Nommé curé de Damousies en 1878, M. Dupire fut appelé à l'excellente paroisse de Vicq le 29 mars 1890. Il y mourut le 6 novembre 1907.

L'abbé Constant *Bourdon*, né à Neuvilly, prit possession de son poste le 30 juin 1878. Transféré à Sin-le-Noble le 30 juin 1883 et à Trélon le 1er octobre 1885, il fut désigné pour la cure de Sepmeries le 1er novembre 1888. Ses soins dévoués contribuèrent à garder à cette paroisse le bon renom de piété et de vertu dont elle jouit. De pieuses libéralités lui permirent de faire exécuter à l'église de Sepmeries de sérieux travaux d'embellissement.

Isidore-François Desilve, successeur de M. Lambelin, naquit à Saint-Amand-les-Eaux le 17 janvier 1828. Il fit ses premières études au collège communal de cette ville, si fécond alors en vocations ecclésiastiques. Ses humanités s'achevèrent au petit séminaire de Cambrai, où il eut pour condisciple et pour émule l'illustre Mgr Chrétien Dehaisnes. Professeur au collège de Tourcoing en 1849, il fut chargé en 1850 avec les abbés Neuwe et Lasne de fonder le collège Notre-Dame de Valenciennes. Vicaire d'Onnaing en 1858, curé de Noyelles-sur-Selle en 1864, de Basuel en 1868, de Quarouble en 1883, il fut nommé vice-doyen du canton de Notre-Dame en 1893. Ses connaissances archéologiques l'ont mis en relation d'amitié avec des savants du plus haut mérite. Il est membre de la Commission historique du Nord, de la Société d'agriculture, sciences et arts de Valenciennes, du Cercle archéologique de Mons, corres-pondant de la Société d'Émulation de Cambrai, membre d'honneur de la Société archéologique de Laon. Parmi les travaux qu'il a publiés, mentionnons :

1º *L'abbaye de Saint-Amand sous la prélature de Gérard Coutiaux* ; 2º *Note sur une marque de faïence contestée* ; 3º *Notice sur Noyelles-sur-Selle et ses barons* (couronnée par la Société des Sciences de Lille); 4º *Analyse d'un cartulaire de la Valroy* ; 5º Edition, avec traduc-tion, du poème d'Hucbald sur la calvitie ; 6º *Prise du Câteau-Cambrésis par Charles-Quint* ; 7º *Notice sur Charles Paillard* ; 8º Inventaire des reliques de l'abbaye de Saint-Amand (XVIᵉ siècle).

Dès son arrivée à Quarouble, M. l'abbé Isidore Desilve s'est attaché à renouveler une grande partie du vestiaire de la sacristie. En 1888 et 1891, deux vitraux, représentant des scènes empruntées à la vie de saint Antoine, furent placés aux fenêtres de l'abside du chœur. L'un fut donné par une anonyme, l'autre par M. le curé. Tous deux pro-viennent de la maison Durieux, d'Aulnoye : ils ont été payés 2200 francs. Les autels latéraux furent res-taurés et protégés par une grille en fer forgé ; la dépense, soldée par le presbytère, s'éleva à plus de douze cents francs. Plusieurs bannières et statues furent ensuite acquises. La plus remarquable de ces banniè-res est celle de Notre-Dame du Rosaire. Due aux soins intelligents de M. Vanpoulle-Billaux, à Cambrai, elle a coûté 525 francs. Douze demoiselles de Quarouble l'ont portée à la procession du couronnement de Notre-Dame du Saint-Cordon, à Valenciennes, le lundi 7 juin 1897.

Au mois de juillet 1904, M. l'abbé Isidore Desilve, sentant ses forces le trahir, pria Monseigneur l'Archevêque de le décharger d'une paroisse en proie à des divisions qui paralysent le ministère du prêtre. Ses vœux ayant été exaucés, il se retira dans sa ville natale.

Notons pour mémoire que l'auteur de ce travail, antérieurement curé d'Ohain, fut pendant vingt ans l'auxiliaire de son frère aîné.

M. Jules Dupont, qui succéda à l'abbé Desilve, naquit à Floyon le 29 décembre 1862. Prêtre le 29 juin 1889, successivement professeur au collège Notre-Dame des Victoires, à Roubaix, et au collège du Sacré-Cœur, à Estaires, il fut nommé pro-curé de Lesdain en 1900, curé de la même paroisse le 1ᵉʳ août 1903, et curé de Quarouble le 1ᵉʳ août 1904. Il eut dès lors pour vicaire M. Ernest Dienne, licencié ès-lettres.

Né à Cambrai en 1872, M. *Dienne*, fut d'abord appelé à exercer le ministère des âmes au Quesnoy. En 1903 l'autorité diocésaine le rapprocha des Facultés catholiques de Lille en le plaçant comme sous-directeur dans la maison de famille Saint-Michel. On pouvait penser que, dans cette situation, il couronnerait ses études littéraires par le doctorat ; mais sa santé était trop ébranlée, pour qu'il réalisât cette espérance. On dut se résigner à l'envoyer dans un modeste poste de campagne.

Des jours sinistres allaient se lever sur l'Église de France, quand ces deux prêtres arrivèrent à Quarouble.

Le lundi 19 février 1906, à deux heures de l'après-midi, M. Mélot, receveur des domaines à Valenciennes, se présenta dans l'église de Quarouble, pour y dresser, conformément à la loi du 4 décembre 1905, l'inventaire du mobilier consacré au culte. Il y trouva les membres du conseil de fabrique, les présidents des diverses confréries et bon nombre de fidèles groupés autour de leurs pasteurs. Dès que l'agent officiel eut signifié à M. le curé le mandat qu'il avait mission d'exécuter, celui-ci donna lecture d'une énergique protestation, et déclara que non seulement il s'abtiendrait de toute participation effective à l'inventaire, mais qu'il se refusait à livrer les clefs de la sacristie, de l'orgue et du clocher.

D'une correction de forme à laquelle il convient de rendre justice, M. Mélot se coutenta d'inventorier ce dont on lui laissait le libre accès. Les deux gardes de la commune remplirent, à défaut d'autres, le rôle peu glorieux de témoins. Leur concours ne fut pas inutile à l'agent des domaines. Sans eux, en effet, saint Vincent de Paul, l'un de nos saints les plus populaires, eût couru le risque d'être inscrit sous le nom de saint François de Sales.

Arrivé devant le maître-autel, M. Mélot s'informa de ce que contenait le tabernacle ; M. le curé lui répondit qu'il contenait le Saint-Sacrement. « Dans un ciboire sans doute ? » demanda l'inquisiteur officiel. Et d'un accent de décision qui coupait court à toute insistance : « Le Saint-Sacrement, reprit M. le curé ; je n'ai aucun autre renseignement à vous donner ».

Après un inventaire des plus sommaires, M. Mélot se retira, heureux d'être débarrassé d'une aussi triste corvée.

Ce n'était pourtant que la partie la moins odieuse du programme.

Le 1er mars 1906, vers neuf heures du matin, l'église et le presbytère de Quarouble furent cernés par une trentaine de gendarmes. Un service funèbre devait être célébré une heure plus tard pour le repos de l'âme d'une sainte Fille de l'Enfant Jésus, sœur Louise, récemment décédée à Lille. On consentit à attendre que la cérémonie religieuse fût achevée. Mais à peine les dernières prières furent-elles récitées, que le receveur des domaines et le commissaire pénétrèrent dans l'église. Vaine fut la protestation que fit entendre de nouveau M. le curé ; vains aussi les murmures d'indignation qui s'échappaient des lèvres d'une centaine de personnes restées dans le lieu saint : deux cantonniers armés de pics brisèrent les portes de la sacristie, dont ils fouillèrent ensuite les armoires. Quelques instants après, les personnages officiels, traversant des groupes de fidèles, regagnaient leur domicile sous la protection des gendarmes. La France avait remporté par eux une de ses plus belles victoires !

Autrefois si féconde en prêtres, la paroisse de Quarouble n'en a donné qu'un au diocèse de Cambrai depuis la Révolution ; elle est donc loin de suffire par elle-même à ses besoins religieux,

Né à Aubry le 10 juin 1845, M. *Clovis Richard* perdit son père, Juvénal Richard, de Vicq, l'année même de sa naissance. Sa mère, Rosalie Mariage, de Quarouble, rentra aussitôt dans sa famille. Le jeune enfant fut élevée, comme son frère aîné, dans les sentiments d'une foi vive. Après de solides études, M. Clovis Richard fut promu au sacerdoce le 29 juin 1869. La messe solennelle qu'il célébra à Quarouble quelques jours après son ordination, provoqua dans le village un vif élan de piété et de joie religieuse. Nommé vicaire d'Estaires, il dut, à raison de difficultés administratives, remplir un moment cette fonction à Ennetières-en-Weppe. Au mois de juillet 1875, il quitta la paroisse d'Estaires pour consacrer son dévouement à celle de Saint-Pierre et Saint-Paul, à Lille. Il fut nommé pro-curé de Thiant au mois de juillet 1881, et pro-curé d'Estaires. où il avait laissé de pieux souvenirs, au cours de l'année suivante. Cette situation le désignait comme successeur éventuel du titulaire de cette paroisse. Or un mois s'était à peine écoulé, que la cure devenait vacante. Par un sentiment d'humilité qui l'honore, l'abbé Richard pria l'autorité diocésaine de confier à d'autres mains l'importante agglomération d'Estaires. On le nomma curé de Wattignies. dont il parvint, par son influence, à faire réédifier l'église. C'est aussi à son zèle qu'est due la construction de la chapelle de secours au hameau de l'Arbrisseau.

CHAPITRE IV

I.

Trois confréries existaient avant la Révolution : celles du Saint-Sacrement, de saint Antoine et de saint Séb = stien.

Confrérie du Saint-Sacrement.

Elle paraît avoir pris naissance à la suite des troubles religieux du seizième siècle. Au protestantisme qui défigurait ou niait le dogme de la présence réelle, l'Eglise opposait de pieuses associations, dont les membres, groupés autour du clergé, offraient à Notre-Seigneur, pour consoler son amour blessé, le tribut d'une persévérante fidélité. Mentionnée dans un registre ¦paroissial vers le milieu du dix-septième siècle, cette confrérie jouissait encore d'une certaine prospérité en 1753. On acquérait alors pour 2 livres 2 sous de Hainaut l'honneur de porter le « guidon » aux jours de procession. Elle s'éteignit à la Révolution. Sa disparition est très regrettable : les confréries du Saint-Sacrement forment dans les paroisses la garde d'honneur de Notre-Seigneur Jésus-Christ.

Confrérie de Saint-Antoine.

Cette confrérie, mentionnée avec celle du Saint-Sacrement dès le milieu du dix-septième siècle, est probablement la plus ancienne de la paroisse. Le 27 mars 1621, le pape Grégoire XV, pour « l'augmenter de jour en jour », la dota de nombreuses indulgences à la prière de François Vander Burch, archevêque de Cambrai ; indulgence plénière, aux conditions ordinaires, le jour de l'admission, à l'article de la mort, aux fêtes de Noël, de Pentecôte, d'Assomption et de Toussaint ; indulgence de sept ans et de sept quarantaines pour chaque visite à l'église de Quarouble le jour de la fête du saint, et de soixante jours pour toute œuvre de piété et de charité.

En 1753, M. Jacques Herlemont, récemment nommé curé de Quarouble, réorganisa la confrérie en lui donnant pour administrateurs un *mambour* et deux *maîtres*, dont les pouvoirs expiraient tous les deux ans. Les dépenses ordinaires étaient réglées de la manière suivante :

« Au Sr pasteur, pour dons des diacre et sous-diacre, et aux *mambours*, pour leur dîner, la somme de douze livres de Hainaut (7 f. 50 c.) ;

Aux révérends pères (récollets), pour assister aux confessions et pour le sermon, la somme de quatre livres (2 f. 50 c.) ;

Aux Srs pasteur et clerc, pour l'obit général des confrères et consœurs de saint Antoine avec les vigiles à neuf leçons, qui se chanteront après les vespres le dimanche suivant le jour de la saint Antoine, avec le tour de la tombe après ledit obit, qui se chantera le lundy d'après le jour de saint Antoine, la somme de six livres (3 fr. 60 c.) ;

Au *mambour*, pour ses gages, la somme de douze livres ;

Aux auditeurs des comptes, pour leur présence auxdits comptes, la somme de trois livres (1 f. 80 c.) ;

Au *mambour*, pour blanchir les linges de la chapelle de saint Antoine et nettoyer les chandeliers de ladite chapelle aux jours solennels, la somme de trois livres ;

Aux sonneurs, qui auront sonné pendant la procession de saint Antoine qui se fait le lendemain de la Pentecôte, la somme de quinze patars (0.94 c.). »

Tel fut à peu près le montant des dépenses annuelles jusqu'à la Révolution. A partir du compte de 1779, premier en date que nous possédons après celui de 1754, le récollet, qui prêche le panégyrique du saint, reçoit pour honoraires 4 livres de Hainaut (2 f. 40), sans qu'il paraisse prêter le concours de son ministère pour les confessions. On cessa en 1792 de faire la procession du lundi de la Pentecôte ; on la reprit après le Concordat ; elle fut ensuite supprimée par M⁺ Belmas. Cette procession parcourait la rue de Berlinguin jusqu'à son extrémité, inclinait vers la droite dans la direction du cimetière actuel et revenait à l'église par la rue du Petit-Rombies. C'était, au dire des vieillards, la plus belle de toute l'année.

Les dépenses de la confrérie étaient couvertes par les cotisations annuelles (3 patars, ou un peu plus de 18 centimes et demi), par le produit d'une quête faite à l'église et par des dons en nature. On offrait à la chapelle de saint Antoine, des citrouilles, du beurre, du fromage, des bajoues et des hures de porc, et même des cochons de lait, que la confrérie vendait à son profit. En 1754, une citrouille, 10 sous de Hainaut ; une bajone, 16 sous et demi ; un cochon de lait, 4 livres 10 sous. En 1755, une livre de beurre, 16 sous ; une hure, 1 livre 2 sous. En 1768, un fromage *dauphin*, 18 sous. Il ne se passait pas d'année, où l'on n'eût à vendre quelques hures et cochons de lait. Des offrandes de ce genre avaient encore lieu en 1822.

En 1774, M. le curé Herlemont fit renouveler à Rome les indulgences « de la chapelle » de saint Antoine.

En 1780, la confrérie fit peindre pour 14 écus la boiserie de l'autel.

Le 4 mars 1841, M⁺ Belmas crut devoir accorder une nouvelle érection canonique à la confrérie de saint Antoine ; et le 22 mars de la même année le pape Grégoire XVI confirma, sur la demande du prélat, les indulgences relatées dans la bulle de Grégoire XV en date du 27 mars 1621. Le souverain-pontife assura en même temps le privilège de l'indulgence plénière à chaque messe célébrée à un autel quelconque de Quarouble pour les membres défunts de la confrérie.

Enfin, le 12 janvier 1855, Mgr Regnier authentiqua pour Quarouble une parcelle des ossements de saint Antoine : « Nous, René-François Regnier..., avons reconnu une parcelle des ossements de saint Antoine, abbé, extraite d'un reliquaire authentiqué, et l'avons placée dans une boîte d'argent de forme ovale, munie de cristal dans sa partie antérieure et liée par un fil de soie rouge, que nous avons scellée de notre sceau en cire rouge d'Espagne, permettant de l'exposer à la vénération des fidèles dans toute église, oratoire et chapelle de notre diocèse (1) ». Il est probable qu'on avait voulu remplacer une ancienne relique, dont l'authenticité était douteuse. La parcelle authentiquée en 1855 est surmontée dans le reliquaire d'un os assez notable, qui paraît être de saint Maximin, martyr. On lit, en effet, au revers du reliquaire : « Reliquiæ Ste Maximini martiris et Ste Antonii abbatis (reliques de saint Maximin, martyr, et de saint Antoine, abbé) ».

Le reliquaire, de la première moitié du dix-septième siècle, affecte la forme d'une monstrance. Il mesure 38 centimètres en hauteur, et 17 en largeur. Le pied, de forme ovale, est orné d'une couronne de feuillage, et d'une tête d'ange à ses deux extrémités. Au-dessus de la tige qui part du pied, s'étalent deux cornes d'abondance, fleurs et fruits, d'où émergent deux anges ailés, à mi-corps, soutenant d'une main la custode du reliquaire. Celle-ci est elle-même surmontée d'une grande écaille supportant une croix à quatre rayons.

La confrérie de saint Antoine compte aujourd'hui, comme avant la Révolution, cent cinquante membres

---

(1) « Renatus-Franciscus Regnier... legitime recognovimus sacras reliquias ex ossibus S^{ti} Antonii abbatis, quas ex authenticis locis extractas reverenter collocavimus in theca argentea formae ovalis, ab anteriori parte crystallo munita, filo serico rubri coloris ligata, easque in cera rubra hispanica impresso sigillo pro identitate consignavimus, cum facultate collcandi in quacunque ecclesia, oratorio et capella nostrae dioecesis et fidelium venerationi exponendi. »

environ : chiffre peu consolant, si l'on tient compte de l'accroissement de la population. Les précieuses indulgences dont la confrérie est enrichie amènent, du reste, un nombre assez restreint de paroissiens à la sainte Table. Qu'eussent dit de cette indifférence nos pieux ancêtres si attachés à leur patron, si fidèles à communier le jour de sa fête ?

Confrérie de saint Sébastien.

En 1602, des habitants de Quarouble songèrent à s'organiser en société d'archers. Comme un groupe d'hommes armés ne pouvait se constituer sans l'assentiment du seigneur local, ils allèrent exposer au chapitre de Cambrai qu'ayant « récordation et mémoire des biens que Notre-Seigneur leur avoit presté et envoyé en ce présent siècle mortel » et qu'étant animés « de dévotion envers Dieu et envers le benoit martir saint Sébastien », ils avaient l'intention de « fonder autel ou chapelle en l'église paroissiale de Courouble, d'orner et embellir ledit autel avec révérence ». Ces louables dispositions plurent aux chanoines [de Cambrai, qui autorisèrent le 26 octobre 1602 l'érection de la confrérie.

D'après les lettres de son institution, la nouvelle confrérie ne devait compter que quarante membres. Administrée par un *roi* assisté de deux connétables, elle était servie par un valet qui portait les convocations.

La dignité royale était le prix du mérite. Le deuxième dimanche de mai on se réunissait pour « tirer l'oyselet » ; celui qui l'abattait était proclamé *roi*. Un oiseau d'argent suspendu à une chaîne de même métal était le signe de ce pouvoir éphémère. Si un confrère était *roi* trois années de suite, on lui décernait le titre d'empereur à vie.

Les membres de la confrérie devaient être animés d'un esprit profondément religieux. En y entrant, on s'obligeait par serment, sous peine d'une amende de 5 sous, à assister en costume aux vêpres la veille de la solennité de saint Sébastien, et à la messe et aux vêpres le jour de la fête. Ou s'engageait, sous la même peine, à assister aux funérailles des confrères et à celles de leur épouse, et à porter le cercueil jusqu'au cimetière. Les amendes encourues devaient être consacrées à la décoration de la chapelle de saint Sébastien ou à d'autres œuvres de charité ou de piété. A la mort de chaque confrère, on faisait célébrer une messe pour le repos de son âme, et une autre le lendemain de la fête de saint Sébastien pour tous les confrères défunts. Chaque confrère était tenu, sous peine d'amende, à y assister.

L'insigne ou costume de la corporation était le ruban écarlate porté en sautoir. Outre un drapeau pour les fêtes profanes, la confrérie avait une bannière pour les cérémonies religieuses. Le droit de porter la bannière ou le drapeau était adjugé chaque année au plus offrant ; on acquérait cet honneur au prix de deux ou trois francs, et parfois de six francs.

Au règlement de 1602 s'ajoutaient des défenses d'un caractère moral et religieux, qu'on retrouve dans toutes les confréries de la région; ces prescriptions permettaient aux curés de prendre rang quelquefois parmi les archers. Lorsqu'un confrère se préparait à lancer sa flèche, il était défendu, sous peine d'une amende de 5 sous, et cela pour empêcher toute querelle, de « chiffler », de parler, de « buquer » ou faire du bruit. Il était interdit, sous pareille peine, de se battre, de se donner des démentis ou de s'injurier, de prononcer des imprécations ou de jurer le saint nom de Dieu. Ce genre de faute devait être alors très rare ; car il faut descendre jusqu'à l'année 1769 pour trouver à l'ancien registre deux confrères condamnés à l'amende comme coupables d'avoir prononcé des imprécations. L'un fut puni « pour avoir juré diable devant la perce » ; l'autre, « pour avoir parlé du *noir* ».

La confrérie de saint Sébastien resta prospère jusqu'à la Révolution ; elle disparut sous le coup de la loi du 6 octobre 1791, qui supprimait toutes les compagnies « d'arquebusiers, d'archers et d'arbalétriers ». En 1793 on rencontre au registre cette note désolée : « pour

quand ? ». Le 17 août 1797, l'Administration départementale rappela aux communes du canton de Condé que
le rétablissement de corporation avec drapeau et tambour
était absolument illégal. La confrérie de Quarouble se
releva pourtant en 1797, mais amoindrie au point de vue
des idées chrétiennes (1).

Le temps n'est pas bien loin, où elle conviait encore
ses membres à un dîner de gala le dimanche qui suivait
la fête patronale. A l'heure du banquet on allait prendre
à son domicile l'épouse du *roi*. On revenait tambour
battant, avec la *reine* et sa dame d'honneur, que cet
apparat ne semblait pas effrayer. Si tout se passait
gaiement, les convenances étaient, paraît-il, scrupuleu-
sement respectées.

En 1889, la confrérie de saint Sébastien ne comptait
plus que sept ou huit membres, qui attendaient avec
résignation l'agonie suprême. Elle a maintenant cessé de
vivre.

II

Plusieurs associations pieuses se sont fondées à Quarouble depuis la Révolution.

Le Rosaire vivant.

Créée en 1853, cette belle association groupe près de
six cents personnes des deux sexes désireuses d'appeler
sur elles les bénédictions de la sainte Vierge. Elle a ses
réunions mensuelles, auxquelles sont spécialement con-
voquées les zélatrices. Plusieurs de ses membres sont
malheureusement peu fidèles à la récitation quotidienne
de la dizaine du chapelet.

En 1897, le *Rosaire vivant* fit l'acquisition d'une
superbe bannière, qui fut portée par les demoiselles de
Quarouble à la fête du couronnement de Notre-Dame du
Saint-Cordon, 8 juin de la même année,

---

(1) Archives de la confrérie de saint Sébastien : 1° copie en parchemin des statuts de
1602 ; 2° registre commençant en 1753.

Notre-Dame de Hal

C'est une assez étrange histoire que l'origine de cette association. Une dame belge, Madame Nimal, qui vint se fixer à Quarouble, se rendait chaque année en pélerinage à Hal le 1er septembre. Elle y entraîna d'abord quelques amies ; puis, le courant grandissant, le clergé crut devoir prendre la direction du pélerinage local. Une association ou confrérie, affiliée à celle de Hal, se constitua en 1889 ; elle compte aujourd'hui plus de deux cents membres. Quatre-vingts à cent personnes vont tous les ans, sous la conduite d'un prêtre, chanter à Hal les gloires de Marie. La Providence, en créant ce mouvement inattendu dans une paroisse située aux portes de Valenciennes, a peut-être voulu rappeler à cette ville son ancienne dévotion pour la Vierge de Hal.

SOCIÉTÉS DE SAINT ELOI, DE SAINT ANTOINE ET DE SAINT JOSEPH.

Peut-être existait-il à Quarouble avant la Révolution une confrérie de saint Eloi ; on en trouve une à Onnaing dès 1489 (1). Quoiqu'il en soit, il n'en restait plus trace vers 1840 Une société se forma alors, dont les membres s'organisèrent en compagnie d'archers. Elle fit l'acquisition d'une statue de saint Eloi, adopta pour insigne le ruban violet porté en sautoir et modela son réglement sur celui de la confrérie de saint Sébastien. Comme celle-ci, elle assistait aux processions avec étendard et tambour ; son *connétable*, ceint d'une écharpe violette, y portait une sorte de sceptre surmonté d'une statuette de saint Eloi. Le dernier connétable fut Remi Blary.

La société de saint Antoine, issue de la confrérie de ce nom, formait une troisième compagnie d'archers, dont presque tous les membres appartenaient à la famille

---

(1) Archives du Nord, fonds du chapitre, année 1489.

Duée. Ils portaient pour insigne le ruban bleu et prenaient aussi part aux cérémonies religieuses.

Toutes les sociétés d'archers ont aujourd'hui disparu.

La société de saint Joseph, qui s'est constituée vers
1881, possède une belle bannière bénite. On lui fit don
en 1885 d'une grande statue de son patron. Elle fait
célébrer la grand'messe le 19 mars, et le lendemain un
obit pour ses membres défunts.

CHAPITRE V.

I. Le cimetière. — II. Les chapelles.

I.

Le cimetière de Quarouble était autrefois autour de l'église ; il a été transféré en 1895 sur une propriété située au sud-est du village, à trois cent-cinquante mètres de son ancien emplacement.

1. Il n'existe dans l'ancien cimetière qu'une pierre tombale d'un certain intérêt. Cachée autrefois sous les marches de l'autel de saint Antoine, elle fut reléguée par M. le curé Lambelin à l'extérieur de l'église, où l'inscription est devenue presque illisible. Un estampage exécuté vers 1892 a donné des résultats incomplets :

Ci gist honorable Ferri Sohier

... en son temps bailli et admodiateur

de la cense de Vaucellette (1).,.

et qui trespassa le . . . . . . 1627.

Auprès de lui gist Damoiselle Margue-rite Lucas, sa femme, laquelle trespassa le 22 de septembre en 1625. Priés Dieu pour leurs âmes.

---

(1) L'amodiateur était un métayer, qui affermait une terre à la condition de donner au propriétaire une partie des fruits.

Au-dessus de l'inscription sont deux portraits en pied gravés au trait, d'un dessin aujourd'hui très confus.

A la paroi extérieure de l'église, à gauche de la petite porte latérale à l'usage du presbytère, est incrustée une pierre érigée à la mémoire de M. François-Éloi Duez :

« Icy repose le corps de Maître François-Éloi Duez, né à Quarouble le 25 juin 1755, en son temps pasteur de cette paroisse l'espace de 34 ans, s'ayant conduit avec beaucoup de zèles, de sciences et de charités ; est décedé au regré de ses paroissiens le 2 juillet 1825, âgé de 70 ans.

« Ceci est fait par les soins de

Marie-Rose Duez.»

En chef, un calice surmonté d'une hostie, accosté de deux fleurs de lys ; sur un plan inférieur, deux burettes. Au bas, tête de mort, au-dessus de laquelle se développe l'inscription : *Requiescat in pace.*

2. La bénédiction du nouveau cimetière fut fixée au dimanche 7 juillet 1895. La cérémonie à laquelle elle donna lieu, fut présidée par M. César Legrand, archiprêtre. doyen-curé de Notre-Dame, à Valenciennes. La procession se mit en marche vers quatre heures, parcourant la rue du Petit-Rombies et le tronçon du chemin des Postes qui mène au cimetière actuel ; le retour s'effectua par la rue Berlinguin. On nous saura gré de reproduire le programme de cette émouvante cérémonie.

1. Groupe de cavaliers (60 cavaliers).
2. La croix et les chandeliers.
3. Bannière de l'enfant Jésus.
4. Groupe d'enfants formant une croix.
5-14. Cinq groupes de jeunes filles portant des instruments de la Passion.
-Chacun d'eux est précédé d'une des bannières suivantes : St-Joseph, Notre-

Dame de Lourdes, Notre-Dame de Hal.

S. Antoine, le Rosaire-vivant.

15. Groupe de chanteurs.

16. Drapeau et confrérie de S. Sébastien.

17. Groupe de chanteuses.

18. Drapeau et confrérie de S. Éloi.

19. Anges de l'agonie.

20. Ste Véronique et la Madeleine.

21. Enfant portant la croix.

22. La Ste Vierge et les S[tes] Femmes.

23. Premier groupe de dames en deuil, portant sur la poitrine une large croix d'argent (20 dames).

24. Bannière du Sacré-Cœur de Jésus.

25. Second groupe de dames en deuil (25).

26. La Société de Musique.

27. Le conseil de Fabrique.

28. Le Christ du Calvaire sur un lit de parade.

29. Le conseil municipal.

30. Le clergé.

Le 10 juillet 1895, le *Valenciennois* rendit compte de cette fête religieuse dans un article, que le *Petit Valenciennois* et la *la Croix Valenciennoise* reproduisirent le 14 juillet.

« Dimanche dernier la paroisse de Quarouble a célébré d'une manière inoubliable la solennité que nous avons annoncée.

« Les rues que le cortège devait parcourir, étaient admirablement décorées. De nombreux arcs de triomphe portaient des textes bien appropriés à la circonstance. Le cortège se déploya avec un ordre parfait. Les enfants, les jeunes filles vêtues avec beaucoup de goût et de distinction, portaient des emblèmes rappelant les paroles du Sauveur ou les scènes de la Passion. Un groupe de dames en deuil, imitant les filles de Jérusalem, suivait Jésus au Calvaire. Les cantiques répétés par des voix argentines alternaient avec les magnifiques marches de la Musique de Quarouble. Le lit de parade, où reposait le Christ du plus beau modèle connu, était porté par les membres du conseil municipal, du clergé, du conseil de Fabrique et par de vaillants jeunes gens, heureux de donner ce témoignage public de leur foi.

Tous ceux qui faisaient partie du cortège avaient une belle croix à la boutonnière. La compagnie des sapeurs-pompiers, qui n'a rien à envier aux grandes villes pour la tenue, faisait escorte. A l'arrivée au cimetière, M. l'archiprêtre de Valenciennes adressa la parole à un auditoire de trois à quatre mille personnes, au milieu d'un silence et d'un recueillement vraiment touchants. Après avoir donné à la paroisse des éloges bien mérités, il montra que le chrétien doit penser à la croix, aimer la croix, glorifier la croix ; puis il parla avec émotion de ce champ de la mort où tous viendront reposer un jour à l'ombre de cette croix, qui est pour le vrai chrétien un gage d'espérance. Par un excès de discrétion peut-être, il n'a pas nommé les deux prêtres qui consacrent leur vie au bien de la paroisse et qui méritent autant d'éloges par le succès de cette pieuse fête si bien préparée, que pour le don vraiment princier fait par eux à cette chère population (1).

« Est-il nécessaire d'ajouter que les artistes valenciennois qui ont bien voulu se rendre à Quarouble, sont restés à la hauteur de leur réputation ?

« Aux vêpres, après une ouverture exécutée par M. Lasson sur les orgues, dont il a tiré le meilleur parti, nous avons entendu M. Debruxelles dans son air de Stradella, pour cor, qu'il a exécuté avec une remarquable justesse, et M. Simonnart dans une cantatèle de Massenet, pour violon, rendue avec expression. M. Dehon, baryton-solo des Orphéonistes valenciennois, possède toujours un organe sympathique et puissant. Il l'a montré dans l'*Ave Verum* de Lecomte. Enfin M. Berquet, basse-solo des

---

(1) Ces lignes trop flatteuses appellent une rectification. Le calvaire du cimetière a été offert par l'un des deux frères Desilve ; l'auteur de ce livre n'a contribué qu'aux frais des préparatifs de la bénédiction du cimetière.

Orphéonistes valenciennois, a détaillé avec beaucoup de goût le *Pater noster* de Rupès.

« Au salut, l'assistance considérable qui se pressait dans l'église devenue trop petite, a écouté dans un silence religieux les mêmes artistes.…

« La foule immense s'est enfin écoulée, tandis que l'orgue, sous les mains habiles de M. Lasson, faisait entendre une marche triomphale. »

L'architecte du calvaire fut le regretté Émile Dutouquet, à qui sont dus le plan de l'église de Blanc-Misseron et la restauration de l'église d'Onnaing.

II.

Il existe à Quarouble plusieurs chapelles, qui, placées le long des rues, semblent inviter les passants à la prière. Nous ne signalerons que les plus importantes.

1. La chapelle de Notre-Dame Auxiliatrice, située sur la route nationale dans la direction de Quiévrain, fut érigée par Jeanne-Joseph Monart, épouse de Pierre-Antoine Mariage. Une pierre placée au fronton en rappelle l'origine par cette inscription : « N. D. Auxiliatrice, p. p. n. — J. Mouart, 1810. » Mademoiselle Joséphine Mariage offrit cette chapelle à l'Église en 1891, avec une légère rente pour en assurer l'entretien ; mais la préfecture s'opposa à l'acceptation de cette donation.

2. La chapelle de Notre-Dame de Liesse, en face de la brasserie de MM. Dangréau, fut construite vers 1865 par M. Jourdain-Glineur sur les ruines d'une chapelle, qui affectait la forme d'une demi-rotonde. Elle est aujourd'hui la propriété de Mme Drion-Deslinselle ; celle-ci la restaura en 1908.

3. Bâtie sur une terre de M. Romain Alglave, la chapelle de saint Roch fut bénite au mois d'août 1868. L'ouragan du 12 mars 1876 y causa de grands ravages; elle fut restaurée en 1890 à l'aide du produit d'une quéte faite dans la paroisse.

4. Le 8 mai 1833, la commune fit gratuitement l'abandon d'une parcelle de wareschaix (1 are 43 centiares environ) pour la construction du calvaire du Marais. Le 22 juin 1867, le christ, antérieurement en bois, fut remplacé par un christ en fonte. Cette circonstance donna lieu à une cérémonie à laquelle prirent noblement part le conseil municipal, les sapeurs-pompiers, la Musique communale, les confréries de saint Antoine, de saint Sébastien et de saint Eloi.

QUATRIÈME PARTIE

---

*Les Seigneuries particulières situées sur le territoire
de Quarouble.*

LES SEIGNEURIES PARTICULIÈRES
SITUÉES SUR QUAROUBLE

I

Principauté d'Amblise

La terre connue sous le nom d'Amblise s'étendait autrefois du village d'Onnaing à la rivière de l'Honneau.

Une partie de ce domaine fut donnée à saint Landelin vers 660 pour y ériger l'abbaye de Crespin. En 1080, Richilde, comtesse de Hainaut, et Baudouin, son fils, la tirèrent des mains d'avoués laïques qui l'avaient usurpée, et la rendirent à ce monastère (1). Le pape Urbain II lui en confirma la propriété vers 1095 (2). Tombée de nouveau entre les mains d'usurpateurs, elle fut restituée à l'abbaye de Crespin de 1136 à 1159, grâce au zèle de l'abbé Algot (3).

L'autre partie d'Amblise, située sur le territoire de Quarouble entre Onnaing, Vicq, Condé et Crespin, fut donnée à l'abbaye de Denain par Charles le Chauve, en 877 (4). Elle était au commencement du treizième siècle entre les mains de Yolende de Hainaut, comtesse d'Auxerre et de Tonnerre (5). Au mois de juillet 1209,

---

(1) Arnoul de Raisse, *Coeniobiarchia Crispiniana*, p. 171

(2) Miraeus et Foppens. t. II. p. 1140.

(3) *Coenobiarchia Cripiniana*. p. 47.

(4) Miraeus et Foppens, t. 1. p. 249.

(5) Yolende de Hainaut, fille de Baudouin V, seconde femme de Pierre de Courtenai, comte de Nevers, d'Auxerre et de Tonnerre, qui fut élu empereur de Constantinople en 1216.

celle-ci termina par un accommodement un différend qui existait entre elle et Gautier de Quiévrain. Il fut convenu qu'elle aurait les trois quarts, et Gautier un quart de la propriété d'Amblise, mais qu'elle exercerait la juridiction sur le tout. Dans le cas où on labourerait les prairies, Gautier jouirait du terrage. Lorsqu'on taillerait la forêt, il la garantirait durant un an contre l'incursion des bestiaux; l'année révolue, la comtesse pourrait y mettre seulement les juments. A elle, enfin, la garde de la forêt (1).

Un peu plus tard, la terre d'Amblise appartenait aux comtes de Chini. Au treizième siècle, Jeanne, héritière de Chini, la fit entrer dans la maison de Loos par son mariage avec Arnoul VII, comte de Loos; et Julienne, leur fille, la porta dans celle de Quiévrain, en épousant Nicolas, seigneur de ce lieu. Amblise passa ensuite dans la maison d'Aspremont par le mariage d'Isabeau de Quiévrain, fille de Nicolas (2), avec Godefroid III, seigneur d'Aspremont. A celui-ci succédèrent Edouard, Gobert VII, Jehan, décédé sans alliance, et Isabeau d'Aspremont, qui épousa René d'Anglure, baron de Bourlemont. Claude d'Anglure, marquis de Roubaix, vendit Amblise à Lamoral de Ligne, comte de Fauquemberghe et de Wassenaire, qui fut créé prince de Ligne le 20 mars 1601, et mourut à Bruxelles au mois de janvier 1624. De lui naquirent Florent, mort avant son père en 1622, Albert mort sans enfant en 1641, et Claude-Lamoral, décédé à Madrid le 22 décembre 1679 (3). Puis vinrent Henri-Louis-Ernest, mort le 8 février 1702; Claude-Lamoral et Charles-Joseph, feld-maréchal des armées d'Autriche, mort à Vienne le 15 décembre 1814. C'est le plus célèbre des princes de Ligne et d'Amblise. En dehors de ses occupations militaires et diplomatiques, il cultivait les lettres avec succès ; ses ouvrages sont

---

(1) Archives du Nord, BB, 1582, 1er cartulaire du Hainaut, pièce 92.

(2) Isabeau de Quiévrain mourut en 1337.

(3) Anselme, *Histoire généalogique*, t. VIII, p. 36. — D'après d'autres généalogistes, la seigneurie d'Amblise ne fut érigée en principauté qu'en 1622, en faveur de Florent de Ligne.

malheureusement empreints de l'esprit licencieux du dix-huitième siècle.

Lors de la Révolution, la principauté d'Amblise fut placée sous séquestre pour être vendue au profit de l'Etat ; mais le séquestre fut levé le 6 brumaire an XII (29 octobre 1803) au profit de Louis-Eugène Lamoral, fils de Charles-Joseph de Ligne.

L'arrêté consulaire de brumaire mentionne que Charles-Joseph, réputé avoir renoncé à la qualité de français, fait l'abandon de tous ses droits et biens à son fils, Louis-Eugène ; que celui-ci, voulant, au contraire, être citoyen français, renonce 1º à ses droits de présence et de suffrage actuels ou éventuels au collège des Princes, ainsi qu'à tous autres droits politiques qui pourraient lui compéter comme membre de l'Empire germanique ; 2º à toutes propriétés et possessions attachées à ce titre ; 3º à tous titres féodaux, ordres de chevalerie, distinctions et qualifications inconciliables avec la Constitution de la République (1).

En 1806, Louis-Eugène, rentré en possession de la principauté, contesta aux habitants de Quarouble le droit de parcours ou vaine pâture sur la terre d'Amblise. Il lui fut répondu le 24 novembre que, depuis un temps immémorial, les habitants exerçaient ce droit dans toute l'étendue de la localité, et que, s'il lui plaisait de résider à Quarouble, il en jouirait comme les autres (2).

Sous l'ancien régime, les princes de Ligne instituaient pour Amblise un bailli, qui résidait sur leur terre. A l'extrémité méridionale de cette vaste propriété, on voit encore des restes de construction baignés par une fontaine connue sous le nom de *fontaine de l'motte* ; ce sont les ruines de la maison du bailli. Chargé de sauvegarder les intérêts des princes, celui-ci créait, au besoin, un maïeur et des échevins pour rendre la justice.

Aubert de Saint-Donat, bailli d'Onnaing et de Qua-

---

(1) Hoverlant de Borelaere, *Histoire de Tournai*, t. 31, p. 64-70.

(2) Archives de la Mairie de Quarouble.

rouble, fut aussi créé bailli d'Amblise vers la fin de l'année 1496.

Au dix-huitième siècle cette fonction était comme héréditaire dans la famille Dubuf. Lieutenant-bailli le 19 septembre 1723, bailli dès le 21 octobre 1729, Adrien Dubuf se démit de son emploi vers 1757 en faveur de son fils Ferdinand-Ignace. Il mourut à Quarouble, âgé de quatre-vingt-huit ans, le 6 janvier 1766. Plusieurs de ses enfants occupèrent des situations honorables. Adrien-Antoine, avocat au parlement, était lieutenant-juge criminel et de police des villes et marquisat de Vervins en 1758. Deux de ses sœurs, Anne-Marie et Marie-Christine, épousèrent à Quarouble, l'une, le 28 août 1758, Jean-François Pillon, premier échevin de la ville de Marle, l'autre, le 18 décembre 1759, Jean-Baptiste Grimbelot, dont le père était notaire à Aubenton.

Quant à Ferdinand-Ignace, il se mésallia le 3 octobre 1775 ; sa famille le laissa dès lors dans un pénible isolement. Il resta cependant bailli jusqu'à la Révolution. Pierre-Joseph-Adrien, son fils, était maître d'école à Quarouble, le 14 août 1807. On le trouve aussi mentionné comme tisserand de profession.

D'après la déclaration faite au fisc en 1750, par Maloteau de Villerode, intendant aux affaires et biens du prince de Ligne, la forêt d'Amblise s'étendait en 1750, sur une superficie de 388 bonniers, mesure de Saint-Amand (1). Elle fut défrichée et mise en culture vers 1780 ; ce travail fut effectué en sept ans. Un procès s'ouvrit alors au sujet de la dîme entre le prince de Ligne et le chapitre de Cambrai. Il se termina à la satisfaction du chapitre, dont le droit de dîme acquit une valeur beaucoup plus grande (2).

I I

Seigneurie de Vaucelles

La terre de *Vaucelles* ou *Vaucelette*, située dans la partie septentrionale du village de Quarouble, appar-

---

(1) Archives du Nord. Intendance du Hainaut, C. 815.
(2) De Carondalet, manuscrit 1138 bis de Cambrai.

tenait dès le treizième siècle à l'abbaye de Vaucelles, près de Cambrai. Le pape Innocent III en confirma la possession à ce monastère le 15 janvier 1220. Elle devint la propriété de l'archevêché de Cambrai en 1575 ; voici les circonstances qui en déterminèrent le transfert.

Le siège de Cambrai avait été érigé en archevêché par Paul IV le 12 mai 1559. A la prière de l'archevêque Maximilien de Berghes, Pie IV, successeur de Paul IV, crut devoir annexer l'abbaye de Vaucelles à la mense du siège de Cambrai, afin «d'assortir le revenu à la dignité». L'abbaye, ainsi privée de son autonomie, engagea en cour de Rome un procès qui dura plusieurs années ; mais, condamnée par les tribunaux romains, elle consentit à céder à l'archevêque la seigneurie qu'elle possédait à Quarouble, avec les terres qu'elle avait acquises à Sebourg, Estreux, Maing, Escaupont, Vicq, Fresnes, Saint-Saulve et Rombies; ces conditions, acceptées par l'archevêque Louis de Berlaimont, furent ratifiées par le pape Grégoire XIII le 12 septembre 1575 (1).

La seigneurie de Vaucelles comprenait 880 mencaudées de prairie et 104 mencaudées de terre, mesure de Saint-Amand. En 1587, cette propriété fut affermée, avec les terres qui en dépendaient, pour 896 livres 19 sous 5 deniers tournois, à charge pour le censier de payer les contributions. La même année, le 20ᵉ denier imposé par les états du Hainaut s'élève à 105 livres 10 sous 10 deniers, et la contribution du clergé à 1216 livres 17 sous 6 deniers. Celle-ci descendit à 586 livres 19 sous 5 deniers en 1594, et à 155 livres en 1602 (2).

En vertu d'un accord promulgué par Godefroi, évêque de Cambrai, et confirmé par Pierre, évêque d'Arras, au mois de juillet 1222, les prairies de Vaucelles ne payaient aucune dîme au chapitre (1).

L'archevêque de Cambrai instituait dans sa seigneurie un bailli, qui nommait, au besoin, un maïeur et des

---

(1) Manuscrit 1149 (1027) de Cambrai, fᵒˢ 9-11 et 732 (660), fᵒˢ 1, 2, 6, 51, 54, 73.

(2) Archives du Hainaut, Cahier des contributions de la seigneurie de Vaucelles.

échevins pour y exercer la basse et moyenne justice. La fonction de bailli était, au début, confiée au censier de Vaucelles.

Les Sohier, famille fort ancienne dans le pays (2), eurent longtemps la direction de cette ferme. A Nicolas succéda, vers la fin du seizième siècle, Guillaume, son fils ; puis vint Philippe, son autre fils, dont la veuve, Jeanne d'Espagne, continuait l'exploitation en 1605. Ferri Sohier, probablement fils de Philippe, était bailli et admodiateur en 1627 (3). On trouve après lui Bertrand Noirman, qui épousa Marie-Jeanne Bacqs, née à Quarouble le 24 mars 1635. Jean, leur fils, baptisé le 13 décembre 1665, eut pour parrain Jean Le Francq, chanoine de Cambrai. — Les sieurs Cocquelet, de Valenciennes, étaient fermiers de Vaucelles en 1750 ; Magloire-Joseph Senocq est mentionné au même titre le 30 mai 1791. Le sieur Goube, *praticien* à Valenciennes, avait été nommé bailli de Vaucelles le 9 octobre 1764, Il ne recevait à ce titre que 16 florins (4).

Un registre paroissial de Quarouble fait mention d'une chapelle à Vaucelles en date du 3 mai 1620.

Reconstruite en 1787, la ferme porte encore à sa façade les armes de Mgr de Rohan, archevêque de Cambrai (5). Elle fut confisquée à la Révolution et mise en vente à Paris le 9 mai 1807 sur enchère de 33700 francs (6). Mais les offres durent paraître insuffisantes ; car le 30 juin 1810 la *Feuille de Valenciennes* annonça de nouveau la vente prochaine de cette propriété. « Le bien connu sous le nom de Vaucelles, disait le journal valenciennois, est sans contredit le plus grand, le plus beau et le plus pro-

---

(1) Bibliothèque nationale, manuscrit latin 10969, — Cartulaire C de l'église de Cambrai, fᵒˢ 22 et 50.

(2) L'obituaire d'Onnaing de 1434 fait mention d'un obit fondé pour Jehan Sohier.

(3) Un autre Sohier, Guillaume, était bailli de Sebourg en 1612 ; il assista à l'élévation du corps de saint Druon.

(4) Archives du Nord, fonds du chapitre de Cambrai, carton 149.

(5) *Ecartelé, au 1er et 4e, de gueules aux chaînes d'or posées en sautoir, croix et orbe, qui est de Navarre ; au 2e et au 3e, d'azur, à trois fleurs de lys d'or, qui est de France ; sur le tout, mi-parti, au 1er de gueules à neuf macles d'or, 3, 3, 3, qui est de Rohan ; au 2e, d'hermine, qui est de Bretagne.*

(6) *Feuille de Valenciennes,* 28 février 1807.

ductif du département du Nord, et peut-être de l'Empire.
Il consiste en un joli château, une belle ferme et [237 hectares 19 ares 38 centiares, en une pièce, d'excellentes
prairies. Les prairies seules sont affermées à divers particuliers par baux notariés qui ont encore une durée de
quatre ans, au fermage annuel, non compris le pot-de-vin
qui a été payé, de 26302 f. 53 c. ».

L'acquéreur fut l'abbé Sieyès, dont les héritiers sont
aujourd'hui M. de Chauvenet, le comte Paul Sieyès et le
comte de Laubépin.

III

Seigneurie des Bosqueaux.

Le lieu « con apiele boskiel », est mentionné dès 1241
dans un rapport d'arpentage entre l'avouerie d'Onnaing
et de Quarouble et la seigneurie de Vicq et d'Escaupont (1).

D'après une déclaration faite au fisc en 1410, le fief lige
des Bosqueaux de la mouvance du comte de Hainaut,
consistait en une rente de 50 livres tournois, avec basse,
moyenne et haute justice, sur 50 bonniers de terres et
prairies situés à Quarouble, Onnaing et Vicq.

En 1410 ce fief est tenu par Piérars de Dour, dit de
Wargny, bourgeois de Valenciennes, qui le lègue à
Colart de Dour, son fils. Celui-ci le vend à Aymery
Grébert (2).

En 1473 il appartient à Jacquemart Saumon, bourgeois
de Valenciennes, et en 1559 à Maître Pierre Buteau,
prêtre. Le 16 mai de ladite année, Pierre Buteau donne
deux chapons de rente sur son fief et seigneurie à Jehan
Amand, fils de Jacques, et à Nicolas de Bruxelles, pour
les constituer hommes de fief (3).

Le 28 avril 1588, Jehan Buteau, résidant à Mons, fils de
Charles Buteau et de Marguerite Bosquet, relève ce fief

---

(1) Archives du Nord, fonds du chapitre, carton 15.
(2) Archives du Hainaut, Cour féodale, cartulaire de 1410, f° 42.
(3) Ibid, cartulaire de 1473. — Registre aux déshéritances, 1556-82, f° 4.

à lui échu par la mort de son père survenue le 20 mars 1588 : « Fief se comprenant, dit l'acte de relief, en une masure où ci-devant y a heu maison, jardin, pretz, pasturaige et entrepresure, aussy en terres labourables, en censes et rentes d'argent, d'avoine et de chapons, et en retenue de la quinzaine, quand les héritages vont de main à autre (1) ».

Le 13 janvier 1602, Jehan Buteau se déshérite de son fief entre les mains du duc de Croy et d'Arschot, grand bailli du Hainaut, pour en adhériter celui à qui lui ou sa femme Jeanne de Wauldret, le pourra vendre (2). Le rôle des contributions pour le 100ᵉ denier de 1602 note qu'il n'existe aux Bosqueaux « ni église, ni âtre (cimetière), ni maison pastorale, ni lieu de plaisance » ; il évalue le revenu de cette seigneurie à 590 livres 10 sous tournois : ce qui donne, pour le 100ᵉ denier, 120 livres 17 sous de Hainaut, environ 76 livres tournois (3).

Le 27 septembre 1602, Pierre Savreux, bourgeois de Valenciennes, époux d'Hélène Vivien, fille de Nicolas, docteur ès-droits, seigneur de Beauvignies, et de Jeanne des Masières, achète les Bosqueaux à Jeanne de Wauldret, veuve dès le 23 mai 1602, pour le prix de 4200 livres tournois, monnaie de Hainaut, outre 24 livres de vin bu et à charge de 20 livres de rente. « Fief lige, dit l'acte de déshéritance, ne devant que 60 sols blancs à la mort, en 4 bonniers de prés, 2 mencaudées et 16 verges de terre, rentes d'argent, mortemains, reprises d'héritages, droit d'aubanité, avec toute justice et seigneurie, haute, moyenne et basse »(4). Les 4 bonniers de prés se trouvant enclavés de trois côtés dans les *prés le comte* et touchant par le quatrième au marais de Vicq, Pierre Savreux les vendit le 15 avril 1632 au chapitre de Sainte-Gudule, alors propriétaire des *Prés le Comte*, pour 3600 livres tournois, monnaie de Hainaut, outre 200 livres pour vin

---

(1) Ibid., Registre aux déshéritances, 1632, 1582-92, f° 171.

(2) Archives du Hainaut, Recueil de cahiers de contributions Ibid.

(3) Ibid., Registre aux déshéritances, 1602, f° 7.

(4) Ibid., reg. aux déshéritances, 1602, f° 21.

et 3o florins pour charité (1). — Il mourut le 17 janvier 1635.

Elisabeth Savreux, fille de Pierre Savreux, dame des Bosqueaux, épousa Henri Bardoul, écuyer, lieutenant-prévôt de Valenciennes, qui mourut le 4 février 1665. Elle mourut la même année.

François-Albert Savreux, fils de Josse et neveu de Pierre Savreux, prend le titre de seigneur des Bosqueaux dans l'épitaphe dédiée par lui à Henri Bardoul.

Jean-Philippe Savreux, autre fils de Josse, seigneur des Bosqueaux, épousa Thérèse Le Sellier, fille de Jean, seigneur de Baraille et de Bussy.

Thérèse Le Seillier épousa en secondes noces. le 17 octobre 1707, dans l'église de La Chaussée à Valenciennes,. Denis-Georges de Nédonchel, baron dudit lieu, seigneur des Bosqueaux. Tous deux moururent en 1727..

On trouve ensuite la seigneurie des Bosqueaux aux mains de Jacques-Hyacinthe Recbois, fils de Jean. seigneur de Villers-au-Bois, Oisy, Bonacquet. capitaine dans le régiment de Sohre, et de dame Marie-Circule Cocqueau. En 1744 Jacques Hyacinthe, « cadet dans les gardes du corps du roi d'Espagne » tenta de rentrer en possession des 4 bonniers de prés vendus au chapitre de Sainte-Gudule le 15 avril 1632. Le procès était pendant en 1749 (2). Jacques-Hyacinthe, « jeune homme à marier, cy devant au service de Sa Majesté catholique », fut inhumé dans l'église de Quarouble le 27 août 1752.

Marie-Hyacinthe Recbois, sœur de Jacques-Hyacinthe, épousa Laurent-Hyacinthe Daguin de Beauregard, échevin de Valenciennes, puis conseiller au ministère des forêts. Celui-ci fut parrain du fils de Jacques-Joseph Alglave, « concierge au bosquiau », le 12 décembre 1757.

Pierre-Joseph Daguin de Beauregard, fils de Laurent-Hyacinthe, était seigneur des Bosqueaux dès 1767. Le 13 décembre de cette année, il assista, comme parrain, au

---

(1) Archives générales de Belgique, Fonds de Sainte-Gudule, cart, 1089.
(2) Ibid.

baptème de Thérèse-Joseph Létouffé, fille de Guillaume-Bernard-Joseph, maître-chirurgien à Quarouble, et de Jeanne-Joseph Loison. Avocat et officier des eaux et forêts, il se lança dès la première heure dans le mouvement révolutionnaire. Le 4 juin 1791, il accompagna à Onnaing le curé constitutionnel, Simon-Joseph Verdavaine, qui allait prendre possession de son poste. La Révolution ne laissa pas de l'appauvrir. Le 24 novembre 1791 on vendit à la Municipalité de Valenciennes 23 mencaudées de prairie situées dans la seigneurie des Bosqueaux; elles furent achetées 8000 livres par le citoyen Menu, fils(1). Daguin épousa en 1793 la fille d'un menuisier. Sa fille, Marie-Hyacinthe-Joseph Daguin, se maria en 1810 à Honoré-Joseph Miroux, négociant à Valenciennes.

En 1740, la dîme des terres des Bosqueaux, perçue par le chapitre de Cambrai, valait 256 livres de Hainaut (160 fr. environ (2).

Martin Mariage était censier des Bosqueaux en 1724.

I V

Seigneurie d'Orimond.

La seigneurie d'Orimond, autrefois sur Quarouble, est aujourd'hui située dans le périmètre de la commune de Vicq. On y construisit au dix-huitième siècle une maison de campagne connue actuellement sous le nom de château Castillon.

Vers le milieu du dix-huitième siècle, cette seigneurie, d'origine récente, appartenait à Gabriel-Joseph Desfontaines, écuyer, sieur de le Bove, qui épousa Marie-Justine-Joseph-Alexandrine de Belloy, née le 7 septembre 1740, fille de Poppon de Belloy, major de la citadelle de Lille, et de Claude-Marguerite d'Eustache. Déjà veuve en 1773 et atteinte d'infirmités précoces, Marie-Justine de Belloy obtint de Mgr de Choiseul, archevêque de Cambrai, le 2 octobre de la même année l'autorisation de construire

---

(1) Archives du Nord, série Q.

(2) De Carondelet, manuscrit 1138 bis de Cambrai.

au château d'Orimond une chapelle où elle pût entendre la messe. L'édicule fut bénit le 9 décembre par Jacques-Joseph Herlemont, curé de Quarouble, assisté de Denis Prévost, curé de Vicq, et d'Alexis Obled, vicaire d'Onnaing. Il servit peu au saint usage auquel on le destinait; car Marie-Justine de Belloy mourut le 23 août 1775. Elle fut inhumée le lendemain dans l'église de Quarouble.

Elle laissait plusieurs enfants, dont Emmanuel-Désiré-Parfait, mentionné comme témoin dans l'acte d'inhumation de sa mère, avec Denis-Joseph Fenaux, son tuteur.

Jean-Baptiste Desfontaines, seigneur d'Orimond, puis de Verchain par achat, fut lieutenant des maréchaux de France. Le 8 septembre 1780, il épousa à Valenciennes Marie-Thérèse de Vernes, dame de Sinneville, Forceville et Roquefort. De ce mariage naquirent le 17 juin 1781, Anne-Marie-Suzanne Desfontaines, qui épousa à Valenciennes le 30 août 1820, Pierre-Charles Bernard, lieutenant-colonel d'infanterie, et le 3 juillet 1786, Louise-Thérèse-Eugénie, qui mourut le 18 août de la même année et fut inhumée le lendemain au cimetière de Quarouble.

Desfontaines joua un rôle peu glorieux pendant la Révolution. A la suite de troubles qui eurent lieu à Valenciennes le 24 juillet 1789, il souleva les habitants de Verchain contre l'abbaye de Vicoigne, à laquelle ils payaient la dîme. Les esprits s'aigrirent au souvenir de procès perdus. Le 27 juillet, les paysans, armés de fusils et de fourches, se rendirent à Vicoigne sous la conduite de Desfontaines et exigèrent de l'abbé, avec menaces, une somme de 12000 livres, qu'on leur remit dans la crainte de plus grands maux. Lorsqu'ils eurent copieusement bu et mangé, ils reprirent la route de Verchain ; mais la maréchaussée de Valenciennes, les ayant poursuivis, saisit quelques-uns des plus mutins, qu'elle dirigea vers le siège royal du Quesnoy. Desfontaines, qui avait fui en Belgique, fut destitué de ses fonctions de major en second de la garde nationale de Valenciennes et pendu en effigie sur la place d'Armes de cette ville. Deux malheureux payèrent de leur vie la faute qu'il leur avait fait commettre (1).

De retour en France lors de l'invasion étrangère, le sieur d'Orimond gagna de nouveau le territoire autrichien à l'approche des troupes françaises victorieuses à Fleurus. Mais arrêté en Belgique lors de la conquête de cette province, il comparut le 16 floréal an III (5 mai 1795) devant les administrateurs du directoire du district de Valenciennes, qui, le considérant comme émigré, l'envoyèrent au tribunal révolutionnaire de Douai. Un procédé peu louable lui fit recouvrer la liberté. Comme on le dirigeait vers la prison, il invita le gendarme qui l'escortait à souper avec lui dans une auberge de la rue aux Cerfs. Le gendarme se laissa séduire ; et Desfontaines, l'ayant fait boire, profita de son ivresse pour s'esquiver. Le malheureux fonctionnaire fut, pour son défaut de vigilance, condamné à la peine de mort et exécuté à Douai le 19 vendémiaire an V (10 octobre 1796).

Le commissaire de police de Douai, très inquiet, n'avait pas laissé de faire d'actives recherches pour ressaisir le fugitif. Voici le signalement qu'il adressa aussitôt à ses divers agents : « J.-B. Desfontaines, dit Dorimont, se disant négociant; taille de cinq pieds trois pouces, cheveux et sourcils châtains, yeux bruns, front large, nez gros, bouche moyenne, visage ovale plein ».

Le fugitif fut découvert ; et le 1er juin 1795, il était en face des juges du tribunal révolutionnaire.

Desfontaines argua, non sans habileté, qu'en vertu des dispositions de la loi du 25 brumaire, il ne pouvait être considéré comme émigré, puisqu'il n'avait jamais quitté le territoire de la République non envahi par l'ennemi, pour résider sur le territoire envahi ; que fut-il considéré comme émigré, il devait bénéficier de la loi du 22 nivôse (12 janvier 1795), attendu qu'il avait cessé d'être noble cinq ans avant la Révolution en exerçant un commerce de détail, et que, depuis la Révolution, il s'était adonné

(1) Recueil manuscrit du greffier Verdavainne, chapitre IV, p. 47.

à la profession de laboureur. Ces moyens de défense impressionnèrent le tribunal révolutionnaire, qui ordonna le renvoi des pièces du procès au directoire du district de Valenciennes, avec injonction pour celui-ci de se prononcer dans les trois jours sur la valeur des allégations de l'accusé (1). Le directoire du district de Valenciennes ne pouvait que confirmer ses premières appréciations. D'après un chroniqueur douaisien, Desfontaines fut fusillé à Douai en 1796 (2).

Vingt-trois mencaudées de terre qui lui appartenaient à Quarouble, furent par suite, vendues au profit de l'Etat le 16 floréal an VII (5 mai 1799), et achetées par le citoyen François Ribeauville. Telle fut la fin de la seigneurie d'Orimond.

FIEF INNOMMÉ.

Le 29 septembre 1766, Pierre-Noël Duée, fils de défunt Jean-Baptiste et de Marie-Joseph Canonne, achète pour 4200 livres de Hainaut, un fief consistant en 7 mencaudées de terre situées à Quarouble et en un sixième ou environ d'un droit de terrage sur 60 mencaudées de terre au même village (3).

(1) L'abbé A. Pastoors, *Histoire de la ville de Douai pendant la Révolution*, pp. 373-77.

(2) Bibliothèque de Douai, manuscrit 1468, Recueil des faits historiques et chronologiques de la ville de Douai par Vannimmen.

(3) Actes scabinaux d'Onnaing.

SOURCES DE CE LIVRE

Le fonds du chapitre de Cambrai, aux Archives du Nord, constitue la principale source de ce travail. Il est réparti en cent cinquante-quatre cartons contenant une infinité de pièces. Nombreuses sont celles qu'on y trouve sous la rubrique : *Onnaing et Quarouble.*

Cette première source d'informations se complète par les volumineux registres du chapitre conservés à la Bibliothèque de Cambrai. Comme il n'y existe aucune table, le chercheur doit se résigner à en parcourir toutes les pages pour se rendre compte de leur contenu. Notons cependant que les nominations aux cures et les échanges de *bénéfices* entre curés et chapelains sont indiqués en marge par les mentions *collatio* et *commutatio.*

Nous avons aussi trouvé à la Bibliothèque de Cambrai des extraits de comptes du chapitre dus au chanoine de Carondelet, et dans un manuscrit de l'abbaye de Vaucelles (732-666) des renseignements sur le domaine dit de *Vaucelles.*

Si l'on ajoute à ce qui précède des rôles de contributions et quelques comptes du chapitre que possèdent les archives de l'Etat à Mons, les « Antiquitez » et les Annales de Valenciennes de Simon Leboucq, à la Bibliothèque de Valenciennes, le cahier des doléances de 1789, aux Archives de cette ville, et enfin le fonds des Archives communales de Quarouble et d'Onnaing, on aura à peu près l'ensemble des sources auxquelles nous avons puisé.

Nous devons un tribut spécial de reconnaissance à M. Louis Serbat, de Saint-Saulve, qui a bien voulu nous communiquer la *loi* de 1236, dont il possède la charte originale. Ce document, encore inédit, attirera, croyons-nous, l'attention de ceux qu'intéresse la législation du moyen âge.

DOCUMENTS

I

LOI D'ONNAING ET DE QUAROUBLE

— 1236 —

Jo, Gobiers, officiaus de Cambrai, fac savoir à tous chieus ki ore sunt et ki à venir sunt, ke li capitles Nostre Dame de Cambrai a donée loi escrite et saielée de sen saiel del capitle à ses homes de ses villes d'Onaing et de Quaroube selonc le forme et le manière ki est contenue en cest escrit, dont li teneurs est tele :

Kikonkes manra an et jor ès viles d'Onaing et de Quaroube, jurer li convient le pais de le vile s'il en est requis del capitle.

S'aucuns hom desment autre, il est à V sols.

Se li feme desment autrui, ele est à II sols.

Se feme fiert autrui, elle est à V sols.

Et s'il le claimme laron, u mordreur, u reubeur, u met sus laide euvre, il l'amende par la loi de XV sols ; s'en a li laidengiés V sols, et li capitles X sols.

S'aucuns homs fiert de puing u de paume, il est à X sols ; s'il le rahiert, ne sache, ne boute, ne mue de sen estage par ire faite, à XXX sols ; et s'il keit de le

Je, Gobert, official de Cambrai, fais savoir à tous présents et à venir, que le chapitre Notre - Dame de Cambrai a donné une loi écrite et scellée de son sceau capitulaire à ses hommes des villes d'Onnaing et de Quarouble suivant la forme et manière contenue en cet écrit, dont voici la teneur :

Quiconque demeurera an et jour dans les villes d'Onnaing et de Quarouble devra jurer la paix de ces villes, s'il en est requis par le chapitre.

Si un homme donne un démenti à quelqu'un, il est à l'amende de 5 sous.

Si une femme donne un démenti, elle est à l'amende de 2 sous.

Si une femme frappe quelqu'un, elle est à l'amende de 5 sous.

Si l'on traite quelqu'un de larron, meurtrier ou voleur, ou si on lui impute une action honteuse, l'amende est de 15 sous ; l'injurié en a 5, et le chapitre 10.

Si un homme donne un coup de poing ou un soufflet à un autre, il est à l'amende de 10 sous ; s'il le heurte, le tire, le pousse ou le met hors de sa maison kenée(1), s'est il à XXX sols.

Et s'il i a bruec ne cose dont drap soient cunchié, il est à LX sols; ne s'il le refoule ne traine, il est à LX sols.

Et se sache on ke les grans lois acuitent les menues.

Et se c'est fait par nuit, tout cist forfait doublent; et se c'est fait par jor en sen ostel, il est à LX sols, et se maisons est abatue. Et s'ele est couverte de tieule, il le racate de C sols s'il velt; et s'ele est couverte d'estrain, il le racate de L sols. Et se c'est par nuit et en sen ostel, il double.

Se cil se plaint cui on a forfait et il le puet prover, il a le tierce part as lois, et li capitle les II; et se cil ne se velt plaindre u cille, plaindre s'en puet li baillieus del capitle, de kel fait ke ce soit; et cil (s'il) ni a nient ki ne s'en plaint, et s'en juge on aussi bien le forfait com on feroit se cil s'en plaignoit cui on a le honte fait.

S'on porte coutiel à pointe et bans en est, s'il piert XXXII sols et demi.

Ki trait espée, u coutiel à pointe, u broke, et fait san-

par colère, il est à l'amende de 30 sous; et si le patient tombe du coup, il est à l'amende de 30 sous.

S'il y a de la boue ou autre chose dont les vêtements soient détériorés, il est à l'amende de 60 sous; s'il le foule aux pieds ou le traîne, il doit également 60 sous.

Et qu'on sache que les grandes amendes annulent les petites.

Si tous les forfaits ci-dessus ont lieu la nuit, l'amende est double. S'ils ont lieu le jour et dans la maison d'autrui, le coupable paie 60 sous, et sa maison est abattue. Si elle est couverte en tuiles, il la rachète, s'il le veut, pour 100 sous; si elle est couverte de chaume, il la rachète pour 50 sous. Si le forfait est commis la nuit et dans la maison d'autrui, tout est doublé.

Si celui envers qui on a forfait peut le prouver, il a le tiers de l'amendeet le chapitre les deux tiers; et si l'offensé, homme ou femme, ne veut pas se plaindre, le bailli du chapitre, quel que soit le fait, peut attraire l'offenseur en justice. Et si personne ne porte plainte, on juge le forfait aussi bien que si l'offensé se plaignait.

Si quelqu'un porte un couteau pointu lorsque défense en est faite. il est à l'amende de 32 sous et demi.

Qui tire une épée, un couteau ou instrument pointu,

---

(1) *Kenée*, du bas latin *quennaia*, pour *colaphus*, soufflet, coup.

lant de férir, u de lance, il est à XXX sols.

Ki fiert de coutiel à pointe u de broke, il est en merchi del capitle.

S'aucuns entre en maison d'autrui par nuit par fosse, u par paroit brisié, u par covreture de le maison, et il est pris, il est en le merchi del capitle.

Rath, homecide, larechin, ardeur, mordreur, sont à vengier par le jugement del baillieu del capitle et des eskiévins.

Se li baillieus del capitle vient à meslée et il a II eskiévins u autres preudomes, et il commande par le conseil des eskiévins u el tesmoing de ces II preudomes pais se tenir à chascun, ki en ki sus fait meslée, il est à XXX sols.

Se c'est cose que li baillieus del capitle vigne avant, et il veille le meslée deffaire et il met main à chascun u il u li eskiévin et li doi preudome, se nus les bat ne laidenge ne fait honte, puis ke li baillieus del capitle les tient u li eskiévin u li preudome, il est à XIX libres et demie ; et se maison est abatue, ou il le puet racater selon le forme devant dite : et chascuns des eskiévins ki est avec le baillieu a X sols, et chascuns des preudomes a V sols.

et fait semblant de frapper avec une de ces armes ou avec une lance, est à l'amende de 30 sous.

Qui frappe avec un couteau ou instrument pointu est à la merci du chapitre.

Si quelqu'un entre la nuit dans la maison d'autrui par trou sous terre, par ouverture dans la cloison, ou par le toit de la maison, et qu'il est pris, il est à la merci du chapitre.

Viol (1), homicide simple, larcin, incendie, homicide qualifié, sont punis par jugement du bailli du chapitre et des échevins.

Si le bailli du chapitre intervient dans une mêlée, ayant avec lui deux échevins ou autres prud'hommes, et qu'il commande sur le conseil des échevins ou devant les deux prud'hommes que chacun se tienne en paix, quiconque ensuite continue la mêlée, paie 30 sous.

S'il arrive que le bailli intervienne et qu'il veuille empêcher la mêlée, et que lui ou les échevins ou les deux prud'hommes mettent la main sur les adversaires, celui qui frappe, outrage ou injurie après que le bailli du chapitre, les échevins ou les prud'hommes ont mis la main sur lui, est à l'amende de 19 livres et demie ; et sa maison est abattue, mais il la peut racheter de la manière dite ci-dessus. Chacun des échevins qui sont avec le bailli, a 10 sous ; et chacun des prud'hommes, 5.

---

(1) « Nos chartes romanes, dit Leuridan, traduisent ce mot par enforchement de femme ».

Suns hom fiert autre ki le navre, li baillieu del capitle vient à celui alout II eskiévins, et li demandent sor le péril de s'âme ki cell a fait. Celui cui il nomme il est coupaules de le mort, se cil muert ançois c'on le voie aler u venir, par tesmognage de II homes, por tant c'on l'ait ajorné par ce fait : sauf çou ke si doute i a, on en fera loial enqueste.

Li baillieus del capitle doit prendre trieves par le conseil des eskiévins u el tesmoing de II homes de bon cose douteuse ; et quant li baillieus demandera trieves par le conseil des eskiévins u des II homes, s'il est amonesté une fies, secunde et tierce, et il l'escondit, il est à XVI libres et demie.

Ki trieves brise, il est kéus de corps et d'avoir à le merchi del capitle.

Se nus dist honte le baillieu del capitle tant com il va en justice avec les eskiévins u avec preudomes, u donc u apres, par okision de justice faite u à faire, il est à XVI libres et demie ; et de tout les XVI libres et demie c'on juge, a chascuns des eskiévins ki est avec le baillieu del capitle, X sols ; et se ce sont autre home, V sols ; et li capitle le remanant.

De mort et de membre, il est al baillieu del capitle et

Si un homme frappe un autre homme et le blesse grièvement, le bailli du chapitre vient vers le blessé avec deux échevins, et lui demande sur le péril de son âme, qui lui a fait cela. Celui qu'il nomme, pour autant qu'on l'ait ajourné pour ce fait, est tenu pour coupable de la mort sur le témoignage de deux hommes si le blessé meurt avant qu'on le voie aller où venir. Mais s'il y a doute, on fera loyale enquête.

Le bailli du chapitre doit ordonner une trève sur le conseil des échevins ou en présence de deux hommes au sujet de toute chose douteuse ; et quand le bailli demande la trève sur le conseil des échevins ou des deux hommes, celui qui n'en tient pas compte apres avoir été admonesté une fois, seconde et tierce, est à 16 livres et demie d'amende.

Qui rompt une trève, tombe corps et biens à la merci du chapitre.

Si quelqu'un dit une parole injurieuse au bailli du chapitre lorsqu'il va en justice avec les échevins ou des prudhommes, ou pendant ou apres, au sujet de la justice faite ou à faire, il est à l'amende de 16 livres et demie. De ces 16 livres et demie, chacun des échevins qui sont avec le bailli du chapitre, à 10 sous ; si ce sont d'autres hommes, chacun a 5 sous ; le chapitre a le reste.

De mort donnée et de membre enlevé, il apparas eskiévins à vengier par leur jugement.

S'uns hom se doute d'un autre u por mésestance u por cose ki avigne, il vient al baillieu del capitle ; il a u pais u trièves : se li baillieus del capitle commande celui pais à tenir et on li brise cele commanderie, il est à XXX sols.

Ki seroit encontre cose que li baillieus commandast por aieve u por force u por l'oneur del capitle et des viles, ki ne le feroit il seroit à XVI libres et demié.

Ainsi pueent faire li serjant toutes coses ki montent à le besogne de le vile com li baillieus del capitle, portant ke li baillieus leur ait commandé par le tesmoing de II eskiévins u de II autres preudomes ; et dire doivent k'il sont venu par le commant le baillieu del capitle, por ce k'il ne metent les gens à damage.

S'aucuns estoit pris par nuit en autrui blé paissant ne soiant u en autre manière damage faisant, et convencus en estoit par le serjant ki les biens warde, il l'amenderoit par XIIII sols, et se sorroit de damage.

S'aucuns est trouvés par jor portant autrui blé, u autrui trémois, u fuèvre, u herbe, il est à V sols, et se rendera le damage.

tient au bailli du chapitre et aux échevins de tirer vengeance par leur jugement.

Si un homme se méfie d'un autre ou pour malveillance ou pour autre chose qui survient, il recourt au bailli du chapitre. Il a paix ou trève ; et si le bailli du chapitre ordonne de garder la paix, celui qui ne tient pas compte de cet ordre, est à 30 sous d'amende.

Qui irait à l'encontre de chose que le bailli commande pour aide, défense ou honneur du chapitre et des villes, et refuserait son concours, serait à l'amende de 16 livres et demie.

Les sergents peuvent faire toutes choses qui touchent aux affaires de la ville comme le bailli du chapitre, pour autant que le bailli le leur ait commandé sur le témoignage de deux échevins ou de deux autres prud'hommes ; et ils doivent dire qu'ils viennent par l'ordre du bailli du chapitre, pour éviter de mettre les gens à dommage.

Si quelqu'un était pris la nuit à passer dans le blé d'autrui, ou à le couper, ou à causer du dommage en quelque manière, et que le fait fût attesté par le sergent qui garde les terres, il serait à l'amende de 40 sous et paierait le dommage.

Si quelqu'un est trouvé pendant le jour emportant le blé, les récoltes de mars, les fèves ou l'herbe d'autrui, il est à l'amende de 5 sous et paie le dommage.

Ki est trovés en autrui biens à warde faite, il est à II sols, puis ce di que bans en est fait, et se rend le damage.

Li capitle oste le git de tous plais.

Ki iert trovés par nuit en gardin u en cortil d'autrui, il est à V sols al capitle, et se c'est par jor, à II sols ; et se rent le damage.

Ki n'ara ses fraites relevées devens mi avrilg, il est à II sols s'ève ne li tolt (1).

En tens de meisson, ki seroit trovés cariant puis soleil esconsant et puis cloke sonant, s'il n'avoit commenchié à kerkier, il seroit à V sols.

Les mortes mains de l'église sont asises à meilleur catel.

Les tieres c'on tient del capitle demeurent à merchi al capitle, si comme il a esté dus qual jor dui.

Li capitles met les serjans bons et loiaus à bone foi, et oster et metre puet les eskiévins à se volenté.

Tous forfais doit on prover par II tesmoins, et femme puet porter tesmoignage. Et c'on lendengoît por sen tesmoignage porter, com desist k'il lust parjures u autre saplant visce, il est à XV sols ; s'en a li laiden-

Qui est trouvé dans des terres clôturées après que défense en est faite, paie 2 sous d'amende et répare le dommage.

Le chapitre abandonne la redevance de tous les plaids.

Qui sera trouvé la nuit dans le jardin ou le courtil d'autrui, sera à l'amende de 5 sous, et, le jour, de 2 sous, au profit du chapitre ; et il réparera le dommage.

Qui n'aura ses fraites relevées avant la mi-avril, sera à l'amende de 2 sous, à moins que l'eau ne les ait enlevées.

En temps de moisson. qui serait trouvé voiturant après le soleil couché et la cloche sonnée, s'il n'avait commencé à charger, serait à l'amende de 5 sous.

Les mortemains du chapitre sont fixées au plus beau meuble.

Les terres qu'on tient du chapitre demeurent à la merci du chapitre, comme cela s'est pratiqué jusqu'aujourd'hui.

Le chapitre institue des sergents bons, loyaux et de bonne foi, et peut instituer et révoquer les échevins à volonté.

Toute faute doit être prouvée par deux témoins, et la femme peut porter témoignage. Si on insultait quelqu'un à raison de son témoignage, comme de dire qu'il est parjure ou autre chose semblable, on serait

---

1 *Fraite*, levée de terre servant de limite à un champ (Godefroy). L'enlèvement des *fraites* par l'eau est un cas de force majeure, qui dispense de l'amende. — *Ève*, d'où le mot *évier*, plus habituellement *aigue*, eau.

giés V sols. Et se por sen tesmoignage porter li faisoit on honte del cors, s'il en estoit convencus, il seroit à C sols.

Ki ne paie les rentes al jor con les doit paiier, il est à II sols de lois al capitle.

A toutes justices faire et maintenir, là u li baillieus del capitle semonra ceux des viles por aler . ki ni iroit, il seroit tenus al ban ki mis i seroit.

Ki enmaine tiérage de l'église, il est à LX sols.

Li eskiévin à chascune enqueste, quante fies k'il i voisent, aront IIII sols por leur despens, ke cil paiera ki le querièle perdera ; et li rente des cortieus c'on donoit as eskiévins demeure al capitle ; et toutes autres eoustumes k'eskiévin i prendoient, sont cuites.

Li baillieus fera aforer les vins par le conseil de II eskiévins, et fera faire loiaus denrées et en çou et en autres coses

De tous les forfais deseure dis ki paiier ne poroit, li baillieus del capitle puet prendre celui ki le forfait doit et tenir à sen voloir.

Li eskiévin et les deus viles doivent aseurer le capitle. les persones del capitle et leur biens, et le baillieu del capitle, toutes les fies ke li capitles le metera noviel ; et li baillieus

à l'amende de 15 sous, dont l'offensé a cinq. Et si l'on blessait quelqu'un dans son corps pour son témoignage, et qu'on en fût convaincu, on serait à 100 sous d'amende.

Qui ne paie les rentes au jour où on doit les payer, est à 2 sous d'amende au profit du chapitre.

Pour faire et maintenir toutes justices, si le bailli du chapitre invite ceux des villes à se rendre en un certain lieu, celui qui n'ira pas sera tenu d'obéir au ban qui en serait fait.

Qui emmène le terrage dû au chapitre est à 60 sous d'amende.

Toutes les fois que les échevins iront à l'enquête, ils auront 4 sous pour leurs dépens, et cela à la charge de celui qui perdra le procès. La rente des courtils, qu'on donnait aux échevins, demeure au chapitre ; sont aussi supprimés tous les autres droits dont ils avaient coutume de jouir.

Le bailli fera aforer les vins avec l'aide de deux échevins ; il veillera à ce que les marchandises soient bonnes en cela et en autres choses.

Si quelqu'un ne peut payer les amendes dessus dites, le bailli du chapitre peut le saisir et le garder à sa volonté.

Les échevins et les deux villes doivent assurer le chapitre, les personnes du chapitre et leurs biens, et le bailli du chapitre, toutes les fois que le chapitre en mettra un nouveau ; et le doit jurer k'il traitera les homes des II viles selonc le loi devant escrite.

De tous forfais, de toutes justices, de toutes amendes, dont cis escris ne parole, doit estre déterminé par le dit del capitle, ensi ke li grans forfais sera jugiés selonc le grant forfait de cest escrit, et li moiens forfais selonc le moien, et li petis selonc le petit. Et s'il avoit en cest escrit cose qui fust oscure, ele seroit déclarée et amendée par le dit del capitle.

Et pour çou ke li capitles velt ke ceste lois soit ferme et estable à tous jors à chiaus ki ore sunt et ki à venir seront ès viles d'Onaing et de Quaroube, il l'a saelée de sen saiel l'an del Incarnacion Jhésu Crist MCC et trente et sis.

Et jou, Gobiers, officiaus de Cambrai, por çou ke ceste lois, si com ele est contenue en cest présent escrit, soit duraule et estaule perménaulement, à le requeste et à le priière des eskiévins et des homes des II viles d'Onaing et de Quaroube, ai mis et pendu à ceste carte le saiel del siège de Cambrai l'an del Incarnacion Jhésu Crist mile CC et trente et six.

---

bailli doit jurer qu'il traitera les hommes des deux villes selon la loi écrite ci-dessus.

De tous forfaits, justices et amendes dont cet écrit ne parle pas, il doit être décidé par le jugement du chapitre, de sorte que les grands forfaits soient jugés comme les grands de cet écrit, les moyens comme les moyens, et les petits comme les petits. Et s'il se trouvait en cet escrit chose qui parût obscure, elle serait élucidée et amendée par le jugement du chapitre.

Et parce que le chapitre veut que cette loi soit toujours ferme et stable pour les habitants présents et à venir des villes d'Onnaing et de Quarouble, il l'a scellée de son sceau l'an de l'Incarnation de Jésus-Christ 1236.

Et je, Gobert, official de Cambrai, pour que cette loi, ainsi qu'elle est contenue en ce présent écrit, soit durable et stable perpétuellement, à la requête et prière des échevins et des hommes des deux villes d'Onnaing et de Quarouble, ai mis et appendu à cette charte le sceau du siège de Cambrai l'an de l'Incarnation de Jésus-Christ 1236.

INÉDIT. — Cabinet de M. Louis Serbat, à Saint-Saulve. Original en vélin, dont le sceau est perdu. — Archives du Nord, fonds du chapitre de Cambrai, carton 97, copie du dix-huitième siècle, sur papier, p. 39 du recueil)

11

LOI D'ONNAING ET DE QUAROUBLE
— 1248 —

Cette loi ayant été publiée plusieurs fois, nous nous bornons ici à l'analyser.

Le chapitre établit et révoque à volonté les échevins.

Les échevins et les habitants des deux villes doivent donner assurément (1) aux personnes et aux biens du chapitre, au bailli et aux sergents jurés des deux villes, quand ils en sont requis ; le chapitre fait de même pour les deux villes, et le bailli jure de traiter les habitants en toute loyauté selon cette charte.

Celui qui demeure un an et un jour à Onnaing ou à Quaroúble est tenu, s'il en est requis, de jurer la loi des deux villes.

L'homme qui donne un démenti à un autre, paie 3 sous ; la femme, 2 sous.

Si une femme blesse une autre femme, elle paie 6 sous ; si c'est avec un bâton et que le sang coule, 15 sous. On peut faire là preuve par le témoignage de deux femmes.

Si un homme âgé de quinze ans ou au-dessus, traite autrui de larron, meurtrier, voleur, ou lui impute une action honteuse qu'il ne peut prouver, il paie 15 sous, dont le tiers pour l'injurié et le reste pour le chapitre. Si l'injurié dément l'autre pendant qu'il l'injurie, il ne paie pas l'amende du démenti, à moins que l'insulteur ne puisse prouver son dire.

Celui qui injurie un témoin à raison de son témoignage, et le traite de parjure ou autrement, paie 14 sous.

Celui qui donne un coup de poing ou un soufflet, paie 15 sous ; s'il repousse, puis frappe son adversaire, il paie 30 sous.

Qui frappe avec un bâton, paie 20 sous ; 60, si le sang coule ; 100, si son adversaire tombe du coup.

Qui frappe avec le poing armé d'une pierre ou d'un objet de nature à blesser, paie 30 sous si le sang ne coule pas, 60 si le sang coule, 100 si le blessé tombe du coup, 30 livres s'il le traîne, le frappe du pied ou le prend par la gorge après l'avoir jeté à terre.

Celui qui porte couteau pointu, pieu, flèche, arc et trait.

Qui frappe avec un couteau pointu ou un pieu, est jugé par la justice laïque du chapitre.

---

(1) *Donner assurement,* garantir contre toute attaque.

Qui frappe avec une arme émoulue, paie 30 sous, et 100 sous si le sang coule. S'il tue ou prive autrui d'un membre, et qu'on peut le saisir, il est jugé par la justice laïque du chapitre. Quand la justice s'exerce, le chapitre a du meurtrier tous les meubles, et de celui qui prive autrui d'un membre la moitié des meubles qu'il possède alors. Si le coupable se soustrait par la fuite à la justice, on le bannit de l'avouerie et ses meubles demeurent au chapitre dans les conditions indiquées ci-dessus. De plus, les meubles dont le meurtrier hérite dans les limites de la juridiction du chapitre, restent entre les mains du chapitre, aussi long-temps qu'il vit.

Si les parents de celui qui tue ou prive autrui d'un membre demandent la trève, le bailli doit la leur faire obtenir suivant la loi du pays, de ceux qui demeurent dans l'avouerie ; et le chapitre et ses sergents doit la leur faire obtenir de ceux qut demeurent hors de l'avouerie et sans dépens pour le chapitre.

Celui qui entre la nuit dans la maison d'autrui pour faire mal, s'il est saisi par celui dans la maison de qui il a pénétré ou par un voisin averti par ses cris, paie 60 sous. S'il est convaincu de larcin, il est jugé par la justice laïque du chapitre.

Viol, homicide, vol qualifié, meurtre (1) et incendie, sont jugés par la justice laïque du chapitre.

Si le bailli se rend à une mêlée avec deux échevins ou deux prud'hommes, et qu'il ordonne de mettre fin à la lutte, celui qui frappe ensuite, paie 100 sous, sans préjudice de l'amende relative à la mêlée.

Si le bailli ou les sergents jurés, voulant mettre fin à une rixe, mettent la main sur les combattants, celui qui frappe ou insulte échevins, sergents ou prud'hommes que le bailli a appelés à son aide, paie 6 livres.

Qui met la main sur le bailli ou sur les sergents jurés ou s'insurge contre celui qui l'arrête, est à la merci du chapitre.

Quand le bailli est ou se rend aux plaids, celui qui le dément ou l'injurie, est à l'amende de 100 sous ; qui le dément ailleurs, paie l'amende double du démenti ordinaire ; qui l'outrage ou met la main sur lui, est à la merci du cha-pitre. Pour outrage ou main mise sur les échevins, jurés ou prudhommes accompagnant le bailli, 60 sous à chacun d'eux, sans préjudice de l'amende relative à la mêlée.

Si quelqu'un est blessé jusqu'à être en danger de mort, le bailli va vers lui et lui demande, sur le salut de son âme, le nom du coupable. S'il le déclare, on fait main basse sur la

---

(1) Les lois du moyen-âge distinguent le meurtre de l'homicide. L'homicide est le crime non prémédité, sans circonstances aggravantes. Le meurtre est le crime prémédité, acco-pagné de guet-apens, l'assassinat.

personne et sur les biens de celui qu'il dénonce, à moins que celui-ci ne puisse se disculper. S'il veut se disculper, il appelle au bailli, et l'on soumet le fait à une loyale enquête. Si la vérité le disculpe, il est mis en liberté ; si la vérité le confond, on en fait justice selon la loi du pays.

A la suite d'une rixe, quand un homme a été frappé ou jeté à terre, le bailli, s'il en est requis ou si le cas paraît l'exiger, doit ordonner devant deux échevins ou deux prud'hommes qu'on fasse paix ; à défaut du bailli, les sergents jurés ou l'un d'eux peuvent le faire comme lui. Si quelqu'un, après l'amende encourue, refuse de faire paix, le bailli peut, s'il le tient, le garder en prison jusqu'à ce qu'il consente à faire paix.

Qui donne trève ou assurement, doit le donner bon et loyal pour lui et pour les siens. S'il n'y peut décider quelqu'un de ses parents, on s'en rapporte à la loi du pays, et on passe outre.

Qui brise trève ou assurement, est laissé à la justice laïque du chapitre.

Si le bailli ou les sergents jurés mandent, au besoin, les hommes des villes pour témoignage loyal, pour bataille ou pour arrestation à faire, celui qui refuse de s'y rendre, en est à 40 sous.

Qui est mandé au conseil du seigneur ou des deux villes par le bailli ou par un sergent juré, et ne s'y rend pas, paie 12 deniers.

Qui est pris la nuit passant dans le blé d'autrui, le coupant ou y causant quelque dommage, et qui en est convaincu par le sergent chargé de garder les récoltes, paie 14 sous et répare le dommage.

Qui est trouvé le jour dans un bien clôturé après que défense en a été faite, paie 2 sous et répare le dommage.

Qui est pris à causer du dommage dans le jardin d'autrui, paie 5 sous si c'est la nuit, 2 sous si c'est le jour, et répare le dommage.

Le chapitre supprime, suivant les lois et coutumes du Hainaut, toute redevance à l'occasion des plaids (1).

Celui dont les frettes ne sont pas relevées, où elles doivent l'être, au commencement de mai (2), paie 2 sous, s'il n'est constant que l'eau les a enlevées.

En temps de moisson, qui se rend aux champs pour

---

(1) D'après la loi de 1236 : « Li capitle oste le git de tous plais » ; d'après celle de 1248 : « Li capitles oste l'engith (en gith ?) as us et coustumes de Haynnau ». Il ne peut être ici question que d'une redevance exigée antérieurement pour les plaids. *Gict, gist* (du bas latin *gita*), sorte de taille, dit Godefroy, somme répartie sur tous les habitants pour subvenir à des dépenses communes.

(2) *Frette*, levée de terre servant de limite à un champ (Godefroy). « Que chacun, disent les lois, chartes et coutumes d'Haynau, depuis le my-mars jusques adont que les biens soient dépouillez, soit tenu de reclore et fosser son héritage contre les wareskaix, sur 27 de blancs de loix ».

rentrer ses denrées, avec chariot, charrette ou cheval, après la cloche du soleil couchant, paie 5 sous.

Toute personne qui glane en sac ou en botte, doit revenir des champs à la cloche du soleil couchant ; après cette heure, on perd le sac et la glanure. Pour dommage causé, on paie 12 deniers et on perd la glanure.

Le chapitre doit instituer deux sergents honnêtes et loyaux, qui restent à demeure dans les villes, et qui ne s'en éloignent que pour le service du chapitre.

Qui emmène sciemment le terrage d'autrui, paie 30 sous et rend le terrage.

Le bailli et les échevins fixent le prix du vin ; celui qui le vend plus cher que le prix d'estimation, paie 40 sous et perd le droit d'en vendre pendant un an et un jour.

Ceux qui sont chargés de la prisée, vont visiter le vin réputé mauvais. S'il est reconnu mauvais, le bailli ordonne au tavernier de s'en défaire avant un jour et une nuit ; si le tavernier refuse de s'exécuter, on met le vin le lendemain hors de la futaille. Ainsi en est-il d'autres denrées mauvaises. Qui les fait venir les perd et paie 5 sous d'amende.

Qui ne peut payer une amende qu'il a encourue, est mis en prison, et le bailli l'y maintient aussi longtemps qu'il plaît au chapitre.

La taille de 100 livres de blancs, dont 60 reviennent au comte et 40 au chapitre, doit être établie par les répartiteurs ordinaires dans les huit jours avant la saint Remi, notifiée le jour de saint Remi, et toute payée dans la quinzaine suivante. Passé ce temps, le retardataire paie 3 deniers par huittelée de terre, autant par maison, et 1 denier par meuble de 20 sous. S'il y a dépens ou dommage pour le chapitre, dépens et dommage sont à la charge du retardataire.

Les habitants de l'avouerie sont obligés, d'après la convention faite entre le comte et le chapitre, d'aller en l'host et chevauchée du comte, lorsqu'ils en sont requis. Le chapitre a les mêmes droits sur eux.

Le chapitre abandonne toutes les mortes mains.

Si des serfs du comte demeurent ou viennent demeurer dans l'avouerie, on les traite suivant la convention de 1240.

Toutes les terres tenues du chapitre paient par huittelée 3 sous de formorture (1), et, à la rente, 3 sous d'issue et d'entrée ; les maisons d'entière rente, 5 sous de formorture, et, à la vente, 5 sous d'issue et 5 d'entrée, plus ou moins. Aucun autre droit n'est perçu aussi longtemps que terres et jardins de roturier restent en mains de roturier. S'ils passent par succession en mains de clerc ou de franc homme (2), ils restent assujettis aux mêmes redevances qu'auparavant. Le

---

(1) *Formorture*, droit successif dû au seigneur, quand un homme ni marié ni bourgeois décédait dans sa seigneurie.

(2) Le franc homme était exempt de la plupart des redevances et obligations féodales.

chapitre peut, d'ailleurs, lors d'une mutation, rappeler à lui, en vertu du droit seigneurial(1), les propriétés tenues de lui.

Les habitants des deux villes vont moudre aux moulins du chapitre dans l'avouerie, ou hors de l'avouerie, sur la rivière entre Sebourg et Crespin, et paient la mouture d'après l'usage du pays. Qui est pris à faire moudre ailleurs, est à 2 sous d'amende et perd la monnée. Mais si le meunier cesse de moudre un jour et une nuit, on est libre de faire moudre ailleurs.

Tout habitant d'Onnaing et de Quarouble peut avoir un four pour son usage, et le boulanger peut cuire pour vendre; mais ceux qui n'ont pas de four, doivent cuire leur pain aux fours du chapitre. On paie une maille (1) par mencaud de farine et un pain sur trente pour le chauffage. Moyennant cette rétribution (2), le fermier du four banal doit prendre et rapporter le pain à domicile. Il fait serment d'être honnête ; et s'il est infidèle à son serment, le chapitre doit le faire amender.

Nul ne peut mettre qu'entre les mains de roturier, terre, jardin ou autres biens, qu'il tient du chapitre.

Les échevins ne peuvent juger, à défaut du chapitre, les causes réservées par celui-ci ; ils continuent à juger comme ils l'ont fait par le passé.

Les échevins ne peuvent adhériter ni membre du chapitre ni personne privilégiée (3), qu'avec le consentement du chapitre, à moins que le bien ne vienne de succession en ligne collatérale.

Qui est convaincu d'avoir fait faux témoignage, n'est plus admis à témoigner. Arrêté, il paie le dommage; s'il est insolvable, le chapitre le tient en prison à sa volonté. S'il se soustrait à la justice, le chapitre le bannit pour aussi longtemps qu'il le juge convenable. Il ne peut rentrer dans l'avouerie avant de payer 100 sous.

Qui s'élève contre le dit des échevins, paie 20 sous à chaque échevin, 20 au maire et 20 au chapitre.

Tous les méfaits doivent être prouvés au moins par deux témoins loyaux requis par le chapitre, le bailli ou les sergents jurés, en présence de deux échevins.

Nul ne peut mettre des bestiaux aux pâtures et prés communs, s'il n'habite l'avouerie et qu'à la condition de les tenir chez lui pendant l'hiver. Les pauvres peuvent louer deux vaches pour soutenir leur famille.

---

(1) Maille, la plus petite des monnaies de billon. Au dix-septième siècle, la maille n'était plus qu'une monnaie de compte ou imaginaire, valant à peu près la 24ᵉ partie du sou actuel.

(2) « Par lemmier devant dite ». *Lemmier*, du bas latin *lemma* ou *lemna*, tribut, redevance.

(3) L'héritier, comme l'acquéreur, devait être officiellement investi de la propriété ; cette formalité était désignée sous le nom d'adhéritance.

Toutes les amendes doivent être payées en argent coursable à Valenciennes.

Si un habitant ne peut obtenir justice en quelque lieu hors de l'avouerie, le chapitre doit la lui faire obtenir par l'entremise des officiers des deux villes, mais sans dépens pour lui.

Quand le maire est absent ou qu'il refuse de se rendre aux affaires de son office, le chapitre peut, tout droit réservé, le suppléer selon la loi du pays.

Chacune des deux villes paie au sergent, à la saint Remi, 2 deniers de cens pour 123 bonniers de pâture que le chapitre a donnés. Elles gardent aussi leurs autres aisements. Le chapitre retient ses prairies et la partie de terroir connue sous le nom de *mer*.

Si ceux dont les habitants d'Onnaing et de Quarouble tiennent des terres ou autres biens situés dans l'avouerie, ne veulent pas se régler d'après les dispositions de cette loi, le chapitre conduira ses hommes à leur égard en toute bonne foi.

Le bailli doit, suivant son serment, administrer les habitants des deux villes conformément aux dispositions de cette loi. S'il y manque et qu'après avertissement il refuse de s'amender, des prud'hommes sont envoyés vers le chapitre, qui, vérification faite, le contraint à s'amender.

(Manuscrit 1152 (1029) de Cambrai. t, III, f°s 81-88. Ecriture du XIIIe siècle. — Archives du Nord, fonds du chapitre. De Reiffenberg, *Monuments pour servir à l'histoire des provinces de Namur, de Hainaut et de Luxembourg*, t. 1, p. 345-52. De Saint-Genois, *Monuments anciens*, Sommaire détaillé. De Coussemaker, Inventaire analytique et chronologique de la Chambre des comptes de Lille, n° 914. Analyse sommaire.

I I I

EMOLUMENTA MAJORIE DE ONNAING ET VALOR DICTE MAJORIE, ET QUE EMOLUMENTA PERTINENT AD DICTAM MAJORIAM, SECUNDUM DEPOSITIONEM PROBORUM.	EMOLUMENTS ET VALEUR DE LA MAIRIE D'ONNAING, ET QUELS ÉMOLUMENTS APPARTIENNENT A LA DITE MAIRIE, D'APRÈS LA DÉPOSITION D'HOMMES INTÈGRES.
Si quis habens gallice *aywe*, testimonium scilicet scabinorum, conqueratur de alio seu clamum faciat, si reus confitetur, tenetur ad leges quinque solidorum alborum, de quibus major habet tres solidos, et actor conquirens habet duos solidos.	Si quelqu'un se plaint ou fait *clain* (1) d'un autre avec *aywe* (2) ou acte échevinal, l'accusé, s'il avoue, doit une amende de cinq sous blancs, dont le maïeur a trois et le plaignant deux.

(1) *Clain* ou *claim*, du bas latin *clamum*, citation en justice.
(2) Aywe, habituellement *ayuwe*, du latin *adjuvare*, aide, témoignage ou acte favorable.

Si quis conqueritur, et reus de quo conqueritur ponatur in prisione majoris, quamcito ferratus est reus, debet majori XIIII solidos alborum.

Si quis conqueritur seu clamum facit de alio, non habens testimonium scabinorum, tunc major injungit quod neget vel confiteatur clamum. Si confitetur, tenetur ad leges quinque solidorum, de quibus major habet tres solidos, ut supra; si vero reus negat clamum, major assignat diem actori et reo ad jurandum. Qui si jurent, major non habet leges ; sed si concordent absque juramento, tunc major habet leges III solidorum.

Si quis contradicit scabinis seu vadit contra dictum aut judicium scabinorum, tenetur , totiens quotiens contradicit. majori ad leges XX solidorum.

Si fiat cirkemanagium aliquarum hereditatum in ponendo seu situando metam, gallice *bousne*, si major est presens. habet IIII^{er} denarios; nonpotest poni sine majore non vocato, nisi partes consenserint, et tunc major nichil habet.

Si vendatur hereditas que tenetur ab ecclesia, major habet in receptione emptoris IIII denarios. et vocantur cyrothecae majoris ; quod verum est, ut dicitur, in non feodalibus.

Item major habet annui redditus circiter XXVIII capones, XI octolia seu mene-

Si quelqu'un se plaint et que l'accusé dont il se plaint est mis dans la prison du maïeur, l'accusé, dès qu'il est écroué, doit au maïeur 14 sous blancs.

Si quelqu'un se plaint, ou fait *clain* d'un autre sans acte échevinal, le maïeur enjoint à l'accusé de nier ou d'avouer le sujet de la plainte. S'il avoue, il doit une amende de cinq sous, dont le maïeur a trois, comme il est dit plus haut ; mais si l'accusé nie, le maïeur assigne un jour au plaignant et à l'accusé pour faire serment. S'ils font serment, le maïeur n'a rien ; mais s'ils s'accommodent sans serment, le maïeur a droit à une amende de 3 sous.

Si quelqu'un contredit les échevins, s'élève ou parle contre la sentence ou jugement des échevins, il doit au maïeur, autant de fois qu'il contredit, une amende de 20 sous.

S'il se fait un arpentage de terres en plaçant ou établissant une borne, le maïeur, s'il est présent, a quatre deniers. Or on ne peut placer une borne sans faire intervenir le maïeur, à moins que les parties n'en conviennent. Dans ce cas le maïeur n'a rien.

Si on vend un bien tenu du chapitre, le maïeur a 4 deniers à l'investiture de l'acheteur; c'est ce qu'on appelle les gants du maïeur. Cela n'a lieu, à ce qu'on dit, que pour les biens non féodaux.

Le maïeur a aussi, de rentes annuelles, 28 chapons environ, 11 witteux ou men-

aldos avene, et XLVIII solidos, IIII denarios alborum. Inde major debet XIII capones et sex octolia seu mencaldos avene, et XIX solidos alborum. Sic remanent majori XV capones (1), Voctolia avene et XIX solidi, IIII denarii alborum annui reditus.

Et isti predicti annui redditus, hoc est hereditates debentes hos annuos redditus (2), debent majori introitus et exitus, gallice *entrées et issues*, ad voluntatem majoris, ut dicitur. Aliqui tamen, et specialiter duo, renuerunt nec voluerunt solvere ad voluntatem majoris ; et super hoc fuit lis mota contra majorem et petitum consilium magisterii, scilicet de Valenchenis. Sed quid fuit judicatum aut finaliter factum, scire non potuit inquisitor. Solvat Apollo.

Item major habet alium annuum redditum, qui vocatur oboli majoris, gallice *les mailles le maïeur*, quia de ducentis caponibus vel cireiter qui debentur annuatim ecclesie, major habet de quolibet capone, id est de hereditate que caponem debet, tres obolos, unum scilicet obolum in nativitate Domini, alium in pasca, et tertium in festo sancti Remigii.

Et si quis esset in deffectu solutionis obolorum in aliquo predictorum termino-

---

cauds d'avoine, et 48 sous 4 deniers blancs. Sur quoi le maïeur doit 13 chapons, six witteux ou mencauds d'avoine, et 19 sous blancs. Il reste donc au maïeur, de rente annuelle, 15 chapons, 5 witteux d'avoine, et 19 sous 4 deniers blancs.

Les rentes annuelles mentionnées ci-dessus, c'est-à-dire les biens chargés de ces rentes annuelles, doivent, à ce qu'on dit, *entrée et issue* à la volonté du maïeur ; ainsi fut-il fait en plusieurs circonstances. Quelques uns cependant, et deux spécialement, se sont refusés à payer d'après la volonté du maïeur. Un procès fut intenté à ce sujet contre le maïeur, et l'on prit conseil au chef de cens à Valenciennes. Quant à ce qui fut jugé et finalement réglé, l'enquêteur n'a pu le savoir. Qu'Apollon tranche la question.

Le maïeur a encore un autre revenu annuel qu'on appelle les oboles du maïeur, en français *les mailles le maïeur* ; car le maïeur a sur chacun des deux cents chapons ou environ qui sont dus au chapitre, c'est-à-dire sur le bien qui doit le chapon, trois oboles, dont une à la Nativité de Notre-Seigneur, une à Pâques, et une à la saint Remi.

Si quelqu'un négligeait de payer les oboles à l'un des dits termes, le maïeur

---

(1) Le scribe, ayant lu plus haut dans la minute « XIII capones », a reproduit ici le même chiffre ; l'erreur est évidente.

(2) Nouvelle distraction du scribe, qui, ayant lu « annui redditus » en tête du paragraphe, donne ici la leçon définitive : « hi annui redditus ».

rum, major posset venire ad hereditatem debentem hujus obolum et facere adjornamentnm : quo perfecto hereditas predicta teneretur majori in legibus duorum solidorum.

Et si major non esset solutus infra tres dies post istud adjornamentum, posset instituere unum alium majorem loco sui, et tunc deberet hereditas majori leges quinque solidorum cum dictis legibus duorum solidorum.

De predictis obolis qui valent annuatim cireiter XXV solidos, debet major G. Bliant V solidos in quolibet dictorum trium terminorum.

Item major habet juxta parochialem ecclesiam dimidium manerium, quod debet capitulo XII capones annui redditus : quod estimatur anno quolibet ad valorem centnm solidorum, licet aliquando fuerit plus locatum.

Sciendum est quod quotienscumque scabini vadunt ad magistrum apud Valenchenas, major ducit eos et solvit de suo duos lotos vel cireiter vini parvis majoribus de Valenchenis.

Estimatur quod majoria predicta valet annuatim XXV libras alborum sine redditibus quos major accipit annuatim in grangia capituli.

Predictam informationem seu inquisitionem fecit H. de Sancto Paulo de mandato capituli in anno millesimo CCC° XIIII°, prima dominica

pourrait se rendre à la terre qui en serait grevée et faire ajournement (1) . après quoi la terre lui devrait deux sous d'amende.

Et si le maïeur n'était payé dans les trois jours après cet ajournement, il pourrait établir un autre maïeur à sa place ; et le bien lui devrait, outre l'amende de deux sous, une seconde amende de cinq sous.

Sur les oboles ci-dessus, qui valent annuellement 25 sous environ, le maïeur doit à G(obert) Bliant 5 sous à chacun des termes indiqués ci-dessus.

Le maïeur a aussi près de l'église paroissiale un demi manoir, qui doit au chapitre 12 chapons de rente annuelle ; on estime qu'il vaut chaque année cent sous, bien qu'il ait été loué plus.

Il est à noter que toutes les fois que les échevins vont prendre conseil à Valenciennes, le maïeur les conduit ; et il paie du sien environ deux lots de vin aux petits maires de Valenciennes.

On estime que la mairie d'Onnaing vaut annuellement 25 livres blancs, en dehors de ce que le maïeur reçoit annuellement dans la grange du chapitre.

L'information qui précède fut faite sur l'ordre du chapitre en 1314, le premier dimanche après la Trinité, par H. de Saint-Paul, qui

---

post Trinitatem, ab anti-
quioribus et fide dignioribus
scabinis et aliis de Onnaing
et Quaroube, acceptis ipso-
rum juramentis, et specialiter ab Terrico, clerico de
Onnaing, cui multum sta-
batur super istis, quia
plusquam alii assistat (1)
majori, et de officio majoris
plus fuerat usitatus, ut
dicebatur.

reçut le serment des échevins les plus anciens et les
plus dignes de foi, ainsi
que d'autres habitants d'Onnaing et de Quarouble, spécialement de Thierri, greffier d'Onnaing, à qui l'on
s'en rapporta, surtout,
parce que, plus que tout
autre, il assistait le maïeur,
et qu'il était, comme on le
disait, plus au courant de
l'office du maïeur.

(Archives du Nord, série G, fonds du chapitre de Cambrai,
carton 33. — Original sur vélin. Piéce non datée).

I V

CHE SONT LES DROITURES
KE LI MAIRES D'ONNAING A
A ONNAING ET A QUOIROUBLE
ET EN L'AVOERIE DES II
VILLES.

Prumiers : Eskiévin ne
puent ne ne doivent faire
nul jugement de choi ke che
soit, se che n'est par con-
jurement de maïeur, ne
pour signeur, ne pour autrui.
S'adont n'avient ke li maires
soit en deffaute k'il ni
voeille i estre u il ni puist
i estre ; et s'il est ensi k'il
ni voelle i estre u il ni puist
i estre, li sires u chius ki
est ou lui dou signeur les
puet conjurer, et adont juge-
ront il, sauf les droitures
du maïeur en toutes maniè-
res (2).

CE SONT LES DROITS QUE
LE MAIRE D'ONNAING A A
ONNAING ET A QUAROUBLE
ET EN L'AVOUERIE DES DEUX
VILLES.

Premièrement, les éche-
vins ne peuvent ni ne doivent faire jugement sur quoi
que ce soit, ni pour le seigneur, ni pour aucun autre,
si ce n'est par conjure du
maïeur. S'il arrive que le
maïeur ne veuille ou ne
puisse le faire, le seigneur
ou son délégué peut con-
jurer les échevins : et alors
ils jugent, sauf les droits
du maïeur, quels qu'ils
soient.

DES DROITURES LE MAÏEUR

S'aucuns dédist eskiévins,
li maires i a XX sols ; et

DES DROITS DU MAÏEUR

Si quelqu'un dément les
échevins, le maire a 20 sous;

(1) Un signe d'abréviation semble indiquer qu'il faudrait lire *assisterat*, peut-être pour *astiterat*.

(2) Le 14 mai 1410, Gilles, dit Morant, d'Escaufour fit recorder un acte par les échevins' « usans de maire en ce cas, ainsi que faire pooit par point de chartre, pour tant que adont li maires n'estoit point ès dites justices ». (Bibliothèque nationale, collection Moreau, vol. 245, f° 113).

s'aucuns se bouke en aiuwe d'eskiévins et se aiuwe li faut, il est à XIIII sols, ki sont le maïeur.

S'aucuns hons se claime d'autre sans aiuwe, se chius neie le dette et il jurent en sains, li maires ni a nulle droiture ; et s'il connoist le dette au li claimans a aiuwe de se dette, il est à V sols de lois ; et se chonvient k'il wage lois et catel. De ches V sols ara li maires les III sols, et li clamans les II sols. Et se chius n'a pooir de wagier les lois ne le catel, il convient k'il soit mis en le prison le maïeur, et est à XIIII sols ki tout sont le maïeur, sauf les lois de V sols ki dittes sont Et se li clamans est conveneus de sen clain, il est a V sols de lois ; s'en a li maires les III sols, et chius de choi on sera clamet à tort, II sols.

S'il avient les hirétages c'on tiègne de Nostre Dame sont vendus, li maires a pour ses wants à chelui ki i entre, IIII deniers.

Et s'il chonvient ke on i assièche boune à aucun irétage par maïeur et par eskievins, li maires a à caskunne boune IIII deniers. Et ne puet i estre boune assise souffisamment à I irétage, se li maires n'i est, s'il n'est pas acort de parties.

S'aucuns ai rente sour aucun irétage gisant ens le justiche d'Onaing et de

et si quelqu'un se prévaut d'un acte échevinal et que cet acte lui fait défaut. il en est à 14 sous au profit du maïeur.

Si un homme se plaint d'un autre sans *aiuwe*, et que celui-ci niant la dette, l'un et l'autre font serment, le maire n'a aucun droit ;et si l'accusé reconnaît la dette ou que le plaignant ait *aiuwe* de la dette, le débiteur est à 5 sous d'amende ; et il convient qu'il garantisse l'amende et le montant de la dette. De ces 5 sous le maire a 3 sous et le plaignant 2. Et s'il ne peut garantir l'amende et le montant de la dette, il convient qu'il soit mis en la prison du maïeur ; et il en est à 14 sous qui reviennent totalement au maïeur, outre l'amende de 5 sous dont il a été parlé. Et si le plaignant est déchu de son clain. il est à 5 sous d'amende ; le maire a 3 sous, et celui de qui on s'est plaint à tort, 2 sous.

S'il arrive que les biens qu'on tient de l'église Notre-Dame soient vendus, le maire a pour ses gants à celui qui est investi, 4 deniers.

Et s'il convient qu'on plante des bornes à une terre, en faisant intervenir le maïeur et les échevins, le maire a 4 deniers à chaque borne. Et l'on ne peut valablement planter de bornes à une terre si le maire n'y est, à moins qu'il n'y ait accord des parties.

Si quelqu'un a une rente sur un bien situé en la justice d'Onnaing et de Qua-

Quarouble, et il ne soit nue paiiés au jour ke on doit, trère puet à l'irétage par devant II eskiévins et faire ajournement. Et après le tierche jour il se puet clamer au maïeur par devant deus eskiévins ; se sera li irétages à VII sols de lois ; s'en ara li maires les III sols, et li clamans IIII sols. Et se li maires pour les suiwes rentes ajournoit ne clamoit, si com dit est, tout li VII sols seroient sien.

Et est bien voirs ke quant il eskiévin d'Onnaing et de Quarouble vont à l'enqueste, ils doivent aler à leur coust et à leur frait.

Pour les droitures ki dittes sont, rendoit Lotars de Frenne cascun an au maïeur XI libvres tournois.

CHE SONT LES RENTES KE LI MAIRES A A ONAING ET A QUAROUBLE.

Prumiers, on doit capons à Nostre Dame CC, pau plus, pau mains ; se doit cascuns capons au maïeur cascun an maille au Noel, et maille à le Paske, et maille à le saint Remi. De chou rent il à Gobert Bliant à cascun terme V sols. Et puet li maires ajourner et clamer pour le deffaute de paie-

rouble, et si elle n'est payée au jour fixé, il peut aller à ce bien en présence de deux échevins et faire ajournement. Et après le troisième jour il peut faire clain au maïeur par devant deux échevins. Le bien devra 7 sous d'amende, dont le maire aura 3 sous, et le plaignant 4. Et si, pour ses rentes, le maire ajournait et faisait clain comme il est dit, les 7 sous lui appartiendraient en entier.

Et il est bien vrai que, quand les échevins d'Onnaing et de Quarouble vont à l'enquête, ils doivent y aller à leurs coûts et dépens (1).

Pour les droits dont il a été parlé, Lotard de Frenne rendait chaque année au maïeur 11 livres tournois.

CE SONT LES RENTES QUE LE MAIRE A A ONNAING ET A QUAROUBLE.

Premièrement, on doit à l'église Notre-Dame 200 chapons, un peu plus ou un peu moins ; chaque chapon doit au maïeur chaque année une maille au Noël, une maille à Pâques, et une maille à la saint Remi. Sur cela il rend à Gobert Bliant à chaque terme, 5 sous (2). Et le maire peut ajourner

---

1. Les actes échevinaux disent, au contraire, comme la pièce précédente, que les frais étaient à la charge du maïeur : « Et partant ledit mayeur, luy estant fort des despens, mena lesdits escevins à leurdit chef-lieu an prochain jeudi ensuyvant, ainsy que la coustume donne » Acte échevinal du 4 avril 1559.

2 Cette rente fut éteinte le 13 janvier 1450. A cette date le chapitre, déjà possesseur du fief de la mairie, acheta à Broyelois de Preaux, écuyer, pour 30 florins d'or nommés couronnes du roi, une rente héritière de 16 sous 10 deniers oboles tournois sur les mailes du maïeur, « c'on dict les fientes des cappons en ycelles villes ». (Archives du Nord, fonds du chapitre de Cambrai, carton 59).

ment, ossi bien ke pour ses autres rentes.

On doit au maïeur sour pluseurs iretages rentes de capons, d'avainnes et d'argent ; et li doivent li iretage, ki ches rentes doivent, issuus et entrées et fourmortures a volentet. Si a en somme de remanant, rendut arière chou c'on en doit, au maïeur pour se partie XVII capons et V witeus et I res d'avainne, et XXIX sols III deniers blans.

Et encore i est li manages de le maierie : de choi Bietris de Fraisne et Lotars, sen fius, ki i manoient, rendoient cascun an au maïeur VIII libvres tournois et XXV los de vert jus et le moitiet des fruis ki i venoient. Et li manage dérentet de tout chou k'il devoit.

Tout ensi com par devant est dit, aporta Gilles Malins, ki chou vendi, en escrit de mot à mot, dont sires Nichaises de Maing a l'original. Et li fu delivrés quant messires li Prouvos acata la mairie.

et faire clain pour le manque de paiement de ces mailles, aussi bien que pour ses autres rentes.

On doit au maïeur sur plusieurs biens des rentes de chapons, d'avoine et d'argent ; et lui doivent les biens assujettis à ces rentes issue et entrée et formorture à volonté. Il reste au maïeur pour sa part, en dehors de ce qui est dû, 17 chapons, 5 wittels et un rez d'avoine , et 29 sous 3 deniers blancs.

Il y a encore le manoir de la mairie, dont Béatrix de Frennes et Lotars, son fils, qui y demeuraient, rendaient chaque année au maïeur 8 livres tournois, 25 lots de verjus (1) et la moitié des fruits qui y croissaient. Et le manoir est quitte de tout ce qu'il devait.

Tout ce qui est dit cidessus, Gilles Malins, qui vendit la mairie, l'apporta, en écrit mot pour mot. Sire Nicaise de Maing possède l'original, qui lui fut délivré quand messire le prévôt (du chapitre) acheta la mairie.

(Archives du Nord, série G., fonds du chapitre de Cambrai, carton 33. Original vélin. Pièce non datée de la première moitié du XIV⁰ siècle),

---

(1) Le nom d'une partie du terroir d'Onnaing semble indiquer que la vigne y était cultivée au moyen-âge. On la trouve mentionnée sous le nom de Wygnecamp (*vineae campus*, champ de la vigne) en 1350. et de Wincamp en 1434: c'est cette dernière forme qui a prévalu. Il est, du reste, certain qu'il existait des vignobles à Valenciennes, à Crèvecœur, à Haussy, à Cassel, et probablement à Lewarde. (V. d'Oultreman, *Histoire de Valentienne*, p. 246 et René Minon, *La vie sociale dans le nord de la France au XVIII⁰ siècle*, p. 86).

V

*Lettre d'un curé d'Onnaing de la première moitié
du quatorzième siècle.*

En l'an MCCC et deus u environ, ou tant que maistres
Pieres de Blécourt estoit curés d'Onnaing, ke trespassa en
le darraine sepmaine d'aoust l'an MCCC et quatre, Gilles
Hilles et Jehenne, se femme, en leur plainne vie et en leur
boinne santet. aumonsnèrent et donnèrent à tous jours après
leur déchiès IIII sols de blans de rente seur une pièche de
terre ki estoit tenue dou prestrage d'Onnaing par i capon de
rente par an, et des rentes c'on dit de le fontaine par blet et
avainne, lesquels IIII sols li prestrages devoit avoir cascun
an ; et il devoit faire l'obit et metre III quartrons de candelles
de chiere pour offrir au jour del obit : des queles candelles
capitles avoiete moitiet. Après le mort du devant dis Gillon
et se femme. Lotiars Hilles, leur fius. tint le terre comme
hoirs et bien paiia le rente et l'obit. Quand li dis Lotiars fu
mors, Jehans Cretins, ki estoit pour les signeurs, ki tenoient
les biens de le fontaine à ce tans, traist à le dite terre, et il
fist ajournement et clain pour les signeurs pour avoir le
fourmorture dou dit Lotiars et le rente ki n'estoit mic paiié.
Li terre fu jugié as lois ; nus ne se comparut pour paiier
lois, rentes ne formorture, Jehans Cretins i traist et tint le
dite terre, et n'en voet paiier au prestrage ne rente ne obit.

De rekief, en l'an MCCC et wit et encor plus tempre, ou
tans que mesires Nicolas de Prices estoit curés d'Onnaing,
Henris. li maires d'Onnaing, demiselle se femme et Amouris,
leur fius, trespassèrent de che siècle et furent mis et entiérés
tout troi en l'égliese d'Onnaing par IIII, V sols de rente à
tous jours qu'il donnèrent à le dite église sour II courtis
tenant à l'atre d'Onnaing, 'ki estoient tenus d'iaus. Chelle
rente fu bien paiié dés ors paisiulement duskes au jour que
no signeur de capitle acatèrent le mairie. Quant il l'eurent
acatée, chis courtis furent en défaute de paiier les rentes à
capitle. Jehans Cretins, ki pour capitle estoit, i fist ajournement et clain. Li hiretages fu jugiés as lois ; nus ne sit aparut
pour l'église d'Onnaing. Jehans Cretins i traist et en fist le
prouffit de capitle, se Dieu plaist bien, sans rien payer à
l'église d'Onnaing.

De rekiet, en l'an MCCC et XXVI u environ, Margue li
Carlière ordena et donna, sour une maison k'elle avoit,
II sols au prestrage d'Onnaing pour faire sen obit de se père
et de se mère, et bien paya ces II sols par IIII. V ans u sis
qu'elle vesqui. Or avint que ansçois k'elle alas de vie à mort,
pour aukunes doutes k'elle eut, elle donna à Wautier Vilain
cele maison pour wardier et sauver as enfans Jehan le Grant.
Et après chou mout petit elle alia morir. Li morte, li dis
Wautier Vilain, ki encore est en vie, donna et quita as enfans

don dit Jehan le Grant ce manoir, et puis ce don li Jehans le Grans a possesset et fait encore de ledite maison, et paiia l'obit pluseurs années. Or est en défaute de paiement pour l'an XXXVII et XXX wit, pour lequele défaute li curés i a fait ajournement et clain. Duquel clain il ne puet avoir loi pour le défense que li dit Jehans li Grans a aportée de nos signeurs de capitle au maïeur et as eskiévins.

Pour quoi li dis curés prie pour Dieu à ses signeurs dou capitle, qu'il li voellent aidier à wardier les drois de se cure si comme chiel ki tenu i sont. Car se il piert ceste chose, encore perdrois des autres, che dient bien chiel ki les doivent; et ce seroit moult grans pités et damages se les boinnes ames ki trespassés sont de che siècle, ki de chou qu'ils ont wangniet à le forche de leur cors, ont aukune chose aquis pour leur ames aidier, se il perdoient par mauvais hoirs, et li ministre de sente église, ki pour chou se sont fait ordenez, perdoient chou de quoy il doivent vivre. Chier signeur, si voelliés rewarder raison si comme chiel ki bien le sarés faire, car aussi bien avés vous des obis comme ont li curés de aval le paiis ; et voelliés souffrir que lois soit faite, car ce n'est de rins contre vous ne contre vous droitures.

(Archives du Nord, fonds du chapitre de
Cambrai, carton 37. Original ; vélin. Sans
date ; de 1339).

V I

BAILLIS D'ONNAING ET DE QUAROUBLE

Robiers dou Pont, 1310.

Ansièles de Biélaing. octobre 1311.

Jehan le Moune de Vendegies, 1316.

Watiers de Foriest, 1343, 44, 47. Bailli de Condé en 1357.

Huars de Wargny, 1347.

Henris dou Kainoit, 31 mai 1347.

Nicaise de Pierfontaine, 15 février 1354. — Lieutenant-bailli, Colart Delecroix.

Baudouin de Pierfontatne, 1354.

Nicaise dou Bos, 1367. — Lieutenant - bailli, Colart Godin.

Pierre de Sohier, écuyer, seigneur de le Héries (1), juillet 1378.

Nicaise de Sémeries, 1386. Révoqué par le chapitre le 26 juillet 1387.

Jehan, dit le Leu, d'Attiches, 1395, 96 (2).

(1) Il épousa en premières noces en 1351, Marion. fille de Piérart Cholet, surnommé Leuriot, chevalier. Celui-ci était fils de Guillaume. dit le Hideux, sire de Marcoing. (Carpentier, *Histoire de Cambrai et de Cambrésis*, Preuves. pp. 48 et 50).

(2) Armoiries : *Écu au loup passant à la bande brochant, dans un trilobe.*

Gilles, dit Morant, d'Escauffour, 1405, 10, 14. — Lieutenant-bailli, Jehan Farouwaut, 1402 (1).

Godefroid de Dour, écuyer 1418, 26, 27, 28.

Nicolas de La Hamaide, 1446 (2).

Jehan de Chaule, écuyer, capitaine du comte d'Estampes, substitué à Nicolas de La Hamaide à la prière du comte, 20 mai 1446, 48.

Colart de Buath, 1456, 70, 80, 81, 87, 91 (3).

Aubert de Saint-Donat, nommé le 19 mai 1491 après la mort de Colart de Buath. Le 28 novembre 1496 il fut autorisé à exercer en même temps la charge de bailli de Rombies et d'Amblise à la condition de bien servir le chapitre. Le 5 juillet 1498, il fut menacé de destitution à cause des insolences d'un nommé Laurent, son beau-frère, qu'il n'avait pas suffisamment réprimées.

Jacques de Cuvillers, nommé le 22 avril 1500.

Jehan Carlier, de Valenciennes, nommé le 8 juillet 1502, entra en fonction le 1er octobre, mentionné en 1505 (4).

Charles de Hertaing, 1512.

Nicaise Chamart, seigneur de Desseleberghe, 1535, 52.

Prévôt de Valenciennes en 1523, 26 et 30.

Jehan Hayne, nommé le 16 mai 1552.

Adrien de Nimay, bailli général du chapitre, intérimaire, 10 février 1562 (n st., 63).

Adrien de Sorre, neveu d'Adrien de Nimay, nommé le 22 octobre 1563, décédé avant le mois de juillet 1572. Le 30 mai 1569 il fut autorisé à se faire suppléer par François de Sorre, son frère, lorsqu'il serait malade ou empêché.

Jean de Beaudrenghien, seigneur de Préseau, 1576, 86, 89.

Joachim de Zomberghes, écuyer, seigneur de Montrécourt, nommé le 27 octobre 1592. Prévôt de Valenciennes en 1608 et 1612 (5).

Louis de Zomberghes, seigneur de Melinghem, Lahaye et Angre, succéda à Joachim, son père, le 28 décembre 1618.

Claude de Zomberghes, écuyer, succéda à Louis, son père, qui s'est démis de ses fonctions le 28 janvier 1661. Il meurt à Onnaing, à l'âge de quatre-vingt deux ans, le 12 mars 1712.

Nicolas - Joseph Gillart, écuyer, seigneur du Rosel,

---

(1) *Écu chevronné de 6 pièces, brisé d'une étoile au canton senestre, accompagné de 3 roses dans le champ, dans un trilobe.*

(2) Nicolas de La Hamaide était peut-être un descendant de Thierri de La Hamaide, seigneur de Vicq et d'Escaupont, dont il est fait mention dans la seconde *loi* de ces villages sous la date approximative de 1410.

(3) *Écu à 2 bandes, accompagné de... en chef soutenu par un ange.* — Le 25 août 1470, Colart de Buath et Colle (Nicole) Vivyen, son épouse, domiciliés a Onnaing, donnèrent à leur nièce Isabelle Nocart, fille d'Oste Nocart et de Jeanne Vivyen, première femme de celui-ci, la nue propriété d'une maison à Valenciennes, que Colle Vivyen tenait de ses parents par droit de *maisneté*. (Archives de Valenciennes, cabinet des Werps).

(4) Armoiries : *Écu au chevron accompagné de 2 étoiles au chef et d'un oiseau en pointe, soutenu par un ange.*

(5) Il était fils d'Arnould, gouverneur de Rupelmonde, et de Jeanne de Steenhuys, et époux de Jacqueline de Masnoy.

1720. Il était conseiller pensionnaire de Valenciennes en 1732. Il mourut bailli d'Onnaing en 1760.

Robert - Auguste - Joseph Blondel, avocat au parlement, seigneur de Meaux et de Calaumé, resta en fonction jusqu'en 1766. Il mourut à Versailles le 12 octobre 1778.

Pierre-Joseph Bouchelet. licencié ès-lois, époux de Marie-Joseph Lelon, dame de Meaux, mourut à Valenciennes, le 29 juillet 1789.

Adrien Dominique-Joseph Perdrix. avocat au parlement, 1789-90 (3),

(3) Lieutenant-prévôt de Valenciennes en 1790, maire de la même ville sous la Restauration, puis président du tribunal civil, il mourut à l'âge de quatre-vingt-quatre ans le 8 septembre 1833.

VII

MAIRES D'ONNAING ET DE QUAROUBLE

Amaury.
Amaury, fils. chevalier, 1187, 1217, 25, 28.

Henris, vers 1304 (1).

Jehan Frapars, 1310.

Lotars de Frasne, 1315.

Ernoul Mierlet, 1316.

Jehan Cretins, 1322, 28, 29, 39.

Cholart Godin, 1350.

Jehan Cretin, « fius Cholart », 1353, 54.

Jehan Kokiaus, 1359.

Jehan Lottin, 1362, 63.

Jakèmes dou Tiertre (du Tertre), 1366.

Jakemars Godin, « dit li clers »,1376, 86, 96, 97, 98, 1400, 1, 2.

Jehan Faruwaut, 1403, 5, mars 1408 (2).

Jakemars de Biaudegnies, 1405, 10, 28, 29.

Jakemars Faruwaut, fils de Jehan, 1403, 8, 18.

Jehan le Fèvre, 1431.

Pierre Doye, révoqué comme mal famé et débiteur du chapitre le 15 janvier 1447 (n. st. 1448). Il fut réhabilité et nommé homme de fief le 1er mars 1449.

(1) « En l'an MCCC et wit, et encor plus tempre, ou tans que mesires Nicolas de Prices (Prisches) estoit cures d'Onnaing, HENRIS, LI MAIRES D'ONNAING, demiselle se femme, et Amouris, leur fius, treepassèrent de che siecle et furent mis et entiérés tout troi en l'église d'Onnaing par IIII. V sols de rente à tous jours. qu'il donnerent à le dite église sur II courtis tenans a l'atre d'Onnaing, qui estoient tenus d'iaus. » ·Archives du Nord. fonds du chapitre de Cambrai, carton 37, lettre du cure d'Onnaing. (1359)·

(2) Le 15 février 1608 Jehan Faruwaut prend en arrentement perpétuel, de Pierre I de Luxembourg. comte de Conversant et de Briane (Brienne), seigneur d'Enghien et de Beaurevoir, à charge d'une rente héritière de 6 livres blans un « héritage, maison, pourpris et pièces de terre, qu'on dit l'hostel d'Enghien. (Archives de Valenciennes, cabinet des werps carton 13).

Jehan Rodart, 1450, 51, 60, 68, 69, 73, 80 (1).

Jehan Scuppe, dit Courjan (court Jean), 1481, 84, 88.

Willaume Mochet, 1498, 99, 1501, 4, 6, 7, 12. 17, 20.

Hugues Martin, 1524, 27, 29.

Aubert Doye, 1544, 51, 55. Révoqué le 9 janvier 1556 (n. st. 1557), il réapparaît en 1559, 62. 63.

Antoine Lefebvre, 1571.

Nicolas Rara, 21 juin 1570, 76, 79, 81, 83, 84, 89, 90, 91, 96, 1601, 2, 3. 5. Il fait fonction de bailli en 1573.

Jehan Pollet, 1602, 4, 5, 6, 8, 9, 11, 14, 15, 16.

Simon Mochet, 1617, 18, 19, 22.

Martin Bruyant, 1623.

Charles Martin, l'aîné, 1626.

Antoine Crocquet, 1632, 33, 34, 37, 39, 46, 47, 48.

Nicolas Lemaire, 1640.

François Lemaire, 1642, 61, 66.

Antoine Cazin, 1644, 45, 28 juillet 51, 52, 56.

Pierre de Coroenne, 1650, 51.

Jacques Doye, 1660-61.

Robert Lefebvre, 1664, 65.

Michel-Antoine Boursier, 1671.

Mathieu Hayez, 1672, 78, 79, 80, 82, 88.

Jacques Gosteau, 1691, 92 (2).

Pierre Demain, 1696.

Albert Derveaux, 1702, 17, 21, 28, 31.

Jacques Mariage, 1716 (3).

Nicolas Lesne, 1722.

Antoine-Joseph Boursier, 1735, 36.

Jean Richart, 1742.

Jean-Michel Leroux, 1746.

Jean Demain, 1751.

Pierre - Ignace Wallez, 1755.

Jacques-Joseph Joly, 1758.

Antoine - Ignace Huart, 1760, 63.

Jean - Baptiste Derveaux, 1764, 67,

Jean-Baptiste Huart, 1768, 69, 70.

Pierre-Ignace Botteau, 1770, 77.

VIII

LIEUTENANTS-MAIEURS DU MAIEUR D'ONNAING

EN RÉSIDENCE A QUAROUBLE.

Nicolas Mochet, 1643-44. Il mourut avant la fin de l'année 1645.

? époux d'Anne-Marie Joly, 27 janvier 1738.

Pierre - Noël Bottiau, 15 juillet 1741.

Nicolas-François Martin. Sa pierre tumulaire, en marbre blanc, se trouve

---

(1) Le 26 juillet 1398, on trouve à Quarouble un Jehan Rodart, fils de Colart, qni vend une rente de 2 florins à Jehanne Dourdine, veuve de Piérard Bernier. (Archives de Valenciennes, cabinet des werps, carton 5).

(2) Mort à l'âge de quatre-vingt-huit ans le 16 février 1724 : inhumé dans l'église d'Onnaing.

(3) Mort à l'âge de cinquante ans le 2 avril 1716.

vers le milieu de la nef de l'église de Quarouble. Elle porte l'inscription suivante. « Nicolas Martin, censier, en son temps lieutenant-mayeur, décédé le 25 janvier 1745 ; inhumé dans l'église le lendemain. Il était veuf de Marie-Antoinette Roucoux, décédée le 15 janvier 1734 et inhumée le lendemain dans l'église.»

Antoine Lejay, 30 mai 1748.

Dominique Bottiau, 1759-63.

Pierre-Antoine Nonclercq 1771-77, époux de Marguerite Blary; décédé à l'âge de quatre-vingt-huit ans, le 3 décembre 1806. Il cultivait 48 mencaudées et demie de terre.

I X
GREFFIERS D'ONNAING ET DE QUAROUBLE

Thierri, 1314.

Jehan Deuwart, juin 1350.

Jacques de Raincampt, dit Noury, de Valenciennes, octbre 1504 et 1506. On lui doit la connaissance de « plusieurs pointz de loy et coustumes de Valenchiennes », que Jean Lefèvre, chroniqueur Valenciennois, a recueillis dans un manuscrit de Noury pour les introduire dans ses grandes Histoires du Hainaut. Le marquis de Fortia les a publiés en 1831 dans son édition de Jacques de Guise, t. XV, p. 396 à 435.

Jehan Sarot, 1512.

Jean Vaast, de Valenciennes, époux de Marie Adam, nommé greffier d'Onnaing, Quarouble, Villerspol et Maresches le 17 avril

1600 ; décédé le 23 janvier 1650.

François Hault, de Valenciennes, successeur de Jean Vaast.

Daniel du Chasteau de Valenciennes, succède à François Hault, décédé le 23 février 1652. Encore en charge en 1688. Il remplit temporairement la fonction de bailli en 1653 et 1659.

Jacques Wailliez, 1694. Voir, pour ses armoiries, Bibliothèque nationale, Flandres, blasons coloriés, p. 751.

François de la Court, de la paroisse de Notre-Dame de la Chaussée, à Valenciennes, 3 janvier 1731 ; receveur général du chapitre de Cambrai, le 2 novembre 1712.

X
MAIRES DE QUAROUBLE

Pierre-Antoine Nonclercq, 2 janvier 1778-80.

Charles-Joseph Bottiau, époux de Catherine Wilbert, décédé le 7 septembre 1795,

à l'âge de 56 ans, 1781-82.

Antoine-Joseph Dassonville, époux en premières noces de Marie Wandalem, et en secondes d'Anne-Joseph Martin, 1783-89.

Nicolas - Joseph Lejay, époux de Marie - Gabriel Dangréau, décédé le 7 avril 1798, à l'âge de soixante-dix-sept ans, 1790-91.

Antoine-Joseph Dassonville, 1791-92.

Nicolas - Joseph Nonclercq, brasseur, époux de Marie-Claire Gosselin, 1792-93.

Pierre - Joseph Bottiau, époux de Marie - Charles Demarey, décédé le 12 décembre 1814, à l'âge de soixante-dix-sept ans, 1793-94.

Nicolas-Joseph Nonclercq, décédé le 24 juillet 1821, à l'âge de soixante-neuf ans, 1795-1802.

Antoine - Joseph Dassonville, décédé le 29 janvier 1816, à l'âge de quatre-vingt-quatre ans, 1802-13.

François-Joseph Dassonville, fils d'Antoine-Joseph et d'Anne-Joseph Martin, décédé le 6 décembre 1829, à l'âge de soixante-trois ans, 1813-16.

Charles - Benoît Gernez, décédé le 12 mars 1841, à l'âge de soixante-dix ans, 1816-20.

Jean-Baptiste Dassonville, fils d'Antoine - Joseph et d'Anne-Joseph Martin, décédé le 9 avril 1827, à l'âge de soixante ans, 18 septembre 1821-27.

François-Ernest Quinet, époux de Roseline Dassonville, fille d'Antoine-Joseph et d'Anne - Joseph Martin, décédé le 22 avril 1833, à l'âge de cinquante-quatre ans, 1823-33.

Nicolas Gernez, époux de Séraphine Canonne, décédé le 29 décembre 1860, à l'âge de quatre-vingt-quatre ans, 1833-35.

Prudent - Fidèle Dassonville, fils d'Antoine-Joseph et d'Anne-Joseph Martin, époux de Cordule Dervaux, décédé le 3 avril 1866, à l'âge de quatre-vingt-trois ans, 1835-40.

Romain-Joseph Alglave, époux d'Eugénie Mariage, 1840-48.

Jean-Baptiste Cazin, époux d'Augustine Lesaire, décédé le 26 août 1870, à l'âge de cinquante-quatre ans, 1848-70.

Romain - Joseph Alglave, décédé le 5 mai 1893, à l'âge de quatre-vingts ans, 1870-93

Auguste Maizierre, décédé à Douai le 7 janvier 1898, à l'âge de soixante-sept ans, 1893-96.

François Quinet, époux d'Hortense Descamps, 1896.

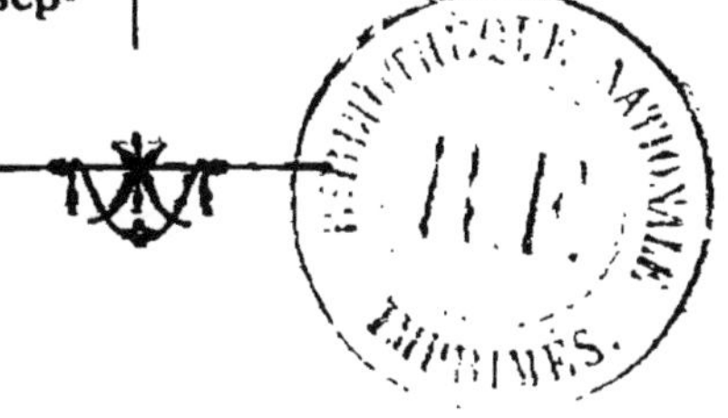

TABLE DES MATIÈRES

En terminant ce livre, je l'offre à la paroisse de Quarouble comme un témoignage de fidèle affection.

Dr Jules DESILVE.

LISTE des SOUSCRIPTEURS

Mgr MARGERIN, recteur des Facultés catholiques, Lille.
     (4 exemplaires).
Mgr BERTEAUX, Roubaix (2 ex.).
MM. MASSART, vicaire-général, Cambrai.
     ALGLAVE-JOLY, Quarouble.
     Eleuthère ALGLAVE, id.
     Numa ALGLAVE,   id.
     Emile AUVERLOT,   id
     Léon AUVERLOT,   id.
     J. BARBIER, directeur d'usine, Onnaing.
     Mme Veuve BARBIEUX-DRUON, Saint-Amand.
     BARBIEUX, notaire,   id.
     Paul BATAIR, directeur de faïencerie, Onnaing.
     Emile BASSEZ, ingénieur,   id.
     BAUCHON, avocat, Valenciennes.
     BEAURY-DOMINÉ, Saint-Amand (10 ex.).
     L'abbé BEHAGUE, Supérieur de N.-D. des Anges,
        Saint-Amand (3 ex.).
     BERTEAUX, curé, Cambrai.
     Martin BLARY, Quarouble.
     Remi BLARY, Anzin.
     Auguste BOCQUILLET, homme de lettres, Houilles,
        (Seine-et-Oise).
     L'abbé BOSQUELLE, vicaire, Avesnes-lez-Aubert.
     Sabin BOULET, fils, Valenciennes (2 ex.).
     Auguste BOURGAIN, Quarouble.
     Edouard BRACONNIER, id.
     BRONSART-COURTOIS, id.
     L'abbé BUREAU, curé, Ohain.
     CAFFIAUX, dr-médecin, Quarouble.
     Emile CANONNE,   id.
     Léon CANONNE,   id.
     Le chanoine CAPPLIEZ, archiprêtre, Valenciennes.
     Mme CARLIER-DESCAMPS, Quarouble.
     Adrien CARLIER, Valenciennes.
     Auguste CARLIER, Quarouble.
     Edmond CARPENTIER, dr-médecin, Onnaing.
     Prosper CARPENTIER.   id.   Saint-Saulve.
     CARTIGNY, notaire, Valenciennes.
     CAZIN-CARON, Quarouble (2 ex..
     Emile CAZIN,   id.
     CHAILLET, Ingénieur, Vicq.
     René CHANDESRIS, Ingénieur, Vicoigne.
     Le Comte du CHASTEL de la Howarderie, Kain.

MM. CLERQUIN-REMY, Onnaing (5 ex.).
Jules COQUÉRIAUX, Saint-Amand (2 ex.).
De COOPMAN, d^r-médecin, Lille.
P.-L. CORDIER, Lecelles.
Emile CORNETTE, Quarouble.
Nicolas CORNETTE,   id.
Mme Veuve COURTOIS,   id.
Jules COURTOIS,   id.
M^{le} Elise DANGRÉAU,   id.
Séraphin DANGRÉAU,   id.
Mme DASSONVILLE-LENNE, Quarouble.
Achille DASSONVILLE,   id.
Arthur DASSONVILLE,   id.
Omer DASSONVILLE,   id.
L'abbé DUPONT, curé,   id.
Albert DAVAINE, Saint-Amand

Jean DAVAINE-PIÉRART, Saint-Amand (4 ex.).
Le chanoine DECALONNE, doyen-curé, St-Amand.
    (3 ex.).
Le chanoine DEHAUT, Saint-Saulve.
Adelson DELATTRE, Quarouble.
Emmanuel DERVAUX,   id.
Gérard DESCAMPS, Saint-Amand (3 ex.).
L'abbé Isidore DESILVE, vice-doyen honoraire,
    Saint-Amand (10 ex.).
Le chanoine DENOYELLE, Cambrai (2 ex.).
Ernest et Alphonse DESMONS, Saint-Amand.
Charles DEVIGNE, Béthune.
L'abbé DIENNE, licencié ès-lettres, vicaire,
    Quarouble.
DIRAND, Ingénieur, Fresnes-sur-l'Escaut (2 ex.).
Emile DOCHEZ, Quarouble.
Mme DOMINÉ, Saint-Amand (10 ex.).
Auguste DOUTRIAUX, avocat, Valenciennes.
André DOUTRIAUX,   id.   id.
Le chanoine DUBAR, Saint-Amand (2 ex.).
Albert DUÉE, Quarouble.
MM. Alexis DUÉE, Quarouble.
Emile DUÉE,   id.
Henri DUÉE, Valenciennes.
Léon DUÉE, Quarouble.
Jean-Baptiste DUÉE, Blanc-Misseron.
DUÉE-CAFFIAUX, Quarouble.
Abel DUPONT, Valenciennes.
Mme DUPONT-ALGLAVE, Quarouble.
Anatole DUPONT, pharmacien, Onnaing.
Emile DUROUX, Quarouble.
Mme DRION-DESLINSELLE, Onnaing.
DUÉE-FINEZ, Quarouble (2 exemp.).
Mlle Zénaïs FAREZ,   id.
L'abbé FICHEUX, curé, Vicq.

MM. Henri FLAMME, Valenciennes (2 ex.).
    Léon FLAMME, id.
    Charles FONTAINE, id.
    GAVELLE, Quarouble.
    GENNEVOISE-VANKALK, licencié en droit, Vicoigne
    GERVAIS, Condé.
    GIARD, libraire, Valenciennes.
    GIARD, archiviste-paléographe, Lille.
    Le baron de LA GRANGE, Sebourg (2 ex.).
    Emile GRUELLE, Quarouble.
    Le chanoine HÉCART, archiprêtre, Cambrai
    HORLIN-CHARITAS, Quarouble.
    Léon JETTE, id.
    Fidèle JOLY. id.
    JOLY-PECQUÉRIAUX, Onnaing.
    Gustave LANDRIEUX, négociant, Valenciennes.
    Charles LEBACQZ, id.
    LEBRUN-FLAMME, Quarouble.
    LECOMPTE, agent de Banque, Saint-Amand.
    Auguste LEFEBVRE, Quarouble.
    Edmond LEFEBVRE, constructeur, Onnaing.
    Alfred LEMAIRE, Onnaing.
    LEMAITRE, libraire, Valenciennes.
    Henri LEMAITRE, archiviste-paléograghe, Paris.
    Alcide LEROUX, négociant, Onnaing.
    LESUR, id.
    Auguste MONARD, Quarouble.
    Noël LINQUERCQ, id.
    Emile LOISON, id.
    LUEZ-MONARD, Valenciennes.
    MARBOTIN, avoué, Valenciennes.
    Abel MARIAGE. Quarouble.
    Mlle Cécile MASCART, Quarouble.
    MASCART-ETUIN, id.
    Mme MASCART-GERNEZ, id.
    Myrtil MASCART, Valenciennes.
    Oscar MASCART, Quarouble.
    MASCART-HOURIEZ, id.
    Gustave MATRIN, chef de comptabilité, Onnaing.
    Edmond MEMBRÉ, Valenciennes.
    MENTION, ancien notaire, Saint-Amand.
    Le comte et la comtesse de MÉRODE, Trelon (4 ex.).
    Jules MEURS, Valenciennes.
    MOCHEZ, dr-médecin, Onnaing.
    Henri NAMUR, Valenciennes (2 ex.).
    Emile NONCLERCQ, négociant, Onnaing.
    Romain NONCLERCQ, Quarouble.
    PARIS, négociant, id.
    PAUWELS, Saint-Amand.
    Amédée PÉRIN, Quarouble.
    César PÉRIN, id.
    PLICHON, frères, Saint-Amand, (4 ex.).
    Mlle Angèle PLICHON, Quarouble.

MM. L'abbé POULET, curé, Avesnes-le-Sec.
    QUINET-DESCAMPS, maire, Quarouble.
    Émile QUINET, Quiévrechain.
    Edouard RAVIART, ancien adjoint, Saint-Amand.
    Mme REMY-REMY,   Saultain.
    Auguste REMY, industriel. id.
    L'abbé RICHARD, curé, Wattignies (2 ex.).
    RICHARD-DUMONT, Quarouble.
    Mme RICOUART-DUGOUR, Anzin.
    RIOMET, instituteur, Passy-sur-Marne.
    ROGUIN, avocat, Valenciennes.
    Mlle ROGUIN,   id.
    Valentin ROUCOUX, Quarouble (2 ex.).
    ROUSSEAU-CANONNE, Quarouble.
    Le baron de SAILLY, maire, Neuilly-sur-Seine.
    Mme Marguerite SAMAIN, Saint-Amand.
    SCOUFFLAIRE-CLERQUIN, Onnaing.
    Mme Veuve SERBAT, Saint-Saulve.
    Louis SERBAT, archiviste, licencié ès-lettres, Paris.
    L'abbé SINSOILLIEZ, doyen-curé, Mons-en-Pévèle.
    Henri SORIAUX, Saint-Amand.
    Mlle Léontine STERLIN, Saint-Amand.
MM. De SAINT-OUEN, Valenciennes (2 ex.).
    Alfred TAQUET, Quarouble.
    Désiré TEL, Vicq.
    Ernest THEUNISSENS, Quarouble.
    L'abbé VAILLANT, Saint-Amand (2 ex.).
    VAILLANT-MENNEVEUX, Raismes (2 ex.).

    La BIBLIOTHÈQUE de Valenciennes.
    VAN DEVIVRE, Thielt (Belgique) (2 ex.).

    Henri VÉREZ, notaire, Saint-Amand.
    L'abbé VEYS, curé, Chéreng.
    WACQUEZ, d^r-médecin, Valenciennes.
    L'abbé WARICHEZ, archiviste de l'Evêché, Tournai.
    L'abbé WYART, curé, Onnaing.
    Hippolyte WIBAUT, Saint-Amand (4 ex.).

OUVRAGES DU MÊME AUTEUR

LE VILLAGE D'OHAIN AU POINT DE VUE CIVIL ET RELIGIEUX, 1883, in-8º, 63 pages. Epuisé.

DE SCHOLA ELNONENSI SEU SANCTI AMANDI IN PABULA A SÆCULO IX AD XII USQUE, in-8º, XV-211 pages, 1890, à Louvain, chez Peeters, et à Valenciennes, chez Giard et Lemaître.

HERMAN DE HERTAING, RELIGIEUX A L'ABBAYE DE SAINT-AMAND, in-8º, illustré, 95 pages, 1891, à Valenciennes, chez Giard et Lemaître. — 2ᵉ Édition dans les *Mémoires du Cercle archéologique et historique de Mons*, 1900.

LETTRES D'ÉTIENNE DE TOURNAI, d'après les manuscrits de Paris, de Wolfenbüttel et de Valenciennes, in-8º, XXIII-470 pages, 1893, à Valenciennes, chez Lemaître, et à Paris, chez A. Picard, rue Bonaparte, 82. (Restent 12 exemplaires).

NICOLAS DUBOIS, SOIXANTE-SEIZIÈME ABBÉ DE SAINT-AMAND (1622-1673), in-8º, 448 pages, Valenciennes, L. Lacour, 11, rue de Mons, 1899.